Hans Dieter Stöver
Daniel und Esther
Allein in Rom

Dieser Band ist auf 100% Recyclingpapier gedruckt. Bei der Herstellung des Papiers wird keine Chlorbleiche verwendet.

Hans Dieter Stöver wurde 1937 in Wissen/Sieg geboren. Er studierte Pädagogik, Geschichte, Kunstgeschichte und Altertumswissenschaften in Bonn und Köln. Heute lebt er als freier Autor in der Nähe von Köln. Seine historischen Romane und Sachbücher machten ihn zu einem der bekanntesten Vermittler der römischen Antike an ein modernes Publikum. Seit 1987 bei dtv junior sein Band ›Quintus geht nach Rom‹ erschien, schreibt Stöver auch sehr erfolgreich für Jugendliche.
Weitere Titel von Hans Dieter Stöver bei dtv junior: siehe Seite 4

Hans Dieter Stöver

Daniel und Esther
Allein in Rom

Deutscher Taschenbuch Verlag

Karte auf S. 356/357 auf Grundlage von:
Christian Meier, ›Caesar‹
© 1982 Wolf Jobst Siedler Verlag, GmbH, Berlin
Karte auf Seite 358 aus ›Archäologisches
Bibel-Lexikon‹, hrsg. von Avraham Negev,
Hänssler-Verlag, Neuhausen-Stuttgart
© 1986 The Jerusalem Publishing House Ltd., Jerusalem

Von Hans Dieter Stöver sind bei dtv junior außerdem
lieferbar:

Quintus geht nach Rom, dtv junior 70118
Quintus in Gefahr, dtv junior 70236
Quintus setzt sich durch, dtv junior 70295
Das römische Weltwunder, dtv junior 70385
Die Akte Varus, dtv junior 70470
Caesar und der Gallier, dtv junior 70573
Die letzte Fahrt der Triton, dtv junior 70632
Drei Tage in Rom. Land- und Stadtleben zur Zeit
Caesars, dtv junior 79512

Originalausgabe
In neuer Rechtschreibung
Juli 2001
© 2001 Deutscher Taschenbuch Verlag GmbH & Co. KG,
München
www.dtvjunior.de
Umschlagkonzept: Balk & Brumshagen
Umschlagbild: Klaus Steffens
Lektorat: Maria Rutenfranz
Gesamtherstellung: Ebner Ulm
Printed in Germany · ISBN 3-423-70658-9

Dramatis personae – Hauptpersonen
(Die Altersangaben beziehen sich auf das Jahr 71 n.Chr.)

NATHAN BEN MATHIJAHU (46), jüdischer Adliger und Offizier
LEA (40), seine Frau

Beider Kinder:
ABSALOM (22)
DANIEL (13)
ESTHER (13), Daniels Zwillingsschwester

MARTHA (59), jüdische Witwe

ABRA'M (77), jüdischer Kaufmann in Rom

MARCUS TITIUS FRUGI (43), Legat der Legio XV Apollinaris
ANTISTIA (30), Frau des M. Titius Frugi

TITUS RUTILIUS VARUS (35), römischer Militärtribun

Personal des Rutilius Varus:
TIRIDATES (38), Parther, Freigelassener und Vorsteher des Gesindes
PILESAR (34), syrischer Sklave, Bibliothekar
FRAPIA (45), ehemalige germanische Sklavin, jetzt Freigelassene

MARCUS ACILIUS RUFUS (42), Großkaufmann
DOMITIA CALVENA (36), seine Frau

Beider Kinder:
Titus Acilius Rufus (13)
Acilia (17), verheiratet mit dem Goldschmied Gaius Cornelius Fuscus

Bocchus Maurus (43), Tierhändler aus Mauretanien
Askalis, genannt Niger (14), sein Sohn

Atto (14), germanischer Sklave des Gastwirts Gaius Fabius im Siebengestirn

Haldavo (45), freier Germane, Angestellter im Lager des Acilius Rufus

Licinius (39), Lagerverwalter des Acilius Rufus

Marcus Aurelius Clemens (47), ehemaliger Soldat

Flavius Iosephus (34), mit jüdischem Namen Joseph ben Mathijahu, jüdischer Heerführer und Historiker

Vespasianus (62), Titus Flavius Vespasianus, römischer Kaiser

Gaius Asinius Gallus (36), Tribun der Vierten Prätorianerkohorte

Die Geschichte spielt in den Jahren 70/71 in Jerusalem und Rom.

I

Wie von Sinnen hasteten sie durch die enge Straße, sprangen über brennende Balken, stolperten, fingen sich wieder und rannten weiter. Nur weg von hier! Raus! Raus aus diesem Inferno!

Aber das Feuer war überall.

Erschöpft machten sie Halt. Das Herz schlug ihnen bis zum Hals. Ihr Atem ging in kurzen, heftigen Stößen. Sie lehnten sich aneinander. Blickten entgeistert um sich. Husteten. Rangen nach Luft. Würgten, röchelten, spuckten. Doch das brachte keine Erleichterung. Das Wasser trat ihnen in die Augen. Eine Weile verloren sie den Überblick, sahen alles nur noch verschwommen wie durch einen grauen Schleier. Überall Feuer, rechts und links brannten die Häuser. Zehn, zwölf Fuß hohe Flammen schossen aus den Öffnungen der Fenster, fraßen sich mit rasender Geschwindigkeit von unten nach oben, züngelten gierig zum nächsten Haus, fanden trockene Fenster, Türen, Balken und bissen sich fest. Die Hitzestrahlung versengte ihre Haare. Sie wagten nicht mehr tief einzuatmen. Der Schmerz wurde unerträglich, denn der beißende Qualm setzte sich in Hals und Bronchien fest, nahm ihnen fast die Besinnung. Sie meinten diese Stiche nicht länger aushalten zu können. Doch immer wieder trieb der Feuersturm neue beißende, ätzende, glühend heiße Wolken auf sie zu und an ihnen vorbei, dann hielten sie instinktiv die Luft an, denn sie fürchteten, der nächste Atemzug könnte der letzte sein. Sie husteten nun ununterbrochen, dennoch rafften sie sich auf und stolperten weiter, nur wenige Schritte, dann blieben sie erneut stehen, um durchzuatmen. Immer wieder fegten heiße Böen durch die Straße. Es gab kein Entkommen. Asche und verglühende Reste von Holz tanzten wie rote Flocken im Feuersturm, bildeten jäh sich drehende, rasende Wirbel, wurden in die Höhe gerissen, vereinten sich dort mit den haushohen Flammen und schossen Funken sprühend in den nachtschwarzen Himmel.

Aus Fenstern, Türen und Dach des Hauses links neben ihnen loderten plötzlich rotgelbe Flammen in die Höhe und spiegelten sich in schnellem Wechsel auf ihren Gesichtern. Glühende Balken stürzten herunter, schlugen auf das Pflaster und zerbarsten in tausend Funken sprühende Stücke.

Daniel riss seine Schwester an sich, als ob er sie so vor Hitze und Rauch schützen könnte. Doch sie stieß ihn zurück. »Ich ersticke!«, stöhnte sie. »Daniel! Ich ersticke!« Wieder würgte und hustete sie lange, taumelte und drohte ohnmächtig zu Boden zu sinken.

»Nein, Esther! Du lebst!«, rief er und fing sie auf. »Noch lebst du! Weiter! Weiter!« Er schrie sie an: »Reiß dich zusammen! Bald sind wir draußen! Weiter! Nur noch ein bisschen!«

Er riss sie hoch, schüttelte sie wie eine Puppe, als ob er so neue Kräfte in ihr wecken könnte, griff nach ihrem Arm und zog sie hinter sich her, weiter, nur weiter, raus aus dieser Hölle.

Sie waren nicht die Einzigen, die dem Feuer zu entkommen hofften. Immer wieder wurden sie überholt von hastenden, keuchenden Menschen, beladen mit Säcken, Beuteln, Körben und Kisten, die das wenige enthielten, was man aus dem brennenden Haus hatte retten können. Ganze Familien flohen mit Kind und Kegel, Alten und Jungen und dem treuen Gesinde aus dem Zentrum der Stadt. Nur die wenigsten ahnten, dass sie nicht weit kommen würden: Spätestens an den Toren wurden sie von grinsenden römischen Kommandos erwartet, meist liefen sie schon früher marodierenden, plündernden, mordenden Einheiten in die Arme, die Haus für Haus nach Gold, Silber, Geschmeide, kostbaren Stoffen oder Gefäßen durchsuchten und hastig zusammenrafften, was sie tragen konnten. Dann legten sie Feuer. Die Flammen sprangen von Haus zu Haus, von Straße zu Straße, von Viertel zu Viertel. Der größte Teil Jerusalems* brannte lichterloh und spiegelte sich in einer roten Halbkugel am Himmel.

Daniel zerrte die Schwester weiter. Sie erreichten den noch unversehrten Teil der Straße und konnten endlich freier atmen, denn hier brannten die Häuser noch nicht. Da hörten sie von vorn, aus dem Dunkeln, Schreie. So schrien Menschen, die in Todesnot waren. Es waren Stimmen von Frauen und Männern und Kindern.

»Daniel, was ist das?«, fragte Esther erschrocken. Sie zitterte am ganzen Leibe.

Er blieb stehen und schaute nach vorn. Er sah

---

* Wichtige Namen und Begriffe werden im Anhang erklärt.

tanzende Lichter. Es waren Fackeln, die hastig hin und her bewegt wurden. In ihrem flackernden Schein erkannte er endlich, was sich abspielte. Soldaten hielten die Flüchtlinge, die noch vor wenigen Augenblicken an ihnen vorbeigeeilt waren, an, entrissen ihnen die geretteten Dinge, schlugen und stachen auf die sich wehrenden Männer mit gezogenen Waffen ein. Die Getroffenen sanken zu Boden. Die Frauen schrien auf, wieder und wieder. Die Kinder weinten und kreischten. Andere Bewaffnete traten hinzu, packten die Lebenden und führten sie ab. Ein Teil der Truppe aber drang in die Straße ein und näherte sich mit schnellen Schritten.

Verzweifelt blickte Daniel sich um. Hier konnten sie nicht bleiben. Ihm war klar, dass die Soldaten sie stellen und mitnehmen würden. In diesem Augenblick schoss drei Häuser weiter eine riesige Flamme in die Höhe und beleuchtete für einige Augenblicke die Umgebung. Im Feuerschein erkannte er in der Nähe eine nur angelehnte Tür. Ohne zu zögern riss er Esther mit sich, erreichte die Tür, drückte dagegen, sie gab nach, sie traten ein und befanden sich auf einer steinernen Treppe, die nach unten führte. Vorsichtig ertasteten sie in der Dunkelheit Stufe für Stufe, suchten mit den Händen Halt am herrlich kalten Gemäuer und befanden sich endlich auf ebenem Boden. Es roch widerlich nach feuchtem Moder.

»Hier sind wir bis auf weiteres sicher«, sagte Daniel, bemüht, seine Stimme ruhig klingen zu lassen. »Wir müssen hier warten, bis es . . .«

»Was, Daniel? Bis was . . .?«

». . . bis es draußen ruhiger ist.«

»Du meinst die Soldaten, nicht?«
Er schwieg.
»Sie haben eben zwei Männer getötet! Ich hab's gesehen!«
»Uns töten sie nicht.«
»Warum sollten sie uns schonen?«
»Weil sie uns nicht finden.« Dabei würde jeder, der mit einer Fackel oder Laterne die Treppe herunterkam, sie sofort sehen. Er schaute nach oben, zur Tür. Sie stand immer noch einen Spaltbreit offen und ließ einen Rest vom Licht der brennenden Häuser einfallen. Ganz allmählich stellten sich seine Augen auf die Finsternis ein, er blickte um sich und konnte Einzelheiten erkennen. Rechts und links des Kellergangs befanden sich massive Gewölbe. Das war gut. Selbst wenn das Haus über ihnen zusammenstürzen sollte, würden sie die Belastung aushalten.
»Warte hier! Gib mir Bescheid, falls sie näher kommen!«
»Sicher.« Sie blickte nach oben und lauschte.
Daniel tastete sich an den Wänden entlang in die Räume, ging, halb gebückt, mit ausgestreckten Armen langsam weiter, stieß an allerlei Gerümpel, Holz, Kisten, Krüge, ein Wandregal und schließlich auf einen Stapel großer Säcke. Er schnupperte. Es roch nach Heu. Heu in Säcken? – Warum nicht. Wahrscheinlich nahm man es mit, wenn der Hausherr eine längere Ausfahrt mit dem Wagen machte.
Er tastete sich zurück in den Gang. »Und?«, fragte er.
»Nichts. Sie sind nicht in der Nähe.«

»Gut.« Daniel griff nach Esthers Hand und führte sie vorsichtig in den Raum mit den Säcken.

»Sie werden uns wärmen«, sagte er. »Ich meine die Säcke.« Erstaunt registrierte er, dass es hier unten sehr kühl war. Aber wie lange noch?

Esther schien dasselbe zu denken wie er: »Wenn wir unter die Säcke kriechen, finden sie uns vielleicht nicht.«

»Genau das meine ich.«

So gut es ging, machten sie es sich zwischen den Säcken bequem. Das Heu duftete frisch und rief Erinnerungen wach an ihr Landgut, draußen in Galilaea. Sie lagen eng nebeneinander, jeder spürte den Herzschlag des andern. Beide starrten in die Dunkelheit. Schließlich sagte Esther: »Daniel?«

»Ja ...«

»Unser Gut ... Meinst du, sie werden auch unsern Gutshof überfallen?«

Auch er hatte gerade daran gedacht.

»Nein, sie wollen nur Jerusalem besetzen. Sie wollen die Stadt haben. Vor allem den Tempel.« Dabei wusste er, dass das Unsinn war. Sie würden alle jüdischen Besitztümer rings um die Stadt einnehmen, besetzen, ausplündern, sogar brandschatzen – und die Besitzer enteignen, wie sie es schon in Galilaea und Samaria praktiziert hatten. Er hatte es aus einem Gespräch mit Absalom erfahren. Und Absalom musste es wissen, denn er war Soldat und führte als Offizier eine starke Einheit aus Iudaea. Eigentlich war er mit zweiundzwanzig Jahren noch sehr jung für diese Aufgabe. Aber jetzt wurde jeder Mann gebraucht für den Kampf gegen Rom. Daniel bewunderte den älteren Bruder. So wie dieser wollte auch er werden: Er und seine Truppe aus Iudaea gehörten zu den tapfersten Verteidigern der Stadt. Wie der Vater. Von beiden hatten sie seit zwei Tagen nichts mehr gehört. Wo sie jetzt wohl waren?

»Aber sie rauben und morden!« Esther griff ihre Frage wieder auf. »Ich habe Angst um Mutter! Sie ist allein auf dem Gut!«

»Wie willst du das wissen?« Daniel suchte nach Argumenten, mit denen er ihr die Angst nehmen konnte. Das Gesinde war dort, darunter starke Männer, die nicht zulassen würden, dass ihrer Herrin ein Haar gekrümmt würde. Doch dann sah er die Szene auf der Straße vor sich und wusste, dass es anders kommen konnte.

»Wir hätten nicht in unser Stadthaus gehen sollen«, fuhr Esther fort. »Wir hätten unsern Willen durchsetzen sollen!«

»Du weißt, dass Mutter es so wollte. Und du kennst ihre Gründe: Dort wären wir sicherer als auf dem Lande.«

Ein Irrtum, wie sich nur zu bald herausstellte. Seit Monaten wurde die Stadt schon belagert. Nur auf einem geheimen Schleichweg war es ihnen überhaupt geglückt, nach Mitternacht an eine ruhigere Stelle der Mauer zu gelangen. Absalom hatte das organisiert. Er hatte einen Soldaten mit entsprechenden Anweisungen geschickt. In einem Korb hatte man sie nach oben auf die Mauerkrone gezogen.

Sie lauschten auf die Geräusche, die durch den Türspalt oben am Ende der Treppe hereindrangen, das Prasseln des Feuers, das Poltern, wenn Balken auf die Straße stürzten, die hastigen Schritte und angstvollen Rufe der Menschen, die ihr Heil in der

Flucht suchten. Eine Weile war es ruhig. Dann kehrten die Schreie zurück. Doch jetzt waren sie anders, verzweifelter als vor einer Viertelstunde am Ende der Straße. Waren die Flüchtlinge umgekehrt, weil sie auf die Soldaten gestoßen waren? Ja, da waren jetzt auch andere, fremde Stimmen von Männern, energisch, herrisch, kurz. Sie erteilten irgendwelche Befehle, die Daniel und Esther nicht verstanden, weil sie im allgemeinen Geschrei untergingen.

Allmählich entfernte sich das Weinen und Schluchzen wieder. Doch die Männerstimmen blieben. Sie sprachen Latein. Römer! Daniel und Esther verstanden, was sie sagten, denn sie verfügten über einige Grundkenntnisse des Lateinischen. Was sie nicht begriffen, ergänzten sie sich:

»Nur dies Haus noch! Beeilung! Das Dach brennt schon!«

Esther hantierte schon mit den Säcken, zwängte sich nach unten bis auf den Boden und zog Daniel nach. Sie legten die oberen Säcke so, dass sie von ihnen verdeckt wurden.

»Nicht bewegen!«, flüsterte Esther. »Dann werden sie uns nicht finden.«

Oben wurde die Tür aufgerissen. Sie hörten, wie sie quietschte. Schwere Schritte stapften die Stufen abwärts. Durch einen Spalt zwischen den Säcken drang Licht. Daniel hielt die Luft an, Esther atmete ganz langsam. Die nächsten Augenblicke würden über ihr Leben entscheiden.

Die Schritte kamen näher, machten Halt. Die Soldaten orientierten sich. Sie leuchteten in die Winkel der Gewölbe, stießen mit dem Fuß gegen das Gerümpel. Jetzt kamen sie in den Raum mit den Säcken.

»Hier ist nichts«, hörte Daniel einen sagen. »Nur Säcke mit Heu.«

»Augenblick mal!«, sagte ein anderer. »Da liegt was!«

»Wo?«

»Na, da, direkt vor deinen Füßen!«

»Ich seh' nichts.«

»Dann leuchte mal mit der Fackel!« Er schien sich zu bücken und etwas aufzuheben.

»Was isses denn?«

»Ein Ohrring. Pures Gold!«

»Ein Ohrring? Hier in dem Dreck? Zeig mal!« Er pfiff durch die Zähne. »Interessant. Dann muss der zweite auch in der Nähe sein.«

Der Soldat riss die oberen Säcke zur Seite. Das Licht der Fackel blendete Daniel. Es wurde heller und heller. Seine Augen schmerzten. Die Flammen wuchsen, ihre Hitze brannte auf seiner Haut, sie züngelten nach ihm wie feurige Schlangen, griffen nach seinem Gesicht, er konnte es nicht abwenden – und dann schrie er laut auf.

»Aber Daniel! Daniel!«

Er öffnete die Augen und sah in das Gesicht seiner Schwester. Ihre hellblauen Augen lächelten ihn an. Er brauchte eine Weile, bis er wusste, wo er sich befand und dass er nur geträumt hatte.

»Es war nur ein böser Traum, Daniel«, sagte Esther und strich ihm liebevoll über die Wange. »Nun ist er vorbei. Schau, die Sonne geht auf!«

»Wie? – Ja, die Sonne, es war die Sonne, die . . .«

»Was ist mit der Sonne?«

»Ach, nichts ... Es ... es war das Feuer ... in Jerusalem ... die Hitze ...« Die Einzelheiten des Traums verschwieg er.

Sie sah ihn lange an und nickte ernst. In den letzten Nächten hatte sie ähnliche Träume gehabt.

Daniel stemmte sich hoch. Die Sonne stand schon weit über dem Horizont und blendete ihn. Er schätzte, dass die zweite Stunde schon begonnen hatte.* Keine Wolke am Himmel. Es würde wieder heiß werden. Er blickte um sich. Nichts hatte sich an Bord verändert. Zu dieser frühen Stunde schliefen Offiziere und Mannschaften, die keinen Dienst taten. Zusammen mit etwa zwanzig anderen Gefangenen lagen er und Esther am Bug des Schiffes, bewacht von zwei Soldaten, wenngleich niemand auf die Idee kommen würde, über Bord zu springen, um an Land zu schwimmen, sie befanden sich auf dem offenen Meer.

Er hörte, wie der eine Posten zum andern sagte: »Scheiß Wind!«

»Sag mal, spinnst du? Wir haben doch Flaute!«

»Eben.« Der erste Posten ging an die Reling und spuckte ins Wasser. »Wenn das so weitergeht, brauchen wir noch vierzehn Tage bis Ostia.«

Daniel und Esther warfen sich einen Blick zu. Wenn die beiden wüssten, dass sie das Gespräch verstanden.

»Na und?«, fuhr der andere fort. »Immer noch besser als Lagerdienst. Du hast's gut! Hast doch Urlaub – oder?«

»Ja.«

---

* Die römische Zeiteinteilung wird im Anhang erklärt.

»Wie lange?«
»Zwei Wochen.«
»Na, is doch was!«
»Abwarten. Wie ich den Alten kenne, fällt dem jederzeit was ein den Urlaub zu verschieben. Kennst das doch: ›Wegen einer gewissen ... äh ... Zuspitzung der Lage sehen wir uns ... äh ... gezwungen den Antritt des Urlaubs um acht Wochen zu verschieben. Noch Fragen?‹«

Der andere grinste, nahm plötzlich Haltung an und mahnte: »Vorsicht! Er kommt!«

Vom Mittelschiff her näherte sich ein großer, schwerer Mann mit ernstem, ja mürrischem Gesicht: der Legat Titius Frugi. Er wurde von allen Soldaten und Mannschaften, die in der Nähe waren, dienstetifrig gegrüßt, reagierte selbst aber nur mit einem leichten Kopfnicken. Daniel hatte in den letzten Tagen aus Gesprächen von Posten mitbekommen, dass Titius Frugi nach dem Fall Jerusalems zum Legaten, also dem Kommandeur der XV. Legion, aufgestiegen war, jener Einheit, die entscheidenden Anteil an der Eroberung Jerusalems gehabt hatte. Zuvor war sie von Titus selbst, dem ältesten Sohn des Kaisers und als dessen Stellvertreter Oberbefehlshaber aller Truppen, befehligt worden. Wie andere Offiziere und Teile der Mannschaften trat auch Frugi nach dem Ende des Krieges einen längeren Urlaub in der Heimat an.

Der Legat näherte sich den Posten, musterte sie streng und fragte: »Alles in Ordnung?«

»Jawohl!«, riefen sie wie aus einem Munde und standen stramm. »Keine besonderen Vorkommnisse, Legat!«

Titius Frugi nickte kurz. Dann ließ er die Augen über die am Boden liegenden oder sitzenden Gefangenen wandern und machte bei Daniel und Esther Halt.

Daniel erwiderte seinen Blick ohne die Augen zu senken. Der Legat trat noch einen Schritt näher, studierte Daniels Gesicht und begann: »Du bist Daniel ben Nathan, nicht wahr?«

Er war ins Griechische gewechselt und Daniel antwortete ihm fließend in der gleichen Sprache: »Ich heiße Daniel ben Nathan, ja.«

»Und dein Vater? Wie heißt er?«

»Nathan ben Mathijahu.«

»Ah ja . . .« Frugi hob interessiert die rechte Augenbraue, nickte kurz und schwieg eine Weile. Dann fragte er beiläufig: »Bekommt ihr genug zu essen?«

Daniel überlegte, was er dazu sagen sollte. Es gab zwar reichlich Brot und Wasser, aber kein Gemüse. Er sagte: »Wir hungern nicht.«

»Was heißt das?«

Daniel erklärte es ihm. Da winkte Frugi einen der Posten heran und befahl: »Ab sofort erhalten die beiden das gleiche Essen wie die Mannschaft!«

»Jawohl!«

»Ich werde das nachprüfen!«

»Jawohl!«

»Wegtreten!«

Der Posten wollte sich entfernen, als ihn Frugi anherrschte: »Stehen bleiben! Herkommen!« Der Mann kam zurück und Titius Frugi fuhr fort: »Du bist doch Gaius Matius . . .«

»Ich bin es, Legat.«

»In Ordnung. Du hast ein Urlaubsgesuch geschrieben...«

»Jawohl!«

»Herhören! Im Prinzip ist dagegen nichts einzuwenden. Aber wegen einer gewissen... äh... Zuspitzung der Lage sehen wir uns... äh... gezwungen den Antritt des Urlaubs um acht Wochen zu verschieben. Danach kannst du ihn antreten. Noch Fragen?«

»Keine Fragen, Legat.«

»Na also. Weitermachen!«

Titius Frugi entfernte sich. Gaius Matius aber ging kopfschüttelnd zu seinem Kameraden, schlug sich wütend mit der Faust in die Hand und rief: »Scheiße! Aber ich hab's gewusst! Ich hab's gewusst! Es ist immer dasselbe mit dem Alten! Immer dasselbe!«

»Reg dich ab, Junge«, meinte der andere. »Dahinter stecken wahrscheinlich nur die Vorbereitungen für den Triumphzug des Kaisers. Sonst nichts. Wir sprechen uns wieder.«

»Meinst du?« Gaius starrte ihn zweifelnd an.

Und der andere: »Was denn sonst? Kennst doch den Alten: Zuspitzung der Lage... Lächerlich! Der Krieg ist zu Ende! Er will nur nicht mit dem wahren Grund herausrücken. Vespasians Triumphzug muss ja wohl erst mal vom Senat bewilligt werden. Zwar nur eine Formsache, aber Wespe* hält sich bei allem sehr korrekt an die Sitten. Weil er noch nicht fest im Sattel sitzt.«

---

* Der Name des Kaisers, *Vespasianus*, bedeutet »der Wespenartige«.

»Trotzdem. Ich hatte den Urlaub fest eingeplant.« Matius blickte enttäuscht vor sich auf die Planken.

Der Kamerad grinste wieder. »Dann sag deiner Freundin, du hättest für die Planung und Durchführung des Triumphzugs zu sorgen. Würdest auch dafür sorgen, dass sie einen Ehrenplatz auf einer Tribüne bekommt. Dann bist du für die nächste Zeit bei ihr der Größte!«

Er wollte sich entfernen und Matius rief: »Wo willst'n hin?«

»Dem Koch Bescheid sagen.« Er wies auf die Kinder. »Verstehst du, warum ausgerechnet die besseres Essen kriegen sollen?«

»Ich glaub' schon. Der Caesar hat ihm die beiden geschenkt.«

»Ach ja?«

»Ja. Für besondere Verdienste.«

»Dann ist alles klar.« Er ging nach hinten. Gaius Matius machte es sich auf einem Stapel Seile bequem und gähnte. Er musste gegen eine bleierne Müdigkeit ankämpfen, denn in der vergangenen Nacht hatte er nur zwei Stunden geschlafen. Aber er war erleichtert: Wenigstens war sein Urlaub nicht gestrichen, sondern nur verschoben worden. Er lehnte sich zurück und dachte an seine Freundin.

Daniel sah die Schwester mit großen Augen an und fragte leise: »Hast du verstanden, was der Mann eben gesagt hat?«

»Nicht alles. Er sprach so schnell. Was hat er denn . . . ?«

»Sie sprachen über uns.«

»Über uns?«

»Ja. Der Caesar hat uns dem Legaten geschenkt.«
»Der Caesar?«
»So nennen die Römer Titus, den Sohn des Kaisers.«

»Aber Daniel, das ist ja furchtbar!« Esther hatte den Legaten auf Anhieb nicht gemocht. Er war ihr gleichgültig, ja gefühlskalt erschienen. Männer wie er hatten die Pläne für die Belagerung, Eroberung und Zerstörung Jerusalems entworfen und für ihre Ausführung gesorgt.

»Und du glaubst das?«, fragte sie.

»Sicher. Warum sollten wir sonst besseres Essen als die anderen Gefangenen bekommen? Und das hat der Legat selbst befohlen!«

Beide blickten gedankenverloren über das grenzenlose Meer und versuchten sich eine Vorstellung von dem Leben zu machen, das sie in Rom erwartete. Aber das führte zu nichts, weil sie keine Anhaltspunkte hatten.

II

Daniel lag der schreckliche Traum immer noch schwer auf der Seele. Er hatte plötzlich wieder diesen beißenden Brandgeruch in der Nase.

Esther riss ihn aus seinen trüben Gedanken: »Weißt du, wie lange wir schon von zu Hause fort sind?«

Er überlegte: »Ein halbes Jahr?«

»Aber Daniel! Schon zehn Monate!«
»Na und? Ist das wichtig?«
»Ich denke schon. Wenn wir in Rom sind, müssen wir versuchen endlich etwas über den Vater, die Mutter und Absalom zu erfahren.«
»Wie willst du das machen?«
»Das weiß ich nicht. Aber wir müssen es versuchen.«
»Ja, natürlich.«
Er blickte über das Wasser. Doch es waren Bilder und Szenen der vergangenen Monate, die er sah. Sie wechselten in schneller Folge und gingen ineinander über: Die Festnahme durch die römischen Soldaten... Das maßlose Erschrecken in Esthers Gesicht, als man sie zwischen den Säcken hervorholte. Der Weg durch die brennende Stadt und weiter zum Lager außerhalb der Mauer auf freiem Feld, wo die Menschen zu Tausenden im Freien kampierten... Die nächtliche Kälte, der Hunger, die Verzweiflung und Angst um Angehörige, die nicht im Lager waren... Die folgenden Tage, ausgefüllt mit Berichten von Mitgefangenen über die Gräueltaten der Römer, ihre Plünderungen, die totale Zerstörung des Tempels... Und keine Spur von Vater, Mutter und Bruder... Dann, ab Oktober, der Wechsel in ein anderes Lager südlich von Jerusalem. Dort gab es wenigstens Zelte, Militärzelte. Und es herrschte strenge Ordnung. In jedem Zelt musste auf Befehl der Römer ein Ältester gewählt werden, der für Ruhe, Ordnung, Sauberkeit und Disziplin verantwortlich war. Keine leichte Sache, denn täglich wurden die Zelte von römischen Soldaten überprüft und der Älteste für jede Nachlässigkeit zur Verant-

wortung gezogen. Damals hatte es auch die ersten schweren Krankheitsfälle gegeben, Durchfall vor allem. Die Kranken wurden ausgesondert. Daniel hatte keinen von ihnen später wieder gesehen.

»Bis Ende April...«, sagte Daniel leise.

Esther sah ihn erstaunt an: »Wovon redest du denn?«

»Ich habe eben an Martha gedacht, wie sie sich im Lager bei Jerusalem um uns gekümmert hat.«

Esther blickte zur Seite, wo Martha unter einer alten, schmutzigen Decke lag und schlief, und sagte leise: »Ohne sie hätten wir damals nicht überlebt.«

Martha war eine einfache Frau. Sie hatte alle Verwandten verloren und kümmerte sich seit der Zeit im Lager um die verwaisten Kinder. Furchtlos war sie dem Dienst habenden Offizier entgegengetreten und hatte ihm energisch klargemacht, dass die beiden Geschwister, wenn sie nicht ab sofort besseres Essen bekämen, in tödliche Gefahr gerieten. Der Mann hatte wohl selbst Kinder in Daniels und Esthers Alter, denn er sorgte dafür, dass das Essen besser wurde; sie erhielten nun täglich Milch. Nicht genug damit, setzte Martha bei der Lagerkommandantur durch, dass die Gefangenen in den kalten Winternächten wollene Decken bekamen.

In regelmäßigen Abständen war das Lager nach verdächtigen Personen durchsucht worden, denn die Römer gingen davon aus, dass sich hier geflohene jüdische Truppenführer und Angehörige der Hohen Priesterschaft versteckt hielten. Es kam zu scharfen Verhören. Hin und wieder wurden Männer abgeführt.

»Erinnerst du dich an den Offizier, der sich da-

mals im Lager so aufgespielt hat?«, fragte Daniel.
»Er hieß Rutilius . . . Rutilius Varus.«

Esther sah ihn an. »Ja. Warum?«

»Er ist in Alexandria an Bord dieses Schiffes gekommen.«

»Na und?«

»Sogar hier spielt er sich auf, als ob er der Sohn des Kaisers wäre.«

»Was geht das uns an? Er wird wie viele andere einen längeren Heimaturlaub antreten.«

Martha bewegte sich im Schlaf und murmelte Unverständliches. Esther blickte Daniel an und hielt den Zeigefinger an die Lippen. Daniel verstand.

Esther flüsterte: »Weißt du eigentlich, wo wir uns befinden?«

»Keine Ahnung. Aber ein Matrose sagte gestern, wir würden bald die Meerenge zwischen Sizilien und Italien erreichen. Das hinge allerdings vom Wind ab. Und da zurzeit eine ziemliche Flaute ist, brauchen wir wohl länger als erwartet.«

Sie waren noch nie zur See gefahren. Das größte Gewässer, dass er und Esther kannten, war das Tote Meer. Der Vater hatte sie einmal mit dorthin genommen und ihnen beim Anblick des leblosen Gewässers die uralte Geschichte von Sodom und Gomorrha erzählt.

»Unser Schiff«, fuhr Daniel fort, »ist langsamer als die übrigen. Sie sind schon weit voraus. Da! Am Horizont!« Er wies nach Norden. »Siehst du die kleinen weißen Punkte? Das sind die Segel.«

Sie schaute in die Richtung und fragte: »Ob Joseph wohl auch an Bord ist?«

»Joseph?« Sein Gesicht verfinsterte sich. »Meinst du etwa hier, bei uns?«
»Nein, auf einem der Schiffe da vorne.«
»Ich glaub' schon.«
»Hast du ihn gesehen?«
»Ja.«
»Wo?«
»Er ging im Hafen von Alexandria an Bord.«
Esther, erstaunt darüber, wie barsch der Bruder reagierte, rief vorwurfsvoll: »Daniel! Immer wenn ich seinen Namen nenne, reagierst du ungehalten. Was hast du gegen ihn? Immer wenn er zu Besuch kam, brachte er allen wertvolle Geschenke mit, die er mit Liebe ausgesucht hatte.«
»Mir kommen gleich die Tränen«, erklärte Daniel höhnisch. »Das kann er dann ja demnächst auch in Rom machen. Aber wie ich ihn einschätze, wird er uns dort nicht mehr kennen.«
»Nicht mehr kennen? Was soll das heißen? Er ist doch wie wir Gefangener der Römer!«
»Eben nicht.«
»Was sagst du da?«
Daniel, der die ganze Zeit grimmig übers Meer geblickt hatte, wandte sich endlich der Schwester zu: »Ich sah, wie er zusammen mit dem Caesar an Bord ging. Als freier Mann!«
»Ja aber . . . Ich verstehe nicht . . .«
»Weißt du, es sind während des Krieges Dinge passiert, die . . .«
»Ja?«
Zornig stieß er hervor: »Er ist ein Verräter!«
»Aber Daniel!« Jetzt ereiferte sich Esther. »Joseph ist ein naher Verwandter von uns, wie wir

stammt er aus der Sippe Mathijahu! Wie kannst du so etwas sagen? Wenn das der Vater hörte!«

»Er würde das Gleiche sagen. Im Übrigen hat er es gesagt.«

»Verräter?«

»Ja.«

»Zu dir?«

»Nein, zu Absalom. Letzten Sommer. Ich war in der Nähe.«

»Ja, aber warum denn?«

»Sagt dir der Name Iotapata etwas?«

»Sicher. Der Ort wurde von den Römern belagert.«

»Ja, siebenundvierzig Tage lang. Dann wurde die Stadt den Römern übergeben.«

»Das weiß ich doch.«

»Weißt du auch, wer sie damals übergeben hat?«

»Joseph?«

Er nickte und sie rief: »Na und? Was hat das mit Verrat zu tun? Die Römer waren in der Übermacht. Wie bei uns in Jerusalem.«

»Möglich. Aber das ist nicht der Punkt.«

»Was dann?«

»Der römische Feldherr hieß ... Vespasian.«

»Aber das ist doch der Kaiser!«

»Damals war er noch nicht Kaiser.«

»Das weiß ich.« Sie wollte sich keine Blöße geben. »Und Joseph, was war mit ihm?«

»Er kapitulierte und wurde gefangen genommen.«

Sie schüttelte verständnislos den Kopf. »Daniel, worauf willst du eigentlich hinaus?«

»Das kann ich dir sagen.« Er reckte sich. »Joseph hat sich bei Vespasian geradezu eingeschmeichelt.«

»Wie denn?«

»Er spielte den Allwissenden. Er ließ dem römischen Feldherrn ausrichten, er hätte ihm eine Erklärung von großer Bedeutung zu machen. Er könne sie ihm aber nur unter vier Augen mitteilen.«

»Und dann?«

»Vespasian ließ ihn zu sich rufen. Joseph tat sehr geheimnisvoll. Und dann teilte er dem Feldherrn mit, er könne ihm seine Zukunft prophezeien.«

»Nein!«

»Doch. Vespasian wurde neugierig und wollte natürlich wissen, was ihn in der Zukunft erwarte. Da sagte ihm Joseph ...«

»Aber Daniel! Mach's doch nicht so spannend! Was sagte er?«

»Er teilte ihm mit, er, Joseph, wisse, dass Vespasian sehr bald römischer Kaiser werde.«

»Das hat er wirklich gesagt?« Esther starrte den Bruder verblüfft an.

Daniel nickte.

»Und wie reagierte der Feldherr?«

»Na ja, er wird das damals nicht alles für bare Münze genommen haben. Joseph blieb ja auch weiter in römischer Gefangenschaft.«

»Hm ...« Esther dachte nach. »Ich verstehe immer noch nicht, warum du dich so fürchterlich über diese Sache aufregst.«

»Weil Joseph von einem zum andern Augenblick die Seite gewechselt hat!«

»Aber er war doch ein Kriegsgefangener!«

»Nicht mehr lange. Als Vespasian vor zwei Jahren von seinen Soldaten zum Kaiser ausgerufen wurde, erinnerte er sich an die Worte Josephs. Er ließ ihn zu sich rufen und schenkte ihm auf der Stelle die Freiheit. Daraufhin nahm Joseph einen neuen Namen an. Er nennt sich jetzt Flavius Iosephus und betont damit, dass er Römer ist.«

Esther dachte über das Gehörte nach und ein verwegener Gedanke schoss ihr durch den Kopf: »Daniel! Dann könnte Joseph doch auch für uns ein Wort beim Kaiser einlegen.«

Da fixierte Daniel die Schwester mit einem abweisenden Blick, seine Augen funkelten, zornig stieß er hervor: »Niemals!« Er betonte jede Silbe des Wortes.

III

Der Ablauf der Tage auf dem mit Waren und Menschen voll gestopften schwerfälligen Frachter war von gleichförmiger Eintönigkeit. Den Soldaten und ihren Vorgesetzten, die sich auf dem hinteren Teil des Schiffes aufhielten, ging es nicht besser. Man verbrachte die Zeit mit Reden, Dösen, Reden, Schlafen und wieder Reden. Lediglich die Mahlzeiten brachten eine Unterbrechung der schier endlos schleichenden Stunden. Die Flaute währte nun schon drei Tage.

Am Nachmittag dieses Tages begannen die Offiziere auf dem Achterschiff mit Würfelspielen, um sich die Zeit zu vertreiben. Immer wieder schallte ausgelassenes Gelächter herüber, das sich noch steigerte, als der Legat Titius Frugi ein Weinfass öffnen ließ und die Becher kreisten.

Das Gelage zog sich so schon eine gute Stunde hin. Bei jedem neuen Spiel wurden die Einsätze gesteigert und hatten eine Höhe von einigen Tausend Sesterzen erreicht. Der Tribun Rutilius Varus ging aufs Ganze. Er hatte schon fünfmal gewonnen und hoffte beim nächsten Wurf alles abräumen zu können. Er setzte seinen gesamten Gewinn und alles Bargeld, das er dabeihatte, gegen Titius Frugi.

Alle blickten gespannt auf den Legaten. Der erstarrte. Er hatte nichts mehr, was er dem Gebot des Rutilius Varus hätte entgegensetzen können. Seine private Geldtruhe befand sich mit dem übrigen Gepäck auf einem der vorausfahrenden Schiffe.

Titius Frugi strich sich übers Kinn, dachte kurz nach und sagte: »Ich bin gleich wieder da.«

Er verließ die Gruppe und ging zum Vorderschiff. Alle blickten ihm neugierig nach. Was hatte er vor?

Der Legat steuerte auf die Gefangenen zu, blieb vor Daniel und Esther stehen, fixierte sie und sagte: »Ihr beiden ... Kommt mit!«

Die Geschwister erhoben sich und sahen den hohen Offizier fragend an.

»Nun kommt schon!«

Er ging voraus und sie folgten ihm. Bei den Spielern angekommen, wies Titius auf die Kinder und erklärte, zu Rutilius gewandt: »Das ist mein Einsatz. Wenn du das nächste Spiel gewinnst, gehören sie dir.«

Obwohl Rutilius schon etliche Becher Rotwein geleert hatte und sein Kopf glühte, war er nicht zu betrunken, um den Wert der Kinder realistisch einschätzen zu können. »Aber ich bitte dich! Sie sind doch entschieden mehr wert als ...«

»Das macht nichts.« Titius sagte es gelassen. »Ich wiederhole, wenn du gewinnst, sind sie dein!«

Längst waren Daniel und Esther erbleicht. »Gott im Himmel!«, stieß Daniel leise hervor und drückte die Hand der Schwester. »Lass ihn verlieren! Bitte!« Es war klar, dass er Rutilius meinte.

Titius ließ sich den Becher reichen, ging in die Knie, schüttelte die drei Würfel im ledernen Becher, hob ihn an, schwenkte ihn und setzte ihn blitzschnell mit der Öffnung nach unten auf den Planken ab. Er wartete einige Augenblicke, dann hob er mit einem Ruck den Becher an. Die Übrigen beugten sich vor. Die Würfel zeigten eine Eins, eine Fünf und eine Zwei.

Titius reichte den Becher Rutilius, der nun ebenfalls in die Knie ging, die Würfel einsammelte und sie der Reihe nach in den Becher fallen ließ. Dann schüttelte er den Inhalt, wieder und wieder, hielt plötzlich inne und knallte den umgekehrten Becher mit Schwung auf den Boden. Trunken grinsend glotzte er in die Runde.

»Nun mach schon!«, forderte ihn ein Kamerad auf, der es kaum erwarten konnte, das Ergebnis des Wurfes zu Gesicht zu bekommen.

Langsam, ganz langsam hob Rutilius den Becher und legte ihn beiseite. Aller Augen waren auf die Würfel gerichtet: Sie zeigten dreimal die Sechs.

»Ich gratuliere!« Titius Frugi nickte Rutilius lässig zu. »Fortuna ist heute auf deiner Seite. Und gegen ihre Launen ist man bekanntlich machtlos.«

Und zu den Kindern: »Geht wieder an euren Platz!«

Wie betäubt trotteten sie zurück. Martha sah ihren Gesichtern an, dass etwas Schlimmes geschehen sein musste. Aufgeregt fragte sie: »Was war denn?«

Die beiden brauchten eine Weile, ehe sie in der Lage waren, den Vorfall wiederzugeben. Schließlich schilderte Daniel ihr mit wenigen Worten, dass der Legat sie als Einsatz beim Würfelspiel eingesetzt, dass er verloren habe und sie dadurch den Besitzer gewechselt hätten; sie seien jetzt Eigentum dieses arroganten Tribunen Rutilius Varus.

»Wirklich?«, rief Martha. Ihre Stimme klang aufgeregt, fast fröhlich.

Esther reagierte aufgebracht: »Das ist nun wirklich kein Grund zur Freude, Martha!«

»Für mich schon, Kind, für mich schon!« Sie lachte lautlos, umarmte Esther, strich ihr über den Kopf und fuhr lebhaft fort: »Das ist doch schön, Kind! Dann bin ich immer in eurer Nähe! Dieser Rutilius hat mich schon in Alexandria gekauft!«

»Und warum hast du uns nichts davon gesagt?«, fragte Daniel.

»Warum sollte ich?« Sie lachte wieder. »Ihr habt mich nicht danach gefragt. Kommt, setzt euch, Kinder, setzt euch! Wir müssen von nun an immer zusammenhalten. Und ich werde auf euch aufpassen . . .«

Die Geschwister ließen sich neben ihr nieder. Martha war mit einem Mal ganz aufgekratzt und sprach sehr schnell. Sie hatte eine neue Aufgabe und malte sich und den beiden aus, was sie in Rom erwarten könnte. Denn dass sie nach Rom gebracht würden, war für sie eine ausgemachte Sache.

»Und was unsern neuen Herrn betrifft, diesen ... diesen ...«

»Rutilius«, sagte Esther.

»Ja, Rutilius ... Warten wir erst einmal ab, wie er sich in seinem eigenen Hause gibt. Gut, hier spielt er sich vor seinen Kameraden und Untergebenen auf. Aber in seinen eigenen vier Wänden kann er ganz anders sein. Ich habe solche Leute schon öfters kennen gelernt. Zu Hause sind sie oft ganz anders, ganz ... Im Übrigen bin ich immer bei euch, Kinder. Ihr werdet sehen, dass es am Ende ganz anders ist als ... Es wird überall nur mit Wasser gekocht. Auch in Rom, auch in ... Wahrscheinlich hat er ein sehr vornehmes Haus mit vielen Dienern. Da müssen wir uns eben anpassen.«

»Meinst du«, fragte Esther, »er hat eine Frau?«

»Eine Frau? Warum nicht, Kind, warum nicht? Wir werden sehen. Er könnte auch Kinder haben. Die dürften dann in eurem Alter ... Wir werden sehen. Kein Grund zur Sorge. Ich finde, unsere augenblickliche Lage ist immer noch besser, als auf einem Sklavenmarkt zur Schau gestellt zu werden!«

Vielleicht hatte Martha Recht. Jetzt wussten sie wenigstens, woran sie waren. Das Wichtigste dabei war, dass Martha bei ihnen blieb.

IV

Am nächsten Tag änderte sich das Wetter. Von Westen zogen Wolken auf. Der Wind nahm von Stunde zu Stunde zu, blähte das große Hauptsegel und brachte das schwere Schiff endlich auf Fahrt.

Am folgenden Tag erreichten sie die Meerenge zwischen Sizilien und der Südspitze Italiens. Gegen Abend legten sie im Hafen von Messana an.

Trotz der aufregenden Ereignisse des Tages schliefen die Geschwister schnell ein, während Martha noch lange wach lag und Gott immer wieder in Gedanken darum bat, er möge ihnen in Rom ein erträgliches Schicksal zuweisen: »Wenn du schon deine heilige Stadt Jerusalem den Feinden überlassen hast, dann wirst du dafür Gründe haben, die wir sterblichen Menschen nicht kennen... Auch dass wir unsere Lieben verloren haben, magst du in deinen unermesslichen Ratschlüssen zu unserer Strafe beschlossen haben. Aber nun lass nicht zu, dass wir im Elend unter fremden Menschen mit fremden Sitten und Göttern umkommen. Der Prüfungen sind genug! Mehr können wir nicht ertragen. Bitte, Herr, schütze diese Kinder! Halte deine gütige Hand über sie, denn sie sind unschuldig wie der frühe Tag... Ich bin sicher, du wirst auch dafür sorgen, dass sie dereinst in ihre Heimat zurückkehren... Ich bin eine arme, alte Frau, die wohl in der Fremde sterben wird... Aber ich danke dir, Herr, dass du uns nicht voneinander getrennt hast... Ich will mich um sie kümmern, als ob es meine eigenen Kinder wären...«

Endlich schlief auch sie ein.

Da der Frachter keine Ladung für Messana an Bord hatte – das ägyptische Getreide war für Rom bestimmt –, wurde nur Frischwasser an Bord genommen. So konnte der Anker am nächsten Morgen schon vor Sonnenaufgang gelichtet werden. Es dauerte eine ganze Weile, bis das schwerfällige Schiff mithilfe von langen Stangen aus dem Hafenbecken bugsiert war, doch auf dem offenen Meer nahm es bald Fahrt auf. Der Steuermann hielt auf die gegenüberliegende Küste des Festlandes zu. Hier betrug die Entfernung zwischen Sizilien und der Stiefelspitze Italiens nur etwas mehr als zwei Meilen*. Die Hänge der Berge auf der anderen Seite des Meeresarms waren weithin entwaldet. Seit Jahrhunderten wurde hier im allergrößten Maßstab Holz geschlagen, mit dem die Kriegs- und Handelsschiffe der Italiker wie schon der Karthager gebaut wurden. Niemand hatte später an eine Aufforstung gedacht. Nun waren viele Regionen verkarstet, baumlos, kahl und setzten dem Regen keinen Widerstand entgegen, wenn er die dünne Humusschicht zu Tal spülte. Auf den höheren Lagen zogen noch Hirten mit ihren großen Herden durch die engen Täler und über schroffe Höhen. Die Schafe und Ziegen knabberten den letzten kargen Grashalm ab, fraßen die Blätter von Büschen und Stauden, so dass die Verwüstung der Landschaft ihren Lauf nahm.

Mit unguten Gefühlen betrachteten die Gefangenen vom Schiff aus das gewaltige Panorama der schroffen Gebirgslandschaft. Das also war Italien?

---

* Die römischen Längenmaße werden im Anhang erklärt.

Sie hatten es sich ganz anders vorgestellt: ein grünes Land, gesegnet mit Feldern, Wiesen, Weiden, Hainen und großen Wäldern. Aber das konnte ja noch kommen, weiter im Norden.

Alle waren erleichtert, als das Schiff sich nun in Küstennähe vorwärts bewegte. Esther hörte, wie einer der Soldaten sagte, wenn Wetter und Wind so blieben, würden sie in spätestens acht Tagen Ostia erreichen. Und Ostia war der Hafen Roms.

Auch in den kommenden Tagen ließ sich Rutilius Varus nicht bei seinen neuen Sklaven blicken.

Gegen Mittag des achten Tages, seit sie den Hafen von Messana verlassen hatten, kam Ostia in Sicht. Die Silhouette der Stadt war in keiner Weise spektakulär. Man sah nur Zweckbauten, Lagerhallen, Kontore, große Geschäfts- und Mietshäuser und die Dächer einiger Tempel. Ihr Schiff näherte sich dem Hafen, doch schon in einer Entfernung von einer Meile ließ der Kapitän das Segel reffen. Der Frachter verlor allmählich an Fahrt. Als das Schiff nur noch zwei Stadien vom Hafen entfernt war, wurde der schwere Anker mit der Seilwinde heruntergelassen, er bekam bald Grundberührung und krallte sich im Boden fest. Langsam drehte sich das Schiff, weil Wind und Wellen seinen Rumpf vom Befestigungspunkt wegdrückten. So nahm es bald die Position der anderen Schiffe ein, die rechts und links parallel nebeneinander lagen und sich leicht in der Dünung auf und ab bewegten.

»Warum legen wir nicht am Kai an?«, fragte Esther.

»Ich vermute, dass das Wasser im Hafenbecken nicht tief genug ist. Das Schiff ist schwer beladen und könnte auf Grund laufen«, meinte Daniel. Er blickte hinüber und bemerkte, dass das Hafenbecken landeinwärts schmaler wurde. Es sah aus, als ob dort ein Fluss mündete. Das konnte nur der Tiber sein, der Fluss, an dem auch Rom lag.

Unvermittelt erschien Rutilius Varus bei den Gefangenen am Bug. Er hatte seine volle Montur angelegt, trug nun Brustpanzer und Helm, Schwert und Prunkdolch baumelten am Gehänge, der rote Mantel war lässig um die Schultern geworfen. Er musterte die Geschwister und Martha mit strengem Blick und erklärte kurz: »Ihr werdet noch heute nach Rom gebracht. In ein Lager am Tiber, auf dem Marsfeld. Aber nicht für lange. Ich lasse euch zu gegebener Zeit dort holen. Noch Fragen?«

Sie schwiegen.

Er hob den Zeigefinger. »Und dass ich keine Klagen höre!« Nach einem weiteren strengen Blick über ihre Gesichter machte er grußlos kehrt, ging zur Mitte des Schiffes und stieg zusammen mit Titius Frugi und weiteren Offizieren in das Beiboot, das sie zum Kai brachte. Um ihr Gepäck würden sich ihre Sklaven kümmern.

Daniel blickte ihm nach, schüttelte den Kopf und presste verbittert die Lippen aufeinander. Dann murmelte er: »Elender Angeber!«

Martha sah ihn erschrocken an. »Um Gottes willen!«, stieß sie leise hervor. »Daniel! Wenn das jemand gehört hat!«

»Na und?«, gab er trotzig zurück und reckte sich. »Männer wie er sind es gewesen, die Jerusalem zerstört haben. *Sie* haben die Pläne für die Eroberung gemacht. *Sie* haben ihren Soldaten erlaubt zu plündern, zu morden, zu brennen!«

Er hatte die Stimme gehoben und sich immer lauter in Zorn geredet. Es war sein Glück, dass er sich dabei seiner Muttersprache bedient hatte. Zwar musterte ihn einer der Posten erstaunt, doch in seinem Gesicht war zu lesen, dass er kein Wort verstanden hatte.

Mit gemischten Gefühlen blickte Esther zum Kai. »Warum lässt Rutilius uns in ein Lager am Tiber bringen?«

»Keine Ahnung«, brummte Daniel und verfolgte interessiert, wie das Beiboot am Kai anlegte und die Offiziere über breite Stufen auf die Höhe der Hafenmauer stiegen, wo sie von einigen ganz in Weiß gekleideten Männern empfangen wurden. Er hatte diese prächtigen Gewänder schon einige Male in Jerusalem gesehen. Man nannte sie Toga. Nur Angehörige der römischen Oberschicht, Senatoren, Ritter und reiche Leute durften sie tragen. Es war sozusagen ihr Erkennungszeichen, zumal an der Seite ein purpurroter Streifen leuchtete. War er breit, handelte es sich um einen Senator, war er schmal, um einen Ritter. Der Vater hatte Daniel das einmal erklärt, als sie zusammen durch die Stadt gegangen waren. Das war lange her.

»Vielleicht haben sie noch irgendwas mit uns vor«, kam Martha auf die Frage Esthers zurück.

»Aber was?«, fragte Esther.

Daniel drehte sich um. »Was zerbrecht ihr euch den Kopf darüber. Das ist doch jetzt vollkommen unwichtig. In dem Lager treffen wir bestimmt auf viele Landsleute. Vielleicht weiß einer von ihnen etwas über unsere Mutter.«

»Das ist gut möglich!«, rief Martha. »Das halte ich sogar für sehr wahrscheinlich. Unter den Leuten kursieren immer die neuesten Nachrichten, weil jeder auf der Suche nach verschwundenen Angehörigen ist.«

Die Geschwister spürten, dass Martha nur darauf aus war, sie aus ihrer traurigen Stimmung zu reißen.

»Es muss einen ganz bestimmten Grund dafür geben, dass sie uns . . .« Esther ließ nicht locker. »Sie haben was vor mit uns.«

So viel sie auch darüber nachdachten, es blieb bei Vermutungen. Sie mussten die Ankunft im Lager abwarten.

Plötzlich wurde es auf dem Schiff lebendig. Die Mannschaft öffnete die Luken der Laderäume. Mit dem an Bord befindlichen Kran wurden die Getreidesäcke aus den Tiefen des Rumpfes gehoben, mit starken Seilen zu Bündeln von sechs bis acht Stücken verschnürt und vorsichtig in die flachen Boote gehievt, die längsseits gegangen waren. Daniels Vermutung war richtig gewesen. Der Hafen war in unmittelbarer Nähe des Kais versandet. Dort konnten nur noch leichtere Schiffe mit geringerem Tiefgang anlegen. Große Frachter wie der ihrige wurden auf Reede entladen.

Gegen die neunte Stunde[*] kamen fremde Männer aufs Schiff. Zunächst hielten Daniel, Esther und Martha sie für Legionäre, denn ihre Kleidung war ähnlich geschnitten wie die von Soldaten. Doch sie

---

[*] Gegen 15 Uhr

trugen keine Schwerter, sondern nur Dolche, die im Gehänge am Gürtel baumelten. Sie bewegten sich auch ungezwungener. Wahrscheinlich handelte es sich um städtische Beamte, die sich um den Transport der Gefangenen nach Rom und ins Lager am Tiber zu kümmern hatten.

Ihr Anführer, ein wortkarger Mann mit grimmigem, faltigem Gesicht, gab seine Anordnungen wie militärische Befehle: kurz, knapp und mit sachlicher Unbeteiligtheit. Er näherte sich der Gruppe am Bug und forderte alle Gefangenen auf, ihre Siebensachen, die sie zu Bündeln verschnürt oder in Säcken verstaut hatten, aufzunehmen und den Männern in die Boote zu folgen.

Auch die Gefangenen der übrigen Schiffe wurden an Land gebracht. Am Kai ließ man sie in einer langen Reihe antreten. Als das endlich zur Zufriedenheit des Chefs geschehen war, gab er seinen Leuten Befehl, mit der Fesselung zu beginnen. Den Gefangenen wurden die Handgelenke mit einem Strick eng aneinander gebunden. So konnten sie die Finger zwar frei bewegen, doch nicht zu irgendwelchen Aktionen benutzen. Jeweils fünfzehn bis zwanzig Menschen wurden an ein langes Seil geknotet. Es war unmöglich, sich einfach und schnell von den Stricken zu lösen. Jede Abteilung wurde von mehreren Bewaffneten eskortiert, die jede Bewegung der Gefangenen, besonders der Männer, misstrauisch beobachteten.

Nachdem alle Gruppen eingeteilt, gefesselt und marschbereit waren, gingen Schreiber mit Listen an den Menschen vorbei und hakten ihre Namen ab. Niemand fehlte. Rom achtete auch in diesen Dingen auf Ordnung.

V

Der leitende Beamte gab den Befehl zum Aufbruch. An die zweitausend Menschen setzten sich in Bewegung. Daniel malte sich aus, dass der Zug, wenn er sich in einer langen Schlange über die Straße nach Rom bewegte, mehr als zwei Meilen lang sein musste.

»Glaubst du, dass wir lange marschieren?«, fragte Esther den Bruder.

Daniel, aufgebracht über die Fesselung, starrte wütend zu Boden und gab keine Antwort.

Ein älterer Mann hinter Esther hatte die Frage gehört und erklärte: »Wir werden frühestens gegen Mitternacht in Rom eintreffen.«

»Woher weißt du das?« Sie sah ihn neugierig an.

»Weil ich schon mal da war. Vor zwanzig Jahren. Damals waren die Zeiten besser.« Er hüstelte.

Da drehte Daniel sich um. Er wollte mehr wissen: »Dieses Lager ... Weißt du, wo es ist?«

»Sicher. Am Tiber. Auf dem Marsfeld!«

»Marsfeld? Was ist das?«

»Dort haben sie früher ihrem Kriegsgott Mars geopfert. Das Marsfeld war mal eine große offene Fläche. Jetzt ist fast die ganze Gegend zugebaut. Ist heute die Neustadt von Rom.«

Er wandte sich um, denn die Kolonne setzte sich in Marsch.

Sie passierten an die dreißig riesige Bockkräne, die auf drehbaren Gestellen standen und alles, was von den auf Reede liegenden Schiffen herangeschafft wurde, an Land hoben: Getreidesäcke,

Baumstämme, Marmorquader, Fässer, Amphoren, schwere Möbel, Kisten und immer wieder Säcke. Hunderte von Sklaven waren mit dem Löschen der Schiffsladungen beschäftigt. Auch hier überprüften Schreiber anhand der Ladelisten die Vollständigkeit der Güter.

Über eine seitlich abzweigende Straße verließen sie den Hafenbereich. Schon nach wenigen hundert Schritten stießen sie auf die Hauptstraße Ostias, die parallel zum Tiber verlief. Alle Menschen schienen mit irgendwelchen Geschäften unterwegs zu sein, denn nirgends sah man Müßiggänger – außer einigen Bettlern, die freilich niemand beachtete. Die ganze Stadt machte den Eindruck, als drehe sich hier alles ums Kaufen und Verkaufen. Dabei waren die Geschäfte eher schlicht und einfach. Nirgendwo teure Luxusläden, wie es sie im Basar von Jerusalem gegeben hatte.

Man nahm den Zug der Gefangenen mit sachlicher Neugier zur Kenntnis. Nur wenige blieben kurz stehen, um einen Blick auf die fremden Menschen zu werfen. Gefangenentransporte dieser Größe schienen für sie eine alltägliche Sache zu sein. Ihre eigenen Belange waren ihnen wichtiger.

Schon nach einer halben Meile erreichte die Spitze des Zuges die Porta Romana, das östliche Stadttor, während die letzten Gefangenen noch nicht das Hafengelände verlassen hatten. Daniel, Esther und Martha befanden sich im vorderen Drittel. Links sahen sie nun den Fluss. Sie waren überrascht. Den Tiber hatten sie sich als breiten, mächtigen Strom vorgestellt. Was sie sahen, war ein schmales, träge dahinfließendes Gewässer, in keiner

Weise großartig. Es musste in den letzten Tagen im Gebirge stark geregnet haben, denn das Wasser war schmutzig gelb. Bald entfernte sich der Fluss von der Straße und folgte seinen natürlichen Mäandern, während ihre Straße, die Via Ostiensis, wie mit dem Lineal gezogen durch die Landschaft verlief.

Überall lagen einzelne Höfe, darunter prächtige Anlagen mit herrschaftlichen Gebäuden, umgeben von großen Parkanlagen. Frauen und Männer waren auf den Feldern bei der Arbeit. Alles lag friedlich unter der Sonne. Seltsam, dachte Esther, hier leben und arbeiten doch Bauern... wie kommt es, dass ein Volk, dass aus Bauern besteht, die halbe Welt erobert hat...?

Wie es der Mann, der schon einmal in Rom gewesen war, vorhergesagt hatte, erreichten sie erst Stunden nach Einbruch der Dunkelheit gegen Mitternacht die Stadtmauer Roms. Plötzlich tauchte sie rechts vor ihnen im Mondschein auf. Sie wirkte düster und abweisend.

Die Straße machte einen großen Bogen nach links und folgte der Mauer, bis sie wieder den Tiber erreichte. Das Ufer war hier planiert und mit großen Steinplatten belegt. Schemenhaft erkannte Daniel die Masten und Rümpfe von Schiffen, die nebeneinander vertäut waren. Das musste der Binnenhafen Roms sein. Jetzt war hier alles still. Auf einigen Schiffen brannten Laternen.

Der Zug verließ das Hafengebiet, bewegte sich aber weiterhin parallel zum Tiber. Sie erreichten einen größeren freien Platz. Zwei Tempel folgten in kurzem Abstand, der eine rund, der andere rechteckig. Einzelheiten waren nicht zu erkennen, denn

Wolken verdeckten den Mond. Irgendwo lachten und grölten Betrunkene in der Dunkelheit.

Als der Mond aus dem Schatten der Wolke trat, sahen sie, dass von diesem Platz eine Straße direkt zum Fluss führte und ihn auf einer hohen Brücke überquerte. Nur wenige Passanten waren um diese Zeit noch unterwegs. Die Bürger der riesigen Stadt lagen schon seit zwei, drei Stunden in tiefem Schlaf.

»Stehen bleiben! Ihr sollt stehen bleiben!«, brüllte der Aufseher plötzlich. Er war schlecht gelaunt, hatte er doch wie alle andern den ganzen langen Weg zu Fuß zurücklegen müssen. Warum die Kolonne vorne gestoppt hatte, war nicht zu erkennen. Doch schon ging es weiter.

»Folgen!« Der Aufseher griff das vordere Ende des Seils und zog seine Gruppe wie eine Herde Kühe hinter sich her. Die Menschen ließen alles mit sich machen. Jeder hatte nur noch eins im Sinn: irgendeine Lagerstatt, ein Haufen Stroh, vielleicht eine Decke, worauf man sich fallen lassen konnte, um auf der Stelle in einen tiefen, traumlosen Schlaf zu fallen.

Zu beiden Seiten des Zuges tauchten Lichter auf. Es wurden immer mehr. Ein großes Feld wurde sichtbar. Dann Zelte, in gleichem Abstand rechtwinklig angeordnet. Dazwischen Lagergassen. An langen Stangen Laternen. Aufseher kamen mit brennenden Fackeln, um die Gruppen zu dem Quartier zu bringen, das man ihnen zugewiesen hatte.

»Halt!« Ihr Führer wandte sich an alle: »Stehen bleiben! Warten! V'standen?«

Die Kolonne stand. Der Mann entfernte sich.

Einen Augenblick lang zuckte Daniel ein tollkühner Gedanke durch den Kopf: Eine einmalige Gelegenheit, um zu fliehen! Doch wie sollten Esther, Martha und er sich schnell von dem fest verknoteten Seil lösen und entkommen? Es müsste alles sehr schnell gehen. Unmöglich. Überall bewaffnete Posten. Und wohin sollten sie sich dann wenden?

»Folgen!«

Der Mann war zurück und riss Daniel aus seinen Fluchtplänen. Sie trotteten weiter, die Lagergasse entlang bis zu deren Ende. Der Aufseher blieb stehen, wies auf das letzte Zelt und tönte: »Das hier euer Zelt! V'standen?«

Er sprach so, wie man zu Ausländern, die die Landessprache nicht beherrschen, redete, wiederholte seine kurzen Kommandos und Erklärungen mehrmals, bis alle begriffen, was er meinte. Dann löste er die Gefangenen von ihren Fesseln.

»Herhören!«, brüllte er. »Flucht sinnlos! Klar?! Lager Tag und Nacht scharf bewacht! Auch Hunde! Scharfe Hunde! Bluthunde! Verstehen?«

Er kniff die Augen zusammen, ließ seinen Blick über die Köpfe wandern, bewegte dazu lautlos die Lippen – offenbar zählte er die Leute zur Sicherheit noch einmal durch. Dann hieß es im gewohnten Befehlston: »Ihr jetzt schlafen. Ihr morgen früh essen und trinken, klar? Ihr morgen auch waschen. Jetzt schlafen. Los, los!«

Ohne allzu große Eile traten sie in ihr Zelt. Drinnen war es stockfinster. Doch durch den Eingangsspalt fiel schummeriges Licht. Sie blickten sich um. Stroh! Man hatte ihnen Stroh hingeschüttet, sogar reichlich.

Jeder suchte sich irgendeinen Platz und ließ sich fallen. Nach wenigen Augenblicken schliefen sie ein.

Schon bei Sonnenaufgang wurde geweckt. An mehreren Stellen gab es Waschgelegenheiten. Allerdings musste das Wasser in Zubern vom Fluss herbeigeschafft werden. Sie hatten die gelbe Brühe in große hölzerne Tröge zu kippen, wie man sie dem Vieh auf der Weide als Tränke vorsetzte.

Zum Frühstück gab es altes Brot, ein Stück harten Käse und frisches Wasser aus einer der großen Wasserleitungen, die über Aquädukte Quellwasser aus den Bergen herbeischafften. Man konnte reichlich aus großen Amphoren schöpfen. Wer wollte, durfte sich sogar weiteres Brot holen.

»Das ist verdächtig«, sagte Esther und kaute weiter. »Sie haben etwas vor mit uns.«

»Fang nicht schon wieder an!« Daniel hatte keine Lust, den Tag erneut mit Spekulationen zu beginnen, und beteiligte sich nicht an dem Austausch von Vermutungen zwischen Esther und Martha. Eine halbe Stunde später erschien der Aufseher, der sie seit Ostia begleitet hatte.

»Herhören!« Er baute sich im Eingang des Zeltes auf. »Ihr hier bleiben! Ihr Zelt nicht verlassen! V'standen?«

Alle nickten.

»Ihr in einer Stunde antreten! Vor Zelt!« Er wies mit dem Zeigefinger nach draußen. »Ich euch abholen. V'standen?«

Wieder nickten sie, den meisten war die Angst ins Gesicht geschrieben. Was hatte man mit ihnen vor?

Sollten sie in Gruppen eingeteilt und zu verschiedenen Sklavenmärkten geschafft werden?

Nach einer halben Stunde kam der Aufseher zurück. Er ließ alle Insassen des Zeltes draußen in einer Reihe antreten. Dann ging er die Reihe entlang, musterte jeden gründlich von Kopf bis Fuß, nickte zufrieden und fuhr fort: »Herhören! Senat und Volk von Rom haben beschlossen den Imperator und seine beiden Söhne mit einem grandiosen Triumphzug zu ehren. Ihr alle werdet daran teilnehmen. In zwei Tagen wird man euch um diese Zeit abholen. V'standen?«

Nur die wenigsten hatten begriffen, wovon er geredet hatte. Sie nickten trotzdem, in der Hoffnung, dass irgendeiner aus ihrer Mitte, der des Lateinischen mächtig war, es ihnen erklären würde.

»Bis dahin«, fuhr der Aufseher fort, »habt ihr reichlich Gelegenheit euch und eure Sachen in Ordnung zu bringen. Ich werde das kontrollieren. Morgen!« Es klang wie eine Drohung. »Ins Zelt wegtreten!« Schon machte er auf dem Absatz kehrt und entfernte sich mit schnellen Schritten.

»Was hat er gesagt?«, wollte Martha wissen. Sie verstand nur wenige Wörter Latein. Als sie sah, wie Daniel und Esther sich fassungslos ansahen, rief sie: »Aber Kinder! Was habt ihr denn?«

Esther, immer noch außer sich, stieß mit seltsam tonloser Stimme, doch zornig hervor: »Es geht um den Triumphzug! Sie werden uns wie wilde Tiere dem Pöbel von Rom vorführen! Das ist der Grund, warum wir zunächst in dieses Lager gebracht worden sind und warum Rutilius Varus sagte, er würde uns erst in einigen Tagen abholen lassen.«

Martha konnte sich unter einem römischen Triumphzug nicht viel vorstellen, begriff somit auch nicht, was ihr bevorstand, denn ungerührt fuhr sie in ihrer praktischen Art fort – und sie sprach sehr schnell: »Gut, gut, aber wie sollen wir denn unsere Kleidungsstücke säubern und instand setzen? Wir haben weder sauberes Wasser noch Nähzeug. Wahrscheinlich sollen wir die Sachen in dem gleichen Bottich säubern, in dem wir uns morgens waschen. Schrecklich!« Sie schüttelte aufgebracht den Kopf. »Da werden sie doch nur noch schmutziger!«

Für einen Augenblick wurde Esthers Gesicht starr. Sie musterte Martha mit einem tadelnden, ja herrisch abschätzigen Blick. Es sah aus, als ob sie Martha scharf zurechtweisen wollte. Daniel, der es bemerkte, schüttelte den Kopf und sagte: »Spielt das überhaupt noch eine Rolle?«

Sie holten ihre wenigen Kleidungsstücke, die sie in Leinenbeuteln hatten retten können, hervor und machten sich an die Arbeit.

VI

Etwa um die gleiche Zeit – die zweite Stunde hatte gerade begonnen – verließ ein groß gewachsener Mann den Eingang des »Siebengestirn«. Dieses Gasthaus lag am östlichen Ende des Argiletums, wo sich die Straße in den Vicus Patricius und den Clivus Suburanus gabelte. Das Argiletum war eigentlich nur eine recht kurze Straße von einer Drittelmeile Länge. Sie begann an der Rückseite der Curia beim Forum und verlief geradeaus in östlicher Richtung bis zu der Gabelung. Aber diese nur sieben- bis achthundert Schritt lange Strecke hatte es in sich. Sie lag mitten im Zentrum der Stadt, in unmittelbarer Nähe des Forums. Rechts und links zweigten enge Gassen ab und im Laufe der Zeit hatte man den Namen Argiletum auf das ganze Viertel übertragen.

Hier schlug das Herz der Millionenstadt Rom. Hier pulsierte von Sonnenauf- bis Sonnenuntergang geschäftiges, lautes Leben. Laden reihte sich hier an Laden, Werkstatt an Werkstatt. Da waren Waffen- und Messerschmiede, Sandalen- und Schuhmacher, Leinwandhändler, Wollspinner, Sockenfabrikanten, Spediteure, Brot- und Kuchenbäcker, Feinkosthändler, Fleischer, Seiler, Korbmacher und Barbiere. Und dazwischen immer wieder Gaststätten, Speiselokale und Imbissstuben. Schon zu dieser frühen Stunde waren Hausfrauen unterwegs, um möglichst früh ihre Tageseinkäufe hinter sich zu bringen, ehe das Gedränge der Käufer, Passanten, Bettler, Kinder, Flaneure und Fremden in den Kolonnaden und auf der Straße einsetzte. Damen der besseren Gesellschaft von den benachbarten Hügeln des Viminal, Cispius und Quirinal schickten ihre Sklaven oder ließen sich von ihnen begleiten und die erworbenen Artikel nach Hause tragen. Wenn dann im Laufe des Vormittags noch Lastenträger, Fuhrwerke, Karren, Eseltreiber, Scharen von Kindern, streunende Hunde und Horden von Bettlern dazukamen, wurde das Gedränge schon bedrohlich.

Und der Lärm! Da wurde gehämmert, geschmiedet, gesägt, gefeilt und genietet. Aus den Webereien kam in regelmäßigem Rhythmus das harte hölzerne Klacken der Webstühle. Ein Schuhmacher brüllte einen seiner Sklaven an und gab ihm eine Ohrfeige. Bei einem Schmied wurde das Schloss eines eisernen Gartentors repariert, bei einem Wagner der große Eisenring auf ein hölzernes Rad gehämmert. Ein Ausrufer war schon früh unterwegs, schlug die Trommel und machte mit aberwitzigem Geschrei auf eine Versteigerung aufmerksam. Bei einem Barbier schrie ein Kunde verzweifelt auf, als ihm der Meister mit einem Ruck den eitrigen Backenzahn zog. Drum herum eine Gruppe faszinierter Zuschauer, welche die Prozedur erschauernd und doch mit Kennermiene verfolgten und beredt kommentierten. Zehn Schritte weiter eine handfeste Prügelei zwischen Halbwüchsigen – es ging um ein Mädchen. Diebe nutzten geschickt die Gelegenheit, um einigen zuschauenden Passanten flink in den Einkaufskorb zu greifen oder die Umhängetasche von der Schulter zu reißen. Ehe die Bestohlenen es sich versahen, waren die Gauner mit der Beute schon im Gedränge verschwunden.

Aus den Mietwohnungen in den Obergeschossen der bis zu fünf Stockwerken hohen Häuser ertönte das Geschrei von Kindern, das Keifen von Frauen, das Brüllen von Männern. Gegenüber betrachteten Matronen, ihr feistes Hündchen neben sich, mit aufgestütztem Doppelkinn vom offenen Fenster aus das Treiben unten und gaben ihre mäkelnden Kommentare ab zu dem, was sie sahen und hörten.

Die Bettler hatten ihre angestammten Stand- und

Sitzplätze eingenommen oder machten sich mit Mitleid heischenden Gebärden an betuchte Fremde heran. Im Schatten der Kolonnade küsste sich ein verliebtes Paar und prompt rümpften die Matronen in den Fenstern die Nase und ließen eine Schimpfkanonade über den völligen Verfall der Sitten vom Stapel.

Besonders aufdringlich und lästig waren Scharen von bettelnden Kindern. Scheuchte man hier eine Gruppe weg, wurde man hundert Schritt weiter von einer anderen überfallen. Die erfahrenen, abgebrühten Fünf- bis Vierzehnjährigen bildeten regelrechte Belagerungsringe um die Fremden, berührten sie, zupften an ihrer Kleidung, griffen nach Armen und Händen, streichelten sie, und wenn der so Angegangene endlich seine Geldbörse zückte, um den Schwarm loszuwerden, lief er Gefahr, dass ihm der Lederbeutel mit blitzschnellem Zugriff entrissen wurde. Dann war der Spuk im Nu verschwunden. Die Plagegeister tauchten in der Menge unter, zogen sich in eine Seitengasse zurück, teilten die Beute und warteten im Schatten von düsteren Hauseingängen so lange, bis der Späher an der Ecke das Zeichen zur Entwarnung gab. Das Spiel konnte aufs Neue beginnen und sich bis in den Abend fortsetzen.

Dass ein Gast schon zu so früher Stunde das »Siebengestirn« verließ, war nicht ungewöhnlich. Alle, Römer wie zugereiste Kaufleute aus Italien und den Provinzen, waren in der heißen Jahreszeit bestrebt ihre Geschäfte am frühen Vormittag hinter sich zu bringen, denn ab der fünften, sechsten Stunde wurde die Hitze in der Stadt unerträglich. Der

Mann – er war groß, sehr schlank und ging sehr aufrecht – hatte eine hellblaue Tunika von hervorragender Qualität angelegt. Aus der faltenlosen Steifheit und Glätte des Stoffes war zu schließen, dass das Kleidungsstück zum ersten Mal getragen wurde. Das Gleiche galt für die Sandalen. Sie waren aus überaus teurem, weichem, gelbbraunem Ziegenleder hergestellt. Der schmale Gürtel, auch er neu, schien aus dem gleichen Material zu sein. Das Gesicht des Mannes war sehr ernst, Wangen und Stirn von feinen Falten gezeichnet, so dass sein Alter schwer zu schätzen war. Im Gegensatz zu seinem Gesicht, das einen sehr müden, ja strapazierten Eindruck machte, war die Art, wie er sich bewegte, schnell, fast jugendlich. Seine Schritte setzte er federnd. Hellwach nahm er alles in seiner Umgebung wahr, seinem Blick schien nichts zu entgehen. Die Augen, groß, dunkel, fast schwarz, beherrschten das feine Gesicht, das in seinen Details wie im Ganzen gut proportioniert war: die Stirn hoch, die Nase schmal mit einem leichten Knick im oberen Drittel, der Mund nicht zu breit und scharf konturiert, im Kinn ein Grübchen.

Ginge er in Toga, mit dem roten Purpurstreifen am Saum, hätte man ihn ohne weiteres für einen römischen Senator halten können. Wenn er zu so früher Stunde das »Siebengestirn« verließ, musste er hier übernachtet haben. Also ein Fremder? Ein Kaufmann oder privat Reisender? Wie auch immer, es musste sich um einen vermögenden Gast handeln, denn die Zimmerpreise des »Siebengestirn« bewegten sich am oberen Ende der römischen Skala.

Woher auch immer der Mann kam und welchem Beruf er nachging, er machte in jeder Beziehung einen diszipliniert vornehmen, ja aristokratischen Eindruck. Umso mehr musste einem kritischen Beobachter auffallen, dass er allein auf die Straße trat. Nicht ein einziger Sklave begleitete ihn. Das war ungewöhnlich.

Mit großer Sicherheit bewegte er sich durch das Menschengewimmel ohne sein Tempo zu verringern, wenn er geschickt Lastenträgern, Eseltreibern, Reitern und Sänftenträgern auswich. Zielsicher eilte er weiter in Richtung Innenstadt. So ging jemand, der sich hier auskannte.

Er hatte das Ende des Argiletums fast erreicht, als er plötzlich stehen blieb und sich nach allen Seiten umblickte. Hier kreuzte die Straße den Vicus Cuprius. Er trat zur Seite, unter die schattige Arkade, und betrachtete mit wachem Interesse die Auslagen der Buchhändler. Auf fahrbaren Regalen waren Buchrollen aller Größen abgelegt, einige geöffnet, so dass man den Namen des Autors und den Titel des Werks lesen konnte. Zum ersten Mal huschte ein Lächeln über sein ernstes Gesicht. Ohne dass er es merkte, strich er geradezu zärtlich mit den Fingern über eine Schrift mit dem Titel »VELLEI PATERCULI HISTORIARUM ROMANARUM AD MARCUM VINICIUM CONSULEM LIBRI DUO – DES VELLEIUS PATERCULUS RÖMISCHE GESCHICHTE, DEM CONSUL MARCUS VINICIUS GEWIDMET, IN ZWEI BÜCHERN«. Er nahm die Rolle vorsichtig in beide Hände, las hier und da eine Stelle, nickte beifällig und legte das Buch mit einem Seufzer zurück ins Regal. Das wiederholte sich mehrmals, wenn er unter den Auslagen Werke anderer ihm vertrauter Autoren entdeckte. Schließlich trat er zurück auf die Straße, reckte sich und ging weiter.

Nur noch wenige Schritte, dann trat er zwischen der Curia und der Basilika Aemilia heraus auf das Forum. Wieder blieb er stehen. Nicht um sich zu orientieren – er kannte offenbar seinen Weg genau –, sondern um die versammelten Gebäude auf sich wirken zu lassen. Er schaute wie jemand, dem das alles vertraut war, der aber lange Zeit nicht am Ort gewesen war. Mit sachlichem Interesse stellte er fest, dass man alle Schäden des großen Brandes vor sieben Jahren unter Nero beseitigt hatte. Lediglich rechts, auf der Höhe des Capitols, war der gewaltige Tempel des Iupiter Optimus Maximus noch eingerüstet. Offenbar hatte der neue Kaiser Vespasian angeordnet ihn nicht nur zu restaurieren, sondern von Grund auf neu zu gestalten.

Der Fremde wandte sich nach links und tauchte wieder in die Menge ein. Ganz Rom schien auf dem Platz zu flanieren, dazu viele Fremde. Das Gedränge war hier noch bedrohlicher als im Argiletum. Mehrmals vergewisserte er sich, dass er seine Geldbörse noch am Halse trug. Er kannte die Dreistigkeit der Diebe nur zu gut, in allen Großstädten rings ums Mittlere Meer gingen sie ihrem einträglichen Gewerbe nach. So war er erleichtert, als er endlich den Vestatempel passierte, der den Platz nach Osten abschloss. Über die hier leicht ansteigende Heilige Straße erreichte er die Abzweigung des Clivus Palatinus, des steil ansteigenden Weges, der auf die Höhe des Hügels führte. Seit Augustus befanden sich dort die Palastanlagen der Kaiser. Mit immer noch federnden, forschen Schritten stieg er aufwärts.

Er hatte gerade den großen Torbogen durchschritten und die Höhe des Plateaus erreicht, als ihm ein Posten in den Weg trat und ihn streng nach seinem Begehr fragte. Der Fremde kramte aus seiner Börse ein gefaltetes, kleines Papyrusblatt hervor und händigte es dem Soldaten aus. Dieser warf einen kurzen Blick auf den Text, dann in das Gesicht des Besuchers, nahm auf der Stelle Haltung an, salutierte und riss den rechten Arm hoch. Dann wies er zu einer Säulenhalle aus weißem Marmor, die einem Teil der Wohnanlagen vorgelagert war: »Rechtes Tor! Drinnen wieder rechts!«

»Danke, ich weiß«, sagte der Fremde und nickte kurz.

Der Soldat gab ihm das Blatt zurück und ergänzte: »Immer bei dir tragen! Wegen der Kontrollen!«

»Natürlich.«

»In Ordnung.« Und laut: »Kann passieren!« Er trat zur Seite.

Während der Besucher sich nach rechts zu dem genannten Tor hin in Bewegung setzte, blickte der Posten ihm nach und überlegte, wo er den Mann schon einmal gesehen hatte. Er konnte sich aber nicht mehr daran erinnern. Es musste lange her sein.

Der Fremde erreichte den Torbogen, schritt hindurch und befand sich auf einem großen Innenhof. Er schaute sich um. Alles war noch so, wie er es in Erinnerung hatte.

»Kann ich dem Herrn behilflich sein?«

Einer der Palastsklaven näherte sich ihm von der Seite und sah ihn neugierig an. Der Fremde bejahte die Frage und reichte ihm das Papyrusblatt. Der Diener las die kurze Mitteilung, verbeugte sich und bot sich an den Besucher zu führen.

Das war auch notwendig, denn die Anlage der Gebäude war verwirrend. Alle Nachfolger des Augustus hatten entweder neue Wohnanlagen errichten lassen oder die vorhandenen Gebäudekomplexe durch An- und Ausbauten erweitert. Das entsprach nicht nur einem gesteigerten Prunkbedürfnis, wie es vor allem Caligula und Nero entwickelt hatten, sondern mehr noch der Notwendigkeit, für die stetig wachsende Zahl der Verwaltungsbeamten des expandierenden Reiches Amtsräume bereitstellen zu können.

Sie passierten einen zweiten und dritten Innenhof, durchschritten düstere Gänge, stiegen Treppen auf- und abwärts und gelangten so in einen Trakt, dessen nördliche Außenmauern unmittelbar an der Abbruchkante des Palatins über dem Forum standen. Der Diener führte den Fremden in einen Raum, der nur karg möbliert war, und bat ihn hier zu warten. Dann entfernte er sich.

Der Raum war nicht groß. Er hätte sich auch in einem Privathaus befinden können. Ein kleiner runder Tisch aus dunklem Nussbaumholz, vier hochlehnige Stühle, ein Wandregal mit einigen Buchrollen – die wenigen Möbel wirkten geradezu bürgerlich. Lediglich die kunstvoll zusammengesetzten Holzintarsien in der Tischplatte, die vergoldeten Bronzefüße des Gestells sowie die glitzernden Goldfäden in den grünen Fenstervorhängen erinnerten daran, dass man sich in einem Zimmer des kaiserlichen Palastes befand.

Der Sklave kam zurück und meldete: »Bitte folgen!«

Es waren nur wenige Schritte bis zum nächsten Raum. Der Diener klopfte an, öffnete die Tür und ließ den Fremden eintreten. Drinnen flüsterte er: »Du wartest hier, bis man das Wort an dich richtet.«

Der Fremde nickte und schaute sich um. In der Mitte des Raumes beugten sich fünf Männer über eine große Tischplatte. Niemand achtete auf den Besucher. Der Fremde aber erkannte sofort zwei von ihnen: den Caesar Titus und – den Kaiser. Vespasian stützte sich gerade mit den Händen breit auf der Platte ab und schüttelte unwillig den Kopf: »Deine Sparsamkeit in Ehren, Vinicius! Aber hier ist sie fehl am Platz!«

Vinicius suchte sich zu rechtfertigen: »Imperator! Ich habe mich lediglich an deine kürzlich an alle Behörden ergangene Anweisung gehalten, die eindeutig besagt, dass alle öffentlichen Ausgaben dreimal, nicht wahr, dreimal« – er betonte das Wort – »von drei verschiedenen Fachleuten genauestens zu überprüfen sind, ehe sie dir zur Bewilligung vorgelegt werden dürfen.«

»Mein lieber Vinicius, im Normalfall wäre das so korrekt. Dein Eifer ist lobenswert. Aber hier handelt es sich schließlich um etwas anderes.« Vespasian ließ seinen Blick über die Figurengruppen auf dem Tisch wandern. »Dieser Krieg, den wir mithilfe der Götter zu einem glücklichen Ende gebracht haben, war einer der härtesten, schrecklichsten und verlustreichsten der letzten Jahrzehnte. Tausende Römer haben auf dem Schlachtfeld ihr Leben gelassen oder wurden Opfer von Überfällen radikaler

Iudäer. Darum will ich, dass das Volk von Rom sich selbst in der Feier dieses gewaltigen Sieges spiegeln kann. Er muss ihm in der bestmöglichsten Art und Weise vor Augen geführt werden. Diese Bildtafeln...« – er wies auf einige handhohe bemalte Gipsfiguren, die Schilder an Stangen trugen – »sie sind zu klein. Noch heute wird im Volk geredet über den großartigen Triumph, den Iulius Caesar vor fast hundertzwanzig Jahren über die Gallier und Asiaten gefeiert hat, über die Pracht der Darstellung, die riesigen Bildtafeln, die symbolischen Figurengruppen, die einzelne besiegte Stämme und Städte darstellten. Ich will, dass wir das noch übertreffen. Darum noch einmal: Diese Tafeln müssen größer, farbiger, lebendiger werden. Im Übrigen sollten sie auf den Wagen selbst angebracht werden, die die kostbarsten Beutestücke zur Schau stellen. Wir wollen doch wohl nicht hinter einem Gaius Iulius Caesar zurückstehen!«

»Gewiss, Imperator.« Vinicius machte vor seinem Oberbefehlshaber eine leichte Verbeugung, fügte aber hinzu: »Ich darf allerdings zu bedenken geben: Die Zeit wird nicht reichen, um das alles, nicht wahr, in die Wege...«

»Unsinn!«, schnitt ihm der Kaiser das Wort ab. »Dann wirst du eben mit deinen Malern, Bildhauern, Schriftkünstlern, Wagenbauern und Tischlern Tag und Nacht daran arbeiten, dass alles eine dem Ereignis angemessene Form erhält. Denn diesmal« – er blickte in die Runde – »spielt Geld keine Rolle. Das bin ich dem Senat und dem Volk von Rom schuldig. Noch Fragen?«

»Keine Fragen, Imperator.« Vinicius schluckte.

»Na also. Titus wird die Einzelheiten mit dir durchgehen.«

Der Kronprinz nickte kurz und schlug vor zusammen mit Vinicius und dessen Gehilfen unverzüglich an die Arbeit zu gehen.

Der Kaiser reckte sich, drehte sich um und bemerkte den Fremden, der immer noch still und bescheiden neben der Tür darauf gewartet hatte, dass man ihn zur Kenntnis nahm. Vespasians Gesicht hellte sich einen Augenblick auf. »Ah, Iosephus! Gut, dass du da bist. Ich habe mit dir zu reden.«

Der Angesprochene verbeugte sich tief.

»Gehen wir in einen anderen Raum, wo wir ungestört sind.«

Mit festem Schritt näherte sich der Kaiser einer seitlichen Tür und ging in den Nebenraum. Flavius Iosephus folgte ihm.

»Schließe die Tür! Setz dich!« Vespasian wies zu einem Stuhl.

Iosephus wartete, bis der Herr der Welt sich selbst auf dem Sessel hinter dem Arbeitstisch niedergelassen hatte, ehe er behutsam auf der Kante der Sitzfläche Platz nahm. Einmal mehr fiel ihm auf, wie offen, unkompliziert und direkt der Herrscher mit den Menschen umging. Er hatte das schon in Iudaea beobachten können, wo er einfache Soldaten beim Namen anredete und sich nach ihren privaten und familiären Verhältnissen erkundigte. So auch jetzt.

»Wo hast du Quartier genommen?«, wollte Vespasian wissen.

»Im Siebengestirn, Imperator.«

»So so, im Siebengestirn. Kenne ich. Kenne ich

sogar gut.« Der Kaiser grinste. »Habe da früher, wenn ich in Rom zu tun hatte, öfters gegessen. Macht einen hervorragenden Fasan in Senfsoße, der Fabius. Schon probiert?«

»Ich... eh... ich bin dort erst gestern Abend abgestiegen.«

»Verstehe. Geht mit der Zeit, der Fabius. Erhöht gewaltig die Preise, nachdem der Krieg noch mehr Fremde in die Stadt bringt. Wird auf die Dauer zu teuer für dich. Müssen was anderes für dich finden.«

Iosephus nickte, konnte es aber kaum fassen, dass der Kaiser sich dafür interessierte, wo er Quartier genommen hatte und dass der Zimmerpreis, den der Wirt verlangte, zu hoch sei. Freilich wusste auch er – es hatte sich mittlerweile in allen Provinzen des Reiches herumgesprochen –, dass Vespasian jeden Sesterz dreimal umdrehte, ehe er ihn ausgab. Er galt geradezu als geizig. Das stand freilich in völligem Gegensatz zu dem, was soeben im Nebenraum besprochen worden war.

Der Kaiser lehnte sich bequem zurück und hob die Stimme: »Ich habe dich rufen lassen, weil ich mit dir über einige Punkte reden möchte, die den bevorstehenden Triumph betreffen.«

Iosephus studierte einen Augenblick lang das wettergegerbte, faltige Gesicht des Kaisers und fand bestätigt, was Kenner sagten: Vespasian schien immer zu grinsen. Heftig entgegnete er: »Verzeih, Herr, wenn ich meinem Erstaunen Ausdruck gebe: Nahe Verwandte von mir – eine ganze Familie! – sind verschollen. Darunter zwei Kinder.« Er schluckte. »Du willst mit mir, einem ehemaligen jüdischen Truppenführer, über Dinge reden, die die

Durchführung eines Triumphzuges betreffen, der den Sieg über mein Volk öffentlich feiert?«

»So ist es. Und zwar genau darum.«

»Ich verstehe nicht ...«

»Ich werde es dir erklären ...«

Vespasian legte die Innenseiten der Hände aneinander und betrachtete die Fingerspitzen. Iosephus sollte diese Geste später noch öfter an ihm beobachten. Er tat dies immer, wenn er intensiv nachdachte. »Zuvor aber etwas anderes.« Er löste die Hände voneinander, stützte die Linke in die Hüfte und sah Iosephus eindringlich an. »Du hast mir prophezeit, dass ich einmal in diesem Hause als der Herrscher Roms und des Erdkreises ein und aus gehen werde. Das ist eingetroffen. Ich weiß nicht, was dich damals veranlasst hat von deinem geheimen Wissen Gebrauch zu machen. Wichtig ist, dass es eingetroffen ist. So stehe ich also in gewisser Weise in deiner und der Götter Schuld. Das ist das eine ...« Er legte die Hände wieder gegeneinander. »Das andere ... Ich habe Erkundigungen über dich einziehen lassen. Man hat dich mir als einen höchst gelehrten, in vielen Künsten und Wissenschaften bewanderten Mann beschrieben. Besonders sollst du dich für die Geschichtsschreibung interessieren. Dabei sprichst, liest und schreibst du in mehreren Sprachen.«

»Ich schreibe allerdings in Griechisch oder Hebräisch. Mein Latein ist jämmerlich!«, warf Iosephus lächelnd ein.

»Darum reden wir ja Griechisch miteinander. Kurz, ich brauche jemanden, der die Ereignisse dieses Krieges aufarbeitet, gründlich und vorurteilsfrei.«

Iosephus verstand – und er witterte die Chance seines Lebens. Doch er sagte: »Imperator! Rom hat sicher genügend gelehrte Männer, die eine solche Aufgabe übernehmen können, während ich...«

Vespasian hob abwehrend die Hand. »Eben nicht! Das fängt schon mit diesen... diesen seltsamen Zeichen, Strichen und Haken an, die ihr Schrift nennt. Schrecklich! Dagegen ist Griechisch ein Kinderspiel! Das kann doch kein normaler Mensch lesen! Also – hättest du Lust, diese Aufgabe zu übernehmen?«

Iosephus frohlockte, denn er ahnte, was auf ihn zukam: eine detaillierte Darstellung des Jüdischen Krieges... seine Vorgeschichte, der Verlauf und die Folgen... Er konnte die Gelegenheit nutzen und Exkurse einfügen, die weit in die Vergangenheit seines Volkes zurückblickten! Nie zuvor hatte ein Jude die Möglichkeit erhalten, die Geschichte seines Volkes vor einem großen Publikum auszubreiten. Und das in kaiserlichem Auftrag! Veröffentlichung und hundertfache Vervielfältigung waren gesichert. Tausende würden den Text lesen. Römer!

Doch da war noch ein Punkt, auf den er zu sprechen kommen musste. »Gewiss hätte ich große Lust«, fuhr er fort, »diese Aufgabe zu übernehmen, jedoch...«

»Ja?« Der Kaiser zog die rechte Braue hoch.

»Ich bin Partei!«

»Ich auch!« Vespasian grinste. »Komm mir jetzt nicht mit dem Argument, du wärest nicht in der Lage, das Geschehen sozusagen aus einem übergeordneten, neutralen Blickwinkel darzustellen. Ich weiß, dass du es kannst! Wie sonst hättest du dich unserer Armee ergeben, he?« Er beugte sich vor. »Du hättest damals noch lange durchhalten können. Aber du hast es nicht getan, weil du nicht länger gewillt warst, das Blut deiner Landsleute angesichts der drohenden Einnahme der Stadt Iotapata durch unsere Truppen sinnlos zu opfern.«

Und Iosephus: »Darum gelte ich heute vielen als Verräter. Man trachtet mir nach dem Leben. Ich rechne jederzeit mit einem Mordanschlag!«

»Idioten!«, entfuhr es Vespasian. »Halten sich für das auserwählte Volk! Lächerlich! Was sage ich: ungeheuerlich! Welch hochmütige Anmaßung gegenüber allen anderen Völkern auf dem Erdkreis – von uns Römern ganz zu schweigen!« Er stand auf und Iosephus schoss in die Höhe. Vespasian kam um den Tisch herum, sah ihn aus nächster Nähe an und fuhr wieder ruhig fort: »Für deine Sicherheit wird gesorgt werden. Du brauchst vor allem einen ruhigen Platz zum Arbeiten und ...« Er dachte nach. » ... für die Bücher, die du um dich versammeln wirst. Außerdem muss der Ort mit einfachen Mitteln nach außen abzuschirmen sein. Kurzum, du wirst Quartier nehmen in dem Haus, das ich mit meinen Söhnen bewohnt haben, bevor ich hierher ... na, du weißt schon.«

Iosephus neigte den Kopf. Diese herrscherliche Entscheidung machte ihn mit einem Schlag aller Existenzsorgen ledig. Er sagte: »Du bist sehr großmütig, Herr.«

»Ach was!« Vespasian machte eine wegwerfende Handbewegung. »Ich bin lediglich ein praktisch denkender Mann. Du übrigens auch. So haben wir beide was davon. Außerdem kostet es nichts. Ein

Diener wird dir später das Haus zeigen. Doch nun zur eigentlichen Sache.«

Er nahm wieder hinter dem Tisch Platz. Auch Iosephus setzte sich.

»Du bist«, fuhr der Kaiser fort, »nicht nur ein erfahrener Truppenführer, sondern auch ein hervorragender Diplomat, wie ich aus gewissen Aufzeichnungen des Staatsarchivs erfahren habe.« Er wies auf einige Papyrusrollen auf der Tischplatte. »Vor sieben Jahren hast du dich klug der Hilfe Poppaeas, der kaiserlichen Gattin, bedient, damit sie Nero veranlasste einen Konflikt in Jerusalem im jüdischen Sinne zu entscheiden. Was dann ja auch so geschah.«

Er schlug die Beine übereinander. Iosephus war gespannt, worauf das hinauslief.

»Ich brauche einen Rat von dir, Iosephus«, fuhr Vespasian fort. »Es geht um den Triumphzug. Dir wird nicht unbekannt sein, dass es in Rom schon seit Jahrhunderten Brauch ist, nach einem siegreichen Feldzug einen Teil der Gefangenen – die Feldherren, Krieger, Priester, Bürger eroberter Städte – im Zug mitzuführen.«

Das war Iosephus nicht neu und er bestätigte es durch zweimaliges Kopfnicken.

»Doch diesmal«, fuhr der Kaiser fort, »ist die Sache nicht so einfach. Zum einen haben wir es bei euch Juden mit dem renitentesten Volk des Mittleren Meeres zu tun, zum andern ist der Krieg, wie du sehr wohl weißt, noch nicht ganz zu Ende. Einige Rebellen – die fanatischsten von allen! – haben sich in die Wüste beim Toten Meer zurückgezogen. Man sollte sie nicht durch unüberlegte Handlungen provozieren. Ich rechne bei ihnen jederzeit mit dem Schlimmsten. Kurz...« Er lehnte sich zurück. »Unter den Beutestücken befinden sich natürlich auch Objekte aus dem Tempel zu Jerusalem.«

»Ich weiß.« Iosephus sah den Kaiser offen an. »Die Bundeslade des Moses... der siebenarmige Leuchter... die altehrwürdigen Thorarollen... die Schaubrote.«

»Genau. Und ganz Rom ist nun darauf erpicht, all diese Dinge im Triumphzug vorgeführt zu sehen, denn...«

»Um Gottes willen! Nein!«, entfuhr es Iosephus. Zugleich erschrak er vor der Kühnheit seines Einspruchs und war auf eine scharfe Zurechtweisung durch den Kaiser gefasst.

Doch Vespasian hob nur die rechte Braue und erklärte: »Das wollte ich hören. Ich liebe offene Worte. Sag mir also: Welche der genannten Gerätschaften würdest du ausschließen?«

Nach kurzem Nachdenken sagte Iosephus: »Herr! Ich bitte dich darauf zu verzichten, die Bundeslade im Zug mitzuführen. Sie ist das heiligste Gut unseres Volkes. In diesem Zusammenhang erlaube ich mir daran zu erinnern, dass es hier in Rom eine jüdische Gemeinde von einigen Tausend Köpfen gibt. Darunter sind, wie ich weiß, angesehene Männer, die mit Senatoren befreundet sind. Du würdest sie vor den Kopf stoßen. Ganz zu schweigen von den Folgen für die von dir erwähnten radikalen und zum Äußersten entschlossenen Rebellen am Toten Meer.«

Der Kaiser nickte langsam. Obwohl ihn gemeinhin Kult und Brauchtum fremder Völker kaum interessierten, war diesmal seine Aufmerksamkeit geweckt. Er wollte wissen, warum ausgerechnet diese unscheinbare, ja morsche Kiste, die nur noch von ihren Metallbeschlägen zusammengehalten werde, für das jüdische Volk von so großer Bedeutung sei.

Iosephus erklärte es ihm: »Die Lade enthält die Gesetzestafeln des Moses, die er einst auf dem Berg Sinai von Gott empfangen hat.«

»Von Gott?« Vespasian schmunzelte. »Von Gott, aha. Du meinst wohl: von *einem* Gott, wie?!« Er wurde sofort wieder ernst. »Aber lassen wir das. Ich respektiere gerne, dass diese Objekte euch heilig sind. Alle Menschen brauchen Symbole des Rechts und der Ordnung, nach der sie leben wollen. Und so viel ich weiß, enthalten eure zehn Gebote durchaus Forderungen, die, würden sie von allen Menschen eingehalten, die Welt verbesserten. Ich bin einverstanden. Diese Lade wird nicht mitgeführt. Auch die Neugier der Römer muss gewisse Grenzen achten.«

Damit war die Audienz beendet. Vespasian lehnte sich zurück, um nach der Klingelschnur zu greifen und zu läuten. Fast im gleichen Moment schoss Iosephus in die Höhe, trat einen Schritt vor, verbeugte sich und stieß hastig hervor: »Verzeih, Herr! Aber da ist noch eine andere Sache.«

Der Kaiser hielt in der Bewegung inne und sagte ungehalten: »Wir haben alles besprochen, was zu besprechen war, Iosephus. Meine Zeit ist knapp!«

»Selbstverständlich!« Der Besucher verbeugte sich erneut, fuhr eilig fort: »Ich bin allerdings überzeugt, dass das, was ich dir mitzuteilen habe, dich sehr interessieren wird.«

»Hat es mit dir zu tun?«
»Nein, Imperator. Mit dir!«
»Mit mir? Etwa eine neue Prophezeiung?«
»Nein.«
»Was dann?«
»Wenn du mir so viel Zeit gibst, wie man braucht, um ein Ei weich zu kochen, werde ich dir...«
»Also gut.« Vespasian nahm wieder seine vorherige Haltung ein, griff nach der kleinsten von drei Sanduhren auf der Tischplatte und drehte sie um. »Fang an! Wenn das letzte Körnchen gefallen ist, wirst du gehen.«
»Selbstverständlich.«
Iosephus blieb stehen. Er konzentrierte sich. Es kam nun auf jedes Wort an. Er hatte sich kurz zu fassen. Er versuchte es und begann schließlich – sehr leise – zu sprechen.
Schon nach den ersten Sätzen änderten sich die Züge Vespasians. Seine Augen verengten sich, die Brauen wurden zusammengezogen, eine steile Zornesfalte teilte die Stirn. Er hob die Rechte und ließ sie als Faust auf den Tisch donnern: »Das ist ja... das ist ja unglaublich! Ich kann für dich nur hoffen, dass du für diese ungeheuren Anschuldigungen Beweise hast!« Er beugte sich vor: »Hast du sie?«
»Ich habe, Imperator.«
»Zeugen...?«
»Auch.«
»Kenne ich diese Leute?«
»Einige, ja.«
»Nenne ihre Namen!«
Iosephus tat es, Vespasian nickte immer wieder,

in seinem Gesicht wechselten Erstaunen und Entsetzen.

»Weiter! Sprich weiter!«

Der Rest des Gesprächs verlief im Flüsterton, nur Fetzen waren zu verstehen.

Das letzte Körnchen der Sanduhr war längst durch die Engstelle gefallen, als Iosephus mit seinem geheimnisvollen Bericht zu Ende war. Vespasian erhob sich, blickte zu Boden und schüttelte mehrmals fassungslos den Kopf. Dann wandte er sich an Iosephus: »Ich danke dir für deine Offenheit, Iosephus. Du wirst am Tage nach dem Triumphzug zu mir kommen und dein Material mitbringen. Wir werden darüber eine geheime Akte anlegen, von der außer uns beiden nur mein Sohn und einige Vertraute wissen. Sei auf der Hut! Wenn jemand davon Wind bekommt, ist dein Leben keinen Sesterz mehr wert.«

»Ich weiß, Imperator.«

Vespasian griff nach der Schnur und läutete. Ein Sklave trat ein und erhielt den Auftrag, den Besucher unverzüglich zu dem Haus zu bringen, in dem er, Vespasian, zusammen mit seinen Söhnen gewohnt hatte, bevor er auf den Palatin zog.

Diese Unterredung sollte nicht nur für die von Iosephus genannten Personen, sondern auch für zwei jüdische Kinder Folgen haben.

VII

Der Tag, an dem der römische Sieg über das rebellische jüdische Volk mit einem festlichen Triumphzug gefeiert werden sollte, brach unter einem wolkenlosen Himmel an. Die Nacht war sehr kalt gewesen.

Martha stand mit den übrigen Gefangenen vor dem Zelt, in banger Erwartung, den Bürgern Roms vorgeführt zu werden. Niemand sprach. Erst als sie sah, wie Daniel und Esther ein Kälteschauer über den Rücken lief, wies sie zum Himmel und sagte: »Es wird heute sehr heiß werden.«

Esthers Antwort ließ Martha zusammenfahren: »Das ist doch jetzt vollkommen unwichtig.«

Und Martha: »Wenn alles nur schon vorbei wäre!«

Immer wieder hatten sie sich den Ablauf der Veranstaltung ausgemalt: eine Kolonne geschmückter Wagen, darauf die wertvollsten Beutestücke, kostbare Gefäße aus Gold, Silber oder Bronze, ein Teil der versklavten Einwohner Jerusalems, Männer, Frauen, Greise und Kinder; ein langer Zug der in Gefangenschaft geratenen Soldaten mit ihren Befehlshabern; rechts und links der Straßen unübersehbare Scharen von Schaulustigen, Tausende Bauern vom Lande, Bewohner der umgebenden Gemeinden, dazu neugierige Fremde, aus allen Regionen Italiens herbeigeströmt, um dem Ereignis beizuwohnen.

Sie wurden aus ihren bedrückenden Gedanken gerissen. Der Beamte erschien und musterte jeden von ihnen sehr genau. Er schien zufrieden zu sein, denn er brach mit seiner Gruppe unverzüglich auf zum Sammelplatz am Rande des Lagers.

Für die Gesamtorganisation zuständige Beamte liefen mit großem Eifer über jenen Teil des Marsfeldes, der sich westlich der Via Lata beim Tempel der Isis erstreckte; sie wiesen den Teilnehmern ihre Plätze an, hakten Namen und Nummern auf ihren Listen ab, stauchten schläfrige Wachen zusammen und kontrollierten mehrmals die Vollzähligkeit der Mitwirkenden. Noch in dunkler Nacht waren die Legionen in Reih und Glied unter ihren Offizieren ausgerückt. Stundenlang hatten sie ihre seidenen Tuniken geglättet, die Sandalen auf Hochglanz gebracht, ihre Lorbeerkränze immer wieder gerichtet. An diesem Tage trugen sie nach alter Sitte nicht ihre Waffen, sondern zivile Festkleidung. Grimmig dreinschauende Centurionen kontrollierten mehrmals den korrekten Sitz der Kleidung, ihre Sauberkeit sowie das Erscheinungsbild im Ganzen und fanden bei dem einen oder andern etwas auszusetzen: einen zu schlaff sitzenden Gürtel, eine zu locker geschnürte Sandale oder einen schief aufgesetzten Lorbeerkranz.

»Herhören!«, hieß es dann. »Ganz Rom blickt auf euch! Respekt! Respekt vor dem Volk von Rom! Und dem Kaiser!« Und bei einem andern, der sich nach Meinung des Centurio nicht gründlich rasiert hatte: »Das ist ja ... das ist ja ein Stoppelfeld! Das wird Folgen haben, Mann! Sprechen uns noch!«

Der Kaiser selbst und der Thronfolger hatten die Nacht in der Nähe des Isistempels verbracht. Bei Sonnenaufgang traten Vespasian und Titus heraus, schon mit Lorbeer bekränzt, doch noch ohne den purpurroten Mantel. Sie begaben sich zur Porticus Octaviae, der Säulenhalle der Octavia beim Circus Flaminius.

Dort wurden sie vom vollzählig erschienenen Senat, von den Spitzen der Behörden und den Vornehmsten aus dem Ritterstand bereits erwartet. Vor der Säulenhalle war eine Tribüne aufgebaut, auf der elfenbeinerne Sessel für den Imperator und seinen Sohn Titus bereitstanden. Darauf schritten sie zu und ließen sich nieder. Das Heer brach sofort in tosenden Beifall aus. Als der Beifall nicht enden wollte, gab Vespasian den Soldaten das Zeichen zu schweigen. Eine tiefe Stille trat ein. Da erhob sich der Kaiser, verhüllte mit dem Überwurf seines Gewandes das Haupt und verrichtete, zusammen mit Titus, die vorgeschriebenen Gebete.

Nach dem Gebet wandte sich Vespasian mit einer kurzen Ansprache an die ganze Versammlung und entließ die Soldaten zu dem Morgenimbiss, der ihnen nach der Sitte von den Imperatoren bereitgestellt wurde. Er selbst ging mit seinen Söhnen zur Porta Triumphalis, dem Tor, durch das schon seit den Zeiten der Republik die Triumphzüge geleitet wurden und woher es seinen Namen hatte. Dort nahmen die Imperatoren vor dem Aufbruch eine kleine Stärkung zu sich. Danach legten sie die leuchtend roten Triumphgewänder an, opferten den Göttern, deren Standbilder neben dem Tor standen, und gaben endlich den Befehl zum Aufbruch.

Der Riesenwurm aus Menschen, Tieren und Wagen setzte sich langsam in Bewegung. Der Kaiser hatte angeordnet, dass der Zug von der Porta Triumphalis seinen Weg durch den in unmittelbarer Nähe liegenden Circus Flaminius und später durch den Circus Maximus nehmen sollte, um den Volksmassen die Sicht zu erleichtern. Immerhin fassten die Tribünen des Großen Circus 200 000 Menschen. Der weitere Verlauf war nach alter Tradition vorgegeben: vom Circus am Osthang des Palatins entlang zur riesigen Baustelle des Theatrum Novum*, wo er nach Westen schwenken und nach zweihundert Schritt die Heilige Straße erreichen würde, die übers Forum und schließlich an dessen Ende über den Clivus Capitolinus auf die Höhe des Capitols, des heiligen Berges von Rom, führte.

Daniel und Esther befanden sich auf einem der vorderen Wagen, die mit Beutestücken beladen waren. Ursprünglich sollten sie, wie die meisten Gefangenen, vor und hinter diesen Wagen zu Fuß gehen, doch einer der Verantwortlichen hatte sie kurz entschlossen dorthin beordert. »Kinder machen sich immer gut!«, hatte er gesagt. »Das mögen die Leute. Außerdem sind die beiden sehr hübsch. Besonders das Mädchen! Schmückt beide mit bunten Bändern!«

Daniels Lateinkenntnisse reichten sehr wohl aus, diese Äußerungen zu verstehen, und er wünschte sich einen Augenblick lang, alt und hässlich zu sein. Einspruch oder gar Widerstand gegen diese Anordnung wäre sinnlos gewesen. Sie waren den Siegern auf Gedeih und Verderb ausgeliefert.

Martha hatte wie die meisten anderen zwischen zwei Wagen zu Fuß zu gehen.

---

* Das »Neue (Amphi-)Theater«, das spätere Kolosseum

Auf ihrem Wagen befand sich schon ein kleines Mädchen. Esther schätzte es auf acht Jahre. Das Kind hatte geweint, Spuren der Tränen sah man noch auf den Wangen. Esther tröstete es. Wie sie erfuhr, hatte man das Kind für die Dauer des Umzugs von Vater und Mutter getrennt, die Eltern mussten wie die meisten Gefangenen zu Fuß gehen. Esther versuchte dem Kind klarzumachen, dass die Trennung nur für die Dauer der Veranstaltung gelte. So gelang es ihr, die Kleine etwas zu beruhigen.

Ihr Wagen war über und über mit kostbarsten Beutestücken beladen. Auf einem stufenförmigen Gestell stapelten sich goldene und silberne Schalen, traumhaft schöne Krüge, reich verzierte Prunkwaffen, große Kandelaber, prunkvolle Sessel aus Elfenbein und Stühle aus Ebenholz. Blumengirlanden und grüne Zweige waren erst im letzten Augenblick angebracht worden, damit sie für die Dauer des Zuges frisch blieben.

Von der Höhe der Plattform hatten Daniel und Esther einen guten Überblick über das Geschehen vor, hinter und neben ihrem Wagen. Voraus schritten Trommler und Pfeifer. Der dumpfe Schlag der Trommeln klang den Geschwistern noch tagelang im Ohr. Sobald die Spitze des Zuges in Sicht kam, begann die Menge zu lärmen, zu klatschen und zu rufen. Alles reckte die Hälse: Ja, er kommt! Väter setzten die Kleinsten auf ihre Schulter. Gedränge. Jeder wollte den besten Platz. Die Ordner hatten Mühe, die Leute hinter den Schranken zu halten. Ein Mann ließ einen kleinen Jungen vortreten, er lächelte dankbar zurück.

Vorneweg die höchsten Staatsbeamten, dann Senatoren, Ritter, alle in Qualitätstogen. An der Spitze ging der Princeps Senatus, der »Erste des Senats«. Alle schritten langsam, die kunstvoll gelegten Falten des feierlichen Gewandes durften nicht verrutschen. Es mussten an die sechshundert sein, die Spitzen aus Staat, Wirtschaft, Finanzen und Verwaltung. Darunter uralte, weise Patriarchen, einige mit Stock und zitternden Köpfen und Händen; hier eitle, herrische, hochnäsige, dort mürrische, ernste, von Enttäuschungen gezeichnete Gesichter.

Eine Gruppe von Horn- und Tubabläsern hinter dem Senat leitete über zum eigentlichen Zug. Ihre Instrumente klangen schrecklich archaisch. Hunde begannen zu heulen. Es folgte eine Horde von Gassenjungen. Aufbrausender Beifall kündigte einen Höhepunkt an. Hinter den lorbeergeschmückten Trägern der Legionsstandarten und Feldzeichen balancierten herkulische Gestalten die riesige Statue des Iupiter Optimus Maximus, des Reichsgottes und Schirmherrn der Stadt wie des Erdkreises. In ehrfurchtsvoll ergriffenem Schweigen starrte die Menge ihn an.

Dann die Wagen mit der Beute! Statuen, Vasen, kostbare Krüge, Schalen aus Gold und Silber, Haufen von Waffen, Geschmeide und Gold, immer wieder Gold.

Besonders die Schätze aus dem Jerusalemer Tempel wurden von der Menge angestaunt: der goldene Opfertisch und der ebenfalls aus massivem Gold gefertigte siebenarmige Leuchter. Je zwölf Träger balancierten die Stücke auf einer massiven Plattform.

Selbst Daniel und Esther staunten. Noch nie hatten sie diese heiligsten Gegenstände des Tempels in

Jerusalem gesehen. Wunderdinge wurden von ihnen erzählt. Nun waren sie fast zum Greifen nahe, denn die Trägergruppe folgte direkt ihrem Wagen. Als Letztes wurde die Thorarolle, das göttliche Gesetz der Juden, vorbeigetragen. Moses sollte es selbst auf Gottes Geheiß geschrieben haben.

Ein Blick zu Esther verriet ihm, dass die Schwester wie er selbst empfand: Dies war die größte Demütigung ihres Lebens! Beiden liefen Tränen über die Wangen, Tränen der Trauer, der Scham und des ohnmächtigen Zorns.

Hinter den Beutestücken wieder Musikanten, Flötenspieler in schneeweißen Tuniken und mit bunten Bändern geschmückt. Ihre schnellen Tonfolgen und komplizierten Rhythmen wiederholen sich in ostinaten Formen.

Es folgten die Opfertiere. Dabei kam es zu einem Zwischenfall: Einer der völlig weißen Stiere bockte, der Zug kam zum Stehen. Der Führer musste den Stier mehrmals energisch am Nasenring ziehen, bis er sich endlich weitertrollte. Es waren prächtige Exemplare, makellos hell, die Hörner vergoldet, um den Hals die rituellen bunten Bänder geschlungen. Zur Seite eilten Jungen mit goldenen Schalen; sie würden später das Blut bei der Opferung auffangen.

Wie in einem endlosen Strom floss alles vor den Augen der staunenden Zuschauer dahin und sie staunten mit offenen Mündern.

Der Zug passierte die Baustelle des Neuen Theaters, schwenkte nach links ab auf die Via Sacra. Hier mussten die Zugtiere und Träger sich ins Zeug legen, denn es ging steil aufwärts bis zur Kuppe der Velia, von dort hinunter zum Forum Romanum.

Tausende standen hier dicht gedrängt hinter den Schranken. Bei der Basilika Aemilia, der großen Gerichts- und Geschäftshalle an der Nordseite des Platzes, hatten an gewöhnlichen Werktagen die Geldwechsler ihre Stände und Bänke. Doch heute ruhten alle Geschäfte. Da die Straße hier zwischen der Halle und dem Tempel des Divus Iulius, des Vergöttlichten Caesar, verlief, also sehr schmal war, hatte man die Absperrungen zurücknehmen müssen und sie zwischen den Pfeilern der vorgelagerten Arkaden angebracht. Das hatte für die Zuschauer den Vorteil, im Schatten der Gewölbe zu stehen. Da außerdem der Boden, den man über Stufen erreichte, höher als die Straße lag, hatte man von hier einen besseren Überblick. Das wussten besonders die Kinder zu schätzen, die an anderen Plätzen, eingekeilt zwischen Erwachsenen, das Nachsehen hatten. Darum waren diese Stehplätze die begehrtesten.

Schon an ihrem Äußeren erkannte man, dass diese Leute nicht zu den Ärmsten gehörten. Die Qualität der Kleidung, der reichlich getragene teure Schmuck der Frauen, aber auch die Wohlerzogenheit der Kinder ließen den Schluss zu, dass es sich hier um Angehörige der gehobenen Mittelschicht handelte. So war es. Die meisten waren Geschäftsleute, betuchte Händler, Buchhändler, Handwerker, Gastwirte mit ihren Familien. In der Subura und dem Argiletum, den quirligen Zentren der Stadt, hatten sie ihre Geschäftskontore, Läden, Werkstätten und Gaststätten. Das Viertel begann gleich hinter der Basilika Aemilia.

Wieder kam der Zug zum Stehen. Daniel und Esther schauten nach vorn. Der Platz wurde dort von mehreren Tempeln begrenzt, dahinter erhob sich ein mächtiges Gebäude mit großen gewölbten Fensteröffnungen. Weiter links leuchtete auf der Höhe des Hügels das goldene Dach des Iupitertempels. Er war das Ziel der Prozession. Die Spitze des Zugs war bereits nach links eingeschwenkt, doch es gab Schwierigkeiten mit einem der folgenden schweren Wagen. Offensichtlich war er auf der schmalen Kehre zu nahe an die Treppenstufen des großen Tempels geraten, der dort stand, und musste mehrmals vor- und zurückbewegt werden, damit er ohne anzuecken vorbeikam. Das würde einige Zeit dauern.

»Halt dich gerade, Titus!«

Daniel schaute nach unten. Der Junge, dem die Zurechtweisung galt, mochte dreizehn, vierzehn Jahre alt sein. Er war wohlbeleibt und er schwitzte. Man sah ihm an, dass er sich in seiner festlichen Kleidung nicht wohl fühlte. Jetzt gab er sich einen Ruck und bemühte sich um eine gerade Haltung, doch das Ergebnis wirkte verkrampft. Ein zweiter Junge neben ihm – er hatte auffallend dunkle Haut und kurzes, schwarzes Kraushaar – grinste und flüsterte dem andern etwas zu, worauf dieser die Lippen aufeinander presste und einen Blick gen Himmel warf. Da seine Mutter sich wieder mit ihrer Nachbarin, die wohl die Mutter des Zweiten war, unterhielt, verfiel er sofort wieder in seine alte, lässige Haltung. Darin ähnelte er dem großen, schweren Mann, der hinter ihm stand und sich mit seinem Nachbarn unterhielt. Dieser hatte so eine dunkle Haut und kurzes, krauses Haar wie der eine Junge und war wohl dessen Vater. Neben den beiden stand noch ein dritter Junge. Es fiel Daniel auf, dass er sich sehr zurückhielt. Er war groß, hellblond und von auffallend heller Hautfarbe. Er beteiligte sich nicht an der Unterhaltung und sagte nur etwas, wenn einer der beiden ihn ansprach.

Die Nachbarin zeigte auf Daniel und seine Schwester und rief entzückt: »Schau nur! Die beiden da! Wie hübsch sie sind! Ist das nicht entzückend?!«

Die Frau schaute hoch und lächelte Esther freundlich an. Doch Esthers Gesicht blieb unbewegt. In diesem Augenblick setzte sich der Wagen wieder in Bewegung.

Ziel des Festzuges war der Platz beim Tempel des Iupiter Capitolinus auf der Höhe des Capitols. Dort angelangt, hielt man an, denn vor den Opfern hatte man nach alter Sitte zu warten, bis ein Bote den Tod des feindlichen Feldherrn meldete. Solange der Führer des unterworfenen Volkes noch lebte, war er eine Belastung für das Imperium, erst sein Tod beendete den Krieg und gewährte die notwendige Reinheit für die den Göttern darzubringenden Opfer.

Man schleifte also den obersten Befehlshaber der Aufständischen, Simon bar Giora, gefesselt und mit einem Strick um den Hals, unter ständigen Misshandlungen zum Carcer Mamertinus, dem Staatsgefängnis, wo die zum Tode Verurteilten hingerichtet wurden. In einem unterirdischen Raum, dem Tullianum, einem düsteren, feuchten, lichtlosen Ort, wurde er erdrosselt.

Als sein Tod draußen gemeldet wurde, brach

überall Jubel aus. Die Opferrituale konnten beginnen.

Von der eigentlichen Opferszene auf dem Capitol bekamen Daniel und Esther nicht viel mit. Sie mussten vom Wagen steigen und sich den übrigen Gefangenen anschließen, die in gebührendem Abstand vom Opferaltar vor dem Tempel des Iupiter der Zeremonie zu folgen hatten. Vom Inhalt der Gebete, die der Priester des Iupiter in seltsamem Sprechgesang vortrug, verstanden sie kein Wort, da es sich um ein altertümliches Latein handelte, das wahrscheinlich nur der Priester selbst verstand. Aus einigen seiner Gesten konnten sie ableiten, dass man die Gefangenen dem Gott weihte und dass sie nun nach Recht und Gesetz in römischen Besitz übergegangen waren.

Nach der Zeremonie brach der Kaiser mit seinen Söhnen und auserwählten Gästen unverzüglich zum Palast auf, wo er sie zur Tafel bat.

Plötzlich war der Beamte wieder da, der sie seit ihrem Aufbruch von Ostia betreute. Als er an Esther vorbeiging, roch sie, dass er Wein getrunken hatte. Er ließ die Gruppe wieder an das Seil binden und führte sie zurück ins Lager. Diesmal nahmen sie den kürzesten Weg. Auf der Rückseite des Capitols ging es steil abwärts, und schon wenige Augenblicke später marschierten sie über die Via Lata, die Breite Straße, zum Marsfeld und ins Lager.

»Alle mal herhören!« Sie schauten den Beamten an. »Niemand verlässt diesen Ort. Ihr bleibt in euren Zelten. Bis jemand euch abholt. V'standen?«

Alle nickten, auch die, die es nicht verstanden hatten.

VIII

Träge schlichen die Stunden des Nachmittags dahin. Zur Hitze kam drückende Schwüle. Im Zelt wurde es unerträglich, doch niemand wagte nach draußen zu gehen. Da ergriff Martha die Initiative. Sie ging hinaus, löste die Plane an der Rückwand des Zeltes, hob sie an und klemmte zwei Stöcke darunter. So konnte die Luft, die am Eingang eintrat, hinten wieder abziehen. Alle atmeten auf.

Die Gespräche kreisten um das, was sie alle am Morgen erlebt hatten.

»Ich habe jemanden vermisst.« Daniel sah die Schwester herausfordernd an.

»Du meinst: Iosephus!«

Er nickte.

Und sie: »Was willst du? Er ist ein freier Mann und kann tun und lassen, was er will. Warum sollte man ihn im Zug mitführen?«

»Ja, ja, schon gut.« Daniel wandte sich ab und hing seinen düsteren Gedanken nach. Die Schwester drang nicht weiter in ihn.

Gegen Ende der zehnten Stunde erschien ihr Betreuer am Zelteingang und forderte Daniel, Esther und Martha auf, ihre Sachen zu nehmen und nach draußen zu kommen. Sie leisteten unverzüglich Folge. Die Beutel mit ihren wenigen Habseligkeiten hatten sie schon seit Stunden griffbereit neben sich liegen.

Neben dem Beamten standen drei Gestalten: ein mittelgroßer, schwerer, athletischer Mann, dem man auf den ersten Blick ansah, dass er kein Römer war. Seine Haut war bronzefarben, die Haare schwarz und lockig, die Nase leicht gebogen. An Kinn und Wangen kräuselte sich ein kurz geschnittener schwarzer Bart. In seltsamem Gegensatz dazu hellblaue, wässrige Augen. Sie waren in dauernder Bewegung und blickten unstet hin und her. Daniel schätzte ihn auf Mitte dreißig. Neben ihm ein großer, schlanker Bursche mit feinen Gesichtszügen. Er sah jünger aus als der Kräftige. Auch er hatte schwarzes, kurz geschnittenes Haar, trug aber keinen Bart. Er erwiderte die Blicke von Daniel, Esther und Martha mit einem freundlichen Lächeln. Der Dritte hielt sich still im Hintergrund. Er schien ein untergeordneter Sklave zu sein.

Der Beamte wies auf die drei Gefangenen: »Das sind sie.« Er schaute auf seine Liste, ging mit dem Zeigefinger die Kolonne der Namen entlang, machte Halt und fuhr fort: »Daniel ben Nathan, seine Schwester Esther und eine gewisse Martha.«

»In Ordnung.« Die Stimme des Bärtigen klang seltsam hoch. Man hätte bei seinem Aussehen eine tiefere Lage erwartet. »Ich hab's eilig. Mitkommen!«

»Halt!«, fuhr der Beamte streng dazwischen. »Erst unterschreiben! Du kannst doch schreiben – oder?«

»Wofür hältst du mich?!«, fuhr der Bärtige den Römer an.

Dieser konterte auf der Stelle: »Mir gefällt dein Ton nicht, Mann!« Er maß ihn, den er für einen Sklaven hielt, mit herrischem Blick. »Du wirst alles tun, was ich dir sage, klar? Kannst du nun schreiben oder kannst du nicht?«

»Gib her!«

Der Beamte hielt ihm das Schreibbrett mit der Liste hin, reichte ihm den Silberstift, zeigte in der linken Spalte auf drei Namen und ließ den Mann rechts daneben dreimal unterschreiben.

»Das kann ja kein Schwanz lesen!«, rügte der Beamte. »Wie heißt du?«

Der Angesprochene kam um eine korrekte Antwort nicht herum: »Tiridates.«

»Tiridates? – Perser?«

»Nein. Parther.«

»Ist für mich das Gleiche.«

»Für mich nicht.«

»Reg dich ab, Mann! Für einen Römer ist es das Gleiche. Du kannst gehen.«

Daniel und Esther sahen einander wortlos an. Der Athlet war ihnen auf Anhieb unsympathisch.

»Los!«, befahl Tiridates und maß Daniel, Esther und Martha mit einem Blick, als ob er es mit einer Herde von Schafen oder Ziegen zu tun hätte. Fehlten nur noch zwei Hunde, die ihnen in die Waden bissen, um sie vorwärts zu treiben! Doch ein Blick zu dem schlanken Begleiter des Parthers ließ erkennen, dass dieser den rüden Ton missbilligte. Wieder lächelte er den Gefangenen zu und nickte dabei freundlich. Aber er schwieg. Daraus leiteten die Geschwister ab, dass er – wie sie selbst – ein Sklave des Rutilius Varus war und diesem Tiridates untergeben. Ob der Parther ebenfalls Sklave ihres neuen Herrn oder ein Freigelassener war, würden sie bald erfahren.

Sie nahmen den gleichen Weg wie am Mittag über die Via Lata, die Breite Straße, nun in umgekehrter Richtung, umrundeten aber den Capitolshügel und erreichten das Forum über den Clivus Argentarius. Hier waren mehrere Gruppen Straßenreiniger mit der Beseitigung des Mülls beschäftigt, den viele Zuschauer während des Umzugs einfach auf die Straße geworfen hatten: Reste von Mahlzeiten, abgenagte Knochen, tönerne Trinkbecher, Beutel, Tücher, Papyrusfetzen, zerbrochene Teller und Krüge, verwelkte Blumen, farbige Bänder und sogar alte Sandalen. Städtische Beamte kontrollierten sehr genau, dass den Putzkommandos nichts entging.

Hinter einem schmucklosen, schmalen, hohen Gebäude mit riesigen Bronzetüren – es war die Curia, die Beratungshalle des Senats – bog Tiridates in eine schmale Gasse ein, die links von einer prächtigen Säulenhalle gesäumt wurde. Im Vorbeigehen bemerkte Daniel auf dem dahinter liegenden Platz ein übermenschlich großes Reiterstandbild. Schon bald sollte dieser Ort zum festen Bild in seinem, Esthers und Marthas Kopf werden: das Caesarforum.

An der nächsten Kreuzung bogen sie rechts in eine lang gezogene Straße ab. Zu beiden Seiten standen vier, fünf, ja sechs Stockwerke hohe Häuser. In den Erdgeschossen reihten sich Läden, Werkstätten, Schnellgaststätten und Kneipen aneinander. Dieses Viertel – es war das Argiletum – sollte für Daniel, Esther und Martha in Kürze das bekannteste von ganz Rom werden. Sie fühlten sich an den Jerusalemer Basar erinnert. Doch heute waren wegen des Staatsfeiertages alle Geschäfte und Kontore geschlossen, die Ladentüren zum Teil mit eisernen Gittern gesichert. Es war völlig ruhig. Die Anwohner feierten wie alle Römer im privaten Kreis mit Nachbarn und Freunden das Ereignis des Tages.

Aus den offenen Fenstern der Obergeschosse war hier und da ausgelassenes Gelächter zu hören. Kinder spielten auf der Straße. Große gelbe Hunde dösten im Schatten der Arkaden, die sich zu beiden Seiten hinzogen. Als sich die Straße nach etwa einer halben Meile gabelte, nahm Tiridates die rechte Abzweigung, den Clivus Suburanus. Hier gab es kaum noch Läden und Werkstätten, Wohnhäuser säumten die Straße. Unvermittelt tauchte ein gewaltiges Stadttor vor ihnen auf. Das mittlere Gitter war hochgezogen. Zwei Posten schlenderten gelangweilt und missmutig auf und ab. Heute war nichts zu kontrollieren. Der Güterverkehr ruhte. Nur vereinzelte Fußgänger betraten die Stadt.

Sie gingen durchs Tor. Draußen ein völlig anderes Bild: Rechts und links vor der Stadtmauer erstreckte sich eine Parklandschaft, so weit das Auge reichte. Die Anwesen waren mit zehn Fuß hohen Mauern oder eisernen Zäunen gesichert. Zwischen uralten Pinien und Zypressen schimmerte das Weiß herrschaftlicher Villen. Offenbar wohnten hier die vornehmsten und reichsten Römer. Etwa auch Rutilius Varus?

Sie erreichten eine große Kreuzung. Tiridates hielt sich links. Aber nicht lange, dann bog er auf einen Weg ein, der zu einem etwas zurückliegenden Eingang führte und zu beiden Seiten von akkurat geschnittenen Buchsbaumhecken gesäumt war. Vor einem schmiedeeisernen Tor machte er Halt. Während er nach dem Schlüsselbund im Halsausschnitt seiner Tunika kramte, schossen zwei riesige Hunde auf das Tor zu und bedrohten die drei Fremden mit wütendem, aggressivem Gebell.

Tiridates brüllte: »Hector! Aiax! Platz!«

Die Hunde ließen sich zögernd nieder und hechelten, behielten aber die Fremden misstrauisch im Blick. Als das Tor wieder geschlossen war, erhoben sie sich und wichen Tiridates nicht von der Seite.

Nach etwa hundert Schritt tauchte das Herrenhaus auf. Ein weißer Bau, einstöckig. Zwei vorspringende Seitenflügel rahmten den Mittelteil. Eine breite, dreistufige Treppe führte zum Haupteingang, flankiert von weißen Marmorsäulen und mit einem flachen Dreiecksgiebel überdacht.

»Warten!«, befahl Tiridates und begab sich ins Haus. Seine beiden Begleiter blieben draußen. Wenige Augenblicke später kam er, zusammen mit Rutilius Varus, wieder heraus. Rutilius hatte eine hellblaue Seidentunika an. Auf dem Kopf saß noch der Lorbeerkranz, den er beim Umzug getragen hatte, nun freilich etwas schief. Das sah komisch, ja lächerlich aus, doch niemand schien darauf zu achten. Auf den ersten Blick erkannten Daniel, Esther und Martha, dass der Hausherr betrunken war. Sein Gesicht glühte, die Augen waren gerötet und wässrig, er schwankte beim Gehen und musste sich an der linken Säule stützen, um das Gleichgewicht nicht zu verlieren.

»Ah, da sssind ssie ja endlich!«, lallte er ungehalten. »Gut, gut. Also, meine Lieb'n, das iss jetz' euer neues Zuhause.« Allen war klar, dass ›meine Lieben‹ ironisch gemeint war. »Ich ... ich erwarte Eifer! Dissiplin! A'ssoluten Gehorsam! Jede Anordnung des höheren Personals wird auf der ... auf der Stelle ausgeführt! Und dassu gehören ja nach dem ... nach dem Stand der Dinge alle Angehörigen des

Hauses... alle unterhalb von Tiridates. Nicht wahr, Tiridates!?«

»So ist es«, brummte dieser und nickte beifällig.

»Verssögerung'n, Faulheit, Aufsässigkeit... sie ziehen harte Strafen nach sich. Und ssswar auf der Stelle. Nicht wahr, Tiridates!«

»So ist es, Herr.«

»Noch Fragen?«

»Keine Fragen.«

»Sssehr gut.«

Rutilius musste sich wieder an der Säule stützen. Mit der andern Hand wies er auf die drei zerlumpten Gestalten – sie trugen wieder ihre alten Fetzen –, schüttelte geradezu entrüstet den Kopf und rief: »Beim Herkules! Sie sehen fürchterlich aus! Als Erstes neu einkleiden.«

»Jawohl!« Tiridates hob wie ein Soldat die Rechte.

»Pilesar!«

Der Angesprochene – es war der Große, Schlanke mit dem freundlichen Lächeln – sah Rutilius an: »Herr?«

»Du wirst drinnen gebraucht!«

Pilesar nickte und verschwand mit seinem Herrn im Haus.

»Mitkommen!« Tiridates verließ den Eingang und ging auf den rechten Seitentrakt der Villa zu. Daniel, Esther, Martha und der dritte Mann folgten ihm.

IX

In dem Seitengebäude befanden sich die Wohnräume des Personals, eine Werkstatt für Holz- und Metallarbeiten, mehrere Vorratsräume, eine Wäschekammer und die große Küche. Stallungen und Wagenschuppen waren im Parallelgebäude links vom Haupthaus untergebracht. Daniel und Esther verglichen die Größe der Gebäude und die Anzahl der Räume mit denen ihres eigenen Gutes bei Iotapata in Galilaea und stellten eine gewisse Ähnlichkeit fest. Wahrscheinlich waren hier dreißig bis vierzig Leute beschäftigt.

Sie gingen hinein. Ein langer Gang mit einer Reihe von Türen. Schon nach wenigen Schritten blieb Tiridates stehen und brummte: »Hier warten!«

Ohne anzuklopfen öffnete er die nächste Tür, trat ein und schloss die Tür hinter sich. Eine Weile hörte man ihn drinnen mit jemandem reden. Nur er sprach. Er gab offenbar Anweisungen an jemanden weiter, der sich von nun an um die drei neuen Sklaven zu kümmern hatte. Zu verstehen war nichts. Schließlich kam er mit einer älteren Frau wieder heraus.

»Das sind sie!«

Tiridates wies auf Daniel, Esther und Martha. Also wusste die Frau, was sie erwartete. Blitzschnell studierten die Ankömmlinge Gesicht, Äußeres und Auftreten dieser Person, mit der sie auf unabsehbare Zeit zusammenarbeiten mussten und deren Anordnungen sie zu befolgen hatten: Sie war mittelgroß, hager, knochig, ja fast dürr; das Gesicht faltig, rechts und links des Mundes zwei kurze, aber markant nach unten weisende Falten. Die Lippen, schmal und farblos, waren fest aufeinander gepresst; das Haar, rötlich blond, strähnig, streng nach hinten gekämmt und dort in einem festen Knoten gebündelt, war glanzlos; die Augen grau, fast farblos, aber sehr wach und kritisch. Lediglich zwei Merkmale in diesem früh gealterten Gesicht hellten den strengen, abweisenden Ausdruck etwas auf: die Andeutung von Lachfältchen beiderseits der Augen – und Sommersprossen! Ihr ganzes Gesicht war davon bedeckt, auch ihre Arme und die Oberseite der Hände, denen anzusehen war, dass sie gewöhnt waren zuzupacken und hart zu arbeiten, denn sie waren derb und knochig; Schwielen bedeckten die Finger. Die Nägel waren kurz gehalten und sauber.

»So, dann kommt mal mit!«

Sie sprach das Latein sehr hart, mit einem fremdländischen Akzent, den Daniel und Esther noch nie gehört hatten. Sie ging in den Raum, aus dem sie gekommen war. Die drei folgten ihr. Es handelte sich offenbar um eine Art zentrales Kontor, von dem aus sie den Betrieb und die Arbeit der weiblichen Sklaven beaufsichtigte.

Sie musterte sie noch einmal streng. Dann sagte sie: »Ich heiße Frapia. Und ihr?«

Sie nannten ihre Namen.

»Iudaea? Ihr kommt aus Iudaea?«

»*Ita'st* – so ist es«, sagte Daniel auf Latein, das von nun an im Verkehr mit den Vorgesetzten wie dem übrigen Personal gefordert war.

Frapia musterte sie. Dann ging sie zu einer der

drei Truhen, die an der Wand standen, und entnahm ihr einen Stapel säuberlich gefalteter Tuniken aus grobem, festem Stoff.

»Probiert sie an! Wird schon was Passendes dabei sein!«

Als sie bemerkte, dass es Daniel unangenehm war zuzusehen, wie Martha sich vor seinen Augen auszog – sie trug unter ihrem zerlumpten Gewand kein weiteres Kleidungsstück –, sagte sie zu ihm: »Geh da in die Ecke!«

Frapia ließ sich bei der Suche nach passenden Stücken Zeit. Die Tuniken, die sie schließlich heraussuchte, waren zwar abgetragen und an einigen Stellen geflickt, aber immerhin sauber. Noch nie hatten Daniel und Esther getragene Sachen anziehen müssen. Doch das war jetzt unwichtig.

»Ich zeige euch jetzt eure Kammer. Ihr beiden«, sie meinte die Geschwister, »werdet im gleichen Raum schlafen. Bis auf weiteres. Und du«, das ging an Martha, »du bekommst eine eigene Kammer.«

In dem Gebäude befanden sich bei weitem mehr Räume, als sie erwartet hatten. Das Zimmer der Geschwister hatte ein Fenster mit Blick in den Garten, der sich um den ganzen Gebäudekomplex zog. Die Wände waren weiß gekalkt, der Sockel dunkelrot abgesetzt. An einer Wand stand ein Etagenbett. Über den Strohsack war ein Leinentuch gespannt. Für den Kopf gab es ein Rollkissen, prall mit Wolle voll gestopft. Zum Wärmen eine grobe Wolldecke.

Auf der anderen Seite ein einfacher Tisch aus Fichtenholz, darauf eine Schüssel, eine Öllampe und ein kleines Ölkännchen zum Nachfüllen. Daneben zwei Stühle. In der Ecke neben der Tür ein

Wasserkrug. An der Wand ein kleines Hängebord, darauf mehrere Becher, Teller und Schalen aus Steingut, ein kleiner Krug, zwei Messer, zwei Löffel, zwei gefaltete Leinentücher. Ein drittes hing neben dem Regal an einem großen Nagel.

Misstrauisch blickten Daniel und Esther sich um. Es würde sich erst in der nächsten Nacht herausstellen, ob die Schläfer von Flöhen, Läusen und anderen Plagegeistern heimgesucht würden. Sie rechneten mit allem.

Als Nächstes zeigte Frapia ihnen, wo sich Wasserstelle und Toilette befanden. Das Haus verfügte über einen eigenen Wasseranschluss an die Aqua Marcia. Von diesem Aquädukt wurden alle Entnahmestellen gespeist. Wie in Häusern dieser Art üblich, befand sich die Toilette unmittelbar neben der Küche, weil auf diese Weise Unflat und Abfälle schnell weggespült werden konnten. Die unterirdisch verlegten Rohre waren mit der Hauptkanalisation verbunden, die das Schmutzwasser direkt in den Tiber ableitete. Diese Toilette diente vor allem dem Personal für die Verrichtung der Notdurft. Den Herrschaften standen im Mittelbau eigene Wasserklosetts zur Verfügung.

Auf dem Gelände der Villa gab es mehrere Springbrunnen, die ihr Wasser ebenfalls von der Aqua Marcia bezogen. Gleich vor dem Fenster von Daniels und Esthers Zimmer plätscherte im Garten eine kleine Fontäne.

Noch nie hatten Daniel, Esther und Martha einen so verschwenderischen Umgang mit Wasser kennen gelernt. In ihrer Heimat war dies einfach nicht vorstellbar, weil Wasser knapp war.

Frapia wollte wissen, über welche häuslichen Kenntnisse und Fertigkeiten ihre neuen Sklaven verfügten. Martha konnte eigentlich alles, was man von einer Hausfrau und Mutter erwartete. Esther aber hatte in ihrem bisherigen Leben niemals niedrige Tätigkeiten verrichtet. Also gab Frapia ihr zur Probe einfache Näharbeiten. Sie sollte den ausgefransten Saum frisch gewaschener Leinentücher erneuern. Da Esther sehr geschickt war, hatte sie die Arbeit bald im Griff. Frapia begutachtete das Ergebnis und nickte zufrieden. Doch es kam kein Lob über ihre schmalen Lippen.

Dann war Daniel an der Reihe: »Du kannst also lesen und schreiben?«

»Ja.« Offenbar war sie von ihrem Herrn Rutilius informiert worden.

»Gut. Du wirst morgen in der Bibliothek arbeiten. Hilf jetzt dem Gärtner die Wege zu harken. Es gibt immer was zu tun.«

Daniel war also dem Bibliothekar des Hauses zugeteilt. Er war neugierig auf diesen Mann. Am späten Nachmittag lernte er ihn kennen und war überrascht, in der Person am Schreibpult Pilesar zu erkennen, den freundlichen Begleiter des Tiridates auf dem Marsfeld.

Pilesar unterbrach sofort seine Schreibarbeit, legte die Rohrfeder in die Schale und wandte sich Daniel zu: »Du kannst also lesen und schreiben...« Er sprach fließend Griechisch.

»Ja.«
»Hebräisch?«
»Sicher.«
»Auch Griechisch?«

»Ja.«

»Das ist gut... sogar sehr gut. – Und Latein?«

»Ein wenig.«

»Hm.« Pilesar ging zu einem der bis zur Decke reichenden Regale und entnahm ihm eine Schriftrolle. Er entrollte sie ein Stück und reichte sie Daniel. »Kannst du das lesen?«

Daniel warf einen Blick auf die Schrift. Es waren griechische Buchstaben. Er las die ersten fünf Zeilen ohne zu stocken.

»Sehr gut!«, lobte Pilesar und lächelte. »Kannst du das auch verstehen?«

»Ja.«

»Worum handelt es sich denn?« Gespannt sah er ihn an.

»Ich denke, das ist aus dem ersten Buch der Odyssee des griechischen Dichters Homer.«

»Ausgezeichnet!« Pilesar erhob sich und holte aus einem anderen Regal eine Schrift. »Und das?«

»Das ist Latein.«

»Natürlich. Kannst du den Anfang des Textes ins Griechische übersetzen?«

Etwas stockend machte sich Daniel an die Lektüre und übersetzte den Anfang: »Gallien ist... ganz... geteilt... in drei Teile. Einen sind sesshaft... – Nein! – Einen bewohnen die Belger, einen... einen anderen die Aquitaner, den dritten... in unserer Sprache... Kelten... aber heißen... sich selbst nennen... Sie sind alle...«

»Danke! Das genügt.« Pilesar nahm ihm die Schriftrolle aus der Hand. »Weißt du auch, worum es sich hier handelt?«

»Nein«, gestand Daniel. »Aber es könnte ein

Buch über das Volk der Gallier sein, die im Norden leben.«

»Nicht schlecht! Woher weißt du davon?«

»Von meinem Lehrer.«

»Aha, aha!« Erstaunt hob Pilesar die rechte Augenbraue. »Du musst einen guten Lehrer gehabt haben!«

»Er war Grieche.«

»Ah ja. Hast du schon einmal den Namen Caesar gehört?«

»Er war ein römischer Feldherr.«

»Allerdings. Und Caesar hat das Land dieser Gallier erobert. Das ist schon lange her. Über hundertdreißig Jahre! Du hast soeben die ersten Zeilen des Berichts gelesen, den Caesar darüber selbst geschrieben hat.«

Staunend öffnete Daniel den Mund: »Ist das hier etwa seine eigene Schrift?«

»Natürlich nicht! Es handelt sich um eine Abschrift. Aber eine sehr schöne, denn sie ist mit zahlreichen Illustrationen versehen.«

Pilesar begann nachdenklich im Raum auf und ab zu gehen, wobei er seine rechte Hand ans Kinn hielt – Daniel sollte diese Geste noch oft an ihm beobachten – und sprach dabei leise vor sich hin: »Du sprichst, liest und schreibst also Hebräisch, beherrschst im Großen und Ganzen das Griechische und – nun ja, du kennst die Anfangsgründe des Lateinischen – die Anfangsgründe, ja. Das heißt also, wir werden nicht umhinkommen, diese deine Kenntnisse von nun an zu vervollkommnen. Und zwar systematisch und regelmäßig. Wie alt bist du?«

»Dreizehn.«
»Sehr gut. Das richtige Alter. Deine Schwester...«
»Sie ist auch dreizehn.«
»Ach! Ihr seid Zwillinge?«
»Ja.«
»Wie schön. Dann seid ihr nicht allein in dieser... dieser hektischen großen Stadt.«
Daniel war neugierig geworden und wagte zu fragen: »Du bist Grieche?«
»Ich? Nein. Ich bin Syrer.«
»Dann müsstest du doch auch etwas Hebräisch verstehen.«
»So ist es. Ein wenig.« Pilesar hatte dies in Daniels Muttersprache gesagt und lächelte dem Jungen zu. »Aber nun an die Arbeit!«
Pilesar besprach mit Daniel einige Tätigkeiten, die er in den nächsten Tagen erledigen sollte, darunter Ausbesserungsarbeiten an Schriftrollen, die von den Motten angefressen waren. Er zeigte seinem neuen Zögling, wie man das machte, und schaute ihm bei seinen ersten Versuchen zu. Die schadhaften Stellen mussten sauber herausgeschnitten und beidseitig mit dazu passend geschnittenen Papyrusstücken beklebt werden. Wenn dabei einige Buchstaben verloren gingen, musste Daniel sie mit schwarzer Tinte und der Rohrfeder nachträglich wieder einzeichnen.
Von nun an musste er an jedem Abend das Schreibgerät säubern, die Bibliothek aufräumen und sie sauber fegen. Zwar hatte er solche Tätigkeiten früher nie verrichten müssen – dafür hatte man Sklaven –, doch tat er es jetzt ohne zu murren, denn

wenigstens hatte er einen wie Pilesar als direkten Vorgesetzten bekommen, dem allein er bis auf weiteres Rechenschaft schuldete.

X

So gingen die ersten Tage dahin. Rutilius ließ sich nicht bei den Sklaven blicken. Offenbar, so dachten Daniel und Esther, ging der Herr davon aus, dass Tiridates, Frapia und Pilesar sich um die »Zwillinge«, wie sie von Anfang an genannt wurden, kümmerten. Sie mussten eingearbeitet werden. Das brauchte seine Zeit.

Dabei hatte Daniel es besser getroffen als die Schwester. Wenn er mit Pilesar zusammen war, vergaß er beinahe, dass er jetzt Sklave war. Pilesar hielt auf einen gewissen Abstand, duldete keine Schludereien bei der Reparatur der Rollen oder bei schriftlichen Arbeiten. Hatte er Grund für einen Tadel, dann brachte er ihn auf seine vornehme, stets etwas umständliche und weit ausholende Art und Weise vor. Daniel nahm sich eine solche Rüge sehr zu Herzen und war bemüht, es beim nächsten Mal besser zu machen. Das wiederum nahm Pilesar wohlwollend zur Kenntnis: »Es ist noch kein Meister vom Himmel gefallen. Wie denn auch, he? Aber du bist auf gutem Wege, mein Junge.«

Aufmerksam beobachtete Daniel seine Umgebung, stellte auch gezielte Fragen an Pilesar und erfuhr so interessante Dinge über wichtige Personen des Hauses. Wie er angenommen hatte, fungierte Tiridates als oberster Verwalter. Er war kein Sklave mehr, sondern *libertus,* ein Freigelassener. Obwohl gebürtiger Parther, gebärdete er sich, als sei er ein Römer. Allerdings war er neulich bei dem städtischen Beamten an den Falschen geraten. Noch im Nachhinein freute sich Daniel über die scharfe Zurechtweisung durch den Römer. Wann und unter welchen Umständen Tiridates als Sklave nach Rom gekommen war, wusste selbst Pilesar nicht zu sagen, denn er selbst war erst später in dieses Haus gekommen. Jedenfalls führte Tiridates das uneingeschränkte Regiment über die *familia.* So nannten die Römer alle Angehörigen des unfreien Gesindes. Tiridates war nur dem Herrn Rutilius Varus Rechenschaft schuldig. Rutilius hatte ihm freie Hand gegeben nach eigenem Gutdünken mit den ihm untergebenen Leuten zu verfahren. So behielt Tiridates alle Fäden in der Hand, spielte nur zu gern die ihm verliehene Macht aus, strafte schon bei geringen Vergehen unbarmherzig und ließ den einen oder andern Sklaven wegen Kleinigkeiten verprügeln. Alle hassten diesen Mann.

Es entging Daniel freilich nicht, dass dieser Menschenschinder nur Pilesar mit einem gewissen Respekt begegnete. Das war erstaunlich, denn in der Rangordnung des Personals war ihm auch der Bibliothekar untergeben. Aber Pilesar genoss eine Sonderstellung. Er war der gebildetste Mann im Hause. Sogar Rutilius holte sich bei ihm Rat. Meist ging es dabei um Fragen, die mit der Auswahl, Begutachtung und Anschaffung neuer Bücher zu tun hatten.

Rutilius sammelte kostbare Schriftrollen. Weniger um sie zu lesen – dazu fehlten ihm Interesse, Geduld und Ausdauer – als um bei nächster Gelegenheit mit dem kostbaren Besitz vor geladenen Gästen großtun zu können.

Die Prozedur war stets die gleiche: Rutilius schickte seinen Bibliothekar schon frühmorgens zu Pollius Valerianus, dem angesehensten Buchhändler des Argiletums. In dessen Laden traf Pilesar eine Vorauswahl. Da es sich dabei durchweg um teure Objekte handelte, erschien Pollius selbst am Nachmittag in Begleitung eines Sklaven, der die Schriften in einem verschlossenen Korb trug. Die kostbaren Stücke wurden auf dem großen mittleren Tisch der Bibliothek ausgebreitet. Sofort beugte sich Pilesar darüber, begutachtete kritisch den Zustand der Rollen, äußerte sich über die Qualität von Schrift und Illustrationen, fasste den Inhalt der Werke zusammen und setzte am Ende zu einem längeren Vortrag an, in dem er sich langatmig über die Vorzüge und Nachteile der Schriften ausließ. Der sonst so ungeduldige Rutilius unterbrach ihn dabei nicht. Wusste er doch, dass er sich auf das Urteil Pilesars verlassen konnte. Am Ende kaufte er die besten Stücke.

Daniel, bei diesen Gesprächen immer dabei, konnte es kaum fassen, dass Rutilius Unsummen für diese Werke ausgab, um sie dann in den Regalen verstauben zu lassen. Er hatte ihn noch nie darin lesen sehen.

Wichtiger wurde für ihn aber die Bekanntschaft mit dem Buchhändler, über dessen Geschäftspraktiken ihn Pilesar aufklärte.

»Ha!«, rief er. »Pollius Valerianus! Er hat in Rom – was sage ich: in ganz Italien! – das größte Angebot. Bei ihm findest du immer das, was du gerade suchst. Hat er's nicht vorrätig, lässt er es aus Athen, Alexandria oder Pergamon kommen. In allen Metropolen des Mittleren Meeres hat er seine Agenten sitzen. Und er verlegt den Martial!«

»Martial...?« Daniel zwinkerte. Er wusste mit dem Namen nichts anzufangen.

»Wie? Ja, Martial!« Pilesar klärte ihn auf: »Martial ist zurzeit der meistgelesene, weil frechste Dichter von Epigrammen in Rom!«

»Epigramme...?«, hatte Daniel nachgefragt, denn auch dieser Begriff war ihm fremd.

»Epigramme, ja.« Pilesar wechselte aus dem Griechischen ins Lateinische: »Das waren ursprünglich, wie der Name *epi-gramma* schon sagt, poetische *Auf-Schriften* auf Denkmälern und Gräbern: kurz, knapp, das Wichtigste in Worte fassend. Daraus entstand im Laufe der Zeit eine eigene Literaturgattung. Man könnte es so sagen: eine Entwicklung vom Denk*mal* zum Denk*zettel*.« Er lächelte über das Wortspiel.

Da sich Daniel darunter immer noch nicht viel vorstellen konnte, griff Pilesar nach einer Rolle mit Epigrammen des Martial und las ein Gedicht vor: »Hier! Hör dir das an! Köstlich!

Maneia gibt dem kleinen Hund
Zum Lecken ihr Gesicht, auch ihren Mund.
Kein Wunder, dass dem Hunde das willkommen
  ist,
da doch ein Hund gern üblen Unrat frisst.«

Daniel starrte ihn entgeistert an: »Aber Pilesar!

Das ist doch eine ungeheure Beleidigung dieser ... dieser ...«

»Maneia, ja.«

»Weiß sie davon?«

»Möglich.«

»Und das lässt sie sich einfach gefallen?«

Pilesar lachte kurz auf. »Mein lieber Junge, was soll sie denn dagegen machen?«

»Vor Gericht gehen!«, rief Daniel. In Jerusalem wären derlei lockere, vollkommen respektlose Sprüche undenkbar gewesen.

»Das wird sie hübsch bleiben lassen ...«

»Warum?«

»Sie würde sich nur noch lächerlicher machen. Nichts lieben die Römer mehr als geistreich vorgetragenen Spott. Die arme Betroffene tut gut daran, den Mund zu halten. Im Übrigen macht Martial mit seinen lockeren Versen seine Opfer unsterblich. Und das ist doch schon was ...« Er lächelte ironisch. Daraus schloss Daniel, dass Pilesar sich innerlich von dieser römischen Sitte distanzierte.

Als Daniel am Abend seiner Schwester davon erzählte, lachte sie laut auf. Sie konnte die Empörung des Bruders nicht teilen. Einmal mehr stellte Daniel fest, dass Esther in manchen Dingen andere Maßstäbe anlegte als er selbst. Also wechselte er das Thema und fragte, wie ihr Tag verlaufen sei. Schnell wurde Esther wieder ernst.

»Ist was passiert?«, fragte er besorgt.

»Nein, ich ...«

»Ja?«

»Ich habe etwas Interessantes beobachtet.«

»Was denn?«

»Tiridates!«

»Was ist mit ihm?«

»Er trinkt!«

»Na und? Alle hier trinken zum Essen Wein!«

»Er trinkt heimlich! Über den Tag hin.«

»Du meinst, er ist ein Trinker. Nimm dich vor ihm in Acht, Esther! Lass ihn nur nicht in deine Nähe!«

Esther seufzte. Wie sollte sie sich vor Tiridates schützen? Sie war doch nur eine Sklavin!

Daniel erriet ihre Gedanken und versuchte sie abzulenken. »Und wie kommst du mit Frapia zurecht?«

Esther bemerkte, die Frau sei zwar wortkarg, ernst und streng, behandle sie aber wie alle anderen Sklavinnen gerecht.

»Woher stammt sie eigentlich?«, wollte Daniel wissen.

»Aus Germanien.«

»Germanien? Wo liegt das denn?«

»Irgendwo im Norden, neben Gallien, im Osten. Da gibt es riesige Urwälder mit wilden Tieren, hat sie gesagt. Aber davor ist ein großer Fluss. Viel breiter und tiefer als der Tiber. Das ist die Grenze nach Germanien. Daher kommt sie. Genauer aus einer Stadt namens CCAA.«

»CCAA?«

Mit der größten Selbstverständlichkeit erklärte Esther: »Colonia Claudia Ara Agrippinensium[*].«

»He? Woher weißt du das?«

»Von Frapia. Ich hab sie gefragt. Sie ist vor eini-

---

[*] Das heutige Köln

gen Jahren, als es dort Krieg gab, nach Rom gekommen.«
»Ist sie Sklavin?«
»Nicht mehr, sie ist eine Freigelassene.«
»Hauptsache, sie traktiert dich nicht.«
Er stand wie auf dem Sprung.
»Musst du noch weg?«
»Ja.«
»Wohin?«
»Ich muss mit Pilesar in die Stadt.«
»In die Buchhandlung?«
»Ja.«
»Die möchte ich auch mal sehen!«
»Wirst du. Ich werd sie dir zeigen – wenn wir mal einen freien Tag haben . . .«
Dabei wussten sie beide, dass sie das Haus nicht ohne Erlaubnis von Tiridates oder Frapia verlassen durften. Daniel bemerkte die Trauer in ihren Augen. Er drückte sie fest an sich. »Alles wird gut werden . . . irgendwann . . . ich weiß es . . . Hauptsache, wir sind immer zusammen.«
Sie nickte. Er ging.

Daniel begleitete den Pilesar nun öfter zu Pollius Valerianus. Er hatte dann auf dem Rückweg die Buchrollen zu tragen.

Bis zu dem Tag, als Pilesar ihn schon kurz nach Sonnenaufgang zu sich rufen ließ. Das war ungewöhnlich. Mit gemischten Gefühlen machte Daniel sich auf den Weg durch die Gänge zur Bibliothek. Hatte er etwas falsch gemacht? Wollte Pilesar ihn zurechtweisen?

Er fand Pilesar nicht vor. Eine der germanischen

Sklavinnen, die sich anschickte die Fenster zu putzen, teilte Daniel auf dessen Frage mit: »Pilesar nicht da. Pilesar krank.«

»Wo ist er denn?«

»Pilesar in Zimmer.«

»Ist er sehr krank?«

»Ich nicht wissen.«

Daniel verließ den Raum. Er fand den Bibliothekar im Bett. Sein Kopf glühte. Er musste Fieber haben.

»Komm zu mir!«, sagte Pilesar mit matter Stimme und winkte ihn heran. Daniel blieb zwei Schritt vor dem Bett stehen.

»Es kann sein, dass ich, wie soll ich sagen – für einige Tage ausfalle. Du weißt, was zu tun ist.«

»Ich weiß es.«

»Gut. Das ist auch nicht der Punkt. Es müssen Bücher abgeholt werden.«

»Bei Pollius Valerianus?«

»Ja. Die Sache duldet keinen Aufschub, weil der Herr...«

Er hatte den Satz noch nicht vollendet, als die Tür aufgerissen wurde und Rutilius den Raum betrat. Er übersah Daniel vollkommen und wandte sich sofort an Pilesar: »Das gefällt mir nun ganz und gar nicht, mein Lieber!«

Pilesar richtete sich auf und stammelte: »Verzeih, Herr, mir auch nicht. Aber...«

»Fieber?«

»Ja.«

»Schmerzen?«

»Im Kopf. Und hier!« Er zeigte auf seinen Brustkorb.

»Und das ausgerechnet jetzt! Vor dem Fest muss die Bibliothek auf Vordermann gebracht werden.«

Pilesar wies auf Daniel: »Er weiß Bescheid. Und ich denke, er kann auch alleine die Bücher bei Pollius abholen.«

»Allein? Er?« Es klang wie eine Drohung. »Und wenn er sich auf und davon macht? Er ist noch nicht lange hier!«

»Warum sollte er das tun, Herr?«

»Weil er ...« Rutilius betrachtete Daniel mit abschätzig kritischem Blick, der so viel sagte wie: Weil er jede Möglichkeit zur Flucht nutzen wird! Doch dann schien ihm etwas einzufallen. Er grinste böse, als er fortfuhr: »Du hast Recht. Warum sollte er das tun – ohne seine Schwester?«

Er wandte sich um, ging zur Tür, drehte sich noch einmal um und erklärte: »Meinetwegen. Er soll die Bücher holen. Du aber sieh zu, dass du so schnell wie möglich wieder auf die Beine kommst! Ich werde nach meinem Arzt schicken.«

»Danke, Herr!«

»Schon gut.«

Rutilius verließ den Raum.

Pilesar besprach mit Daniel die zu erledigenden Arbeiten in der Bibliothek und schickte ihn dann gleich los zur Buchhandlung.

Daniel war hin und her gerissen. Er durfte sich zwar in der Stadt frei und ohne Aufsicht bewegen, dennoch blieb ihm jederzeit bewusst, dass er ein Sklave war, der keinerlei persönliche Rechte besaß, sondern nur die Befehle seiner Vorgesetzten auszuführen hatte.

XI

Für Daniel kamen nach und nach weitere Gänge hinzu. Tiridates und Frapia machten sich zunutze, dass er neben Esther der Einzige unter den Sklaven war, der lesen und schreiben konnte, und das auch noch in mehreren Sprachen.

Die Gänge häuften sich. Ursache der plötzlich einsetzenden Geschäftigkeit im Hause waren die bevorstehenden Ludi Apollinares. Pilesar hatte ihm deren Bedeutung erklärt: Ludi – Spiele – nannten die Römer gewisse öffentliche Festtage, an denen das gesamte Geschäftsleben ruhte. Sie wurden meist zu Ehren einer der großen Gottheiten gefeiert. Die Ludi Apollinares, die Spiele des Apollo, wurden in jedem Jahr zwischen dem 6. und 13. Juli gefeiert, in Erinnerung an die Errettung aus großer Not während des furchtbaren Krieges gegen Hannibal vor dreihundert Jahren. Seit Augustus legten die Kaiser dabei besonderen Wert auf den 13. Juli, denn er war der Geburtstag von Iulius Caesar, dem Ahnherrn des julisch-claudischen Kaiserhauses. Es war selbstverständlich, dass auch Vespasian dieses Datum ehrte. Obwohl er nicht mehr dieser aristokratischen Familie entstammte, fühlte er sich als der Erbe Caesars.

Rutilius Varus hatte für den Abend des 6. Juli ein Sommerfest geplant und einige befreundete Familien eingeladen, darunter auch den in der Stadt weilenden Marcus Titius Frugi mit Gattin. Seine Absicht war klar: Für seinen weiteren militärischen Aufstieg erhoffte er sich die Fürsprache des Generals, der gerade erst vom Kaiser eine Stufe nach oben befördert worden war.

Am Tag vor dem Fest machte sich Pilesar mit Daniel auf den Weg in die Innenstadt.

»Wo müssen wir denn hin?«, fragte Daniel.
»Unter anderem zu Bocchus Maurus.«
»Wer ist das?«
»Ein Tierhändler.«
»Verkauft er Pferde?«
»Nein.«
»Was dann?«
»Affen.«
»Affen?«
»Ja. Und Papageien, Kamele, Schlangen und wilde Tiere aus Africa.«
»Und du sollst bei ihm was kaufen?«
»Nein. Mieten!«
»Was denn?«
»Einen Affen, der die Trommel schlägt. Einen Papagei, der sprechen kann, und einen Esel.«
»Einen Esel?«
»Ja. Der kann rechnen.«
»Das gibt's doch nicht!«
»Wirst es sehen.«
»Und all die Tiere vermietet Bocchus?«
»Ja. Das ist sein Hauptgeschäft. Es gibt viele vermögende Römer, die sich mit solchen Darbietungen interessant machen wollen.«

Der letzte Satz gab Daniel zu denken. Pilesar reihte ihren Herrn Rutilius Varus offenbar unter jene Römer, die zwar Vermögen, aber keinen Geschmack besaßen. Zugleich distanzierte er sich damit von ihm ohne seinen Namen zu nennen.

Das Geschäft von Bocchus lag am Ende einer Seitenstraße, die vom Argiletum nach Norden abzweigte. Nach etwa vierhundert Schritt kreuzte sie den Vicus Longus, die Lange Straße, die weiter zur Porta Collina, dem nördlichsten Stadttor Roms, führte. Des Bocchus Laden lag sehr günstig unmittelbar an der Kreuzung. Man konnte ihn nicht übersehen, denn vor dem Eingang zum Geschäft hockte als Blickfang ein Papagei auf der Querstange eines Gestells. Als Daniel und Pilesar sich ihm näherten, kreischte er mit einer Stimme, die durch Mark und Bein ging: »Komm her, du Lump! Komm her, du Lump!«

Er hatte so laut geschrien, dass Daniel erschrak.

Pilesar betrat nicht den Laden, sondern näherte sich dem großen Torbogen neben dem Geschäft, der nach hinten führte. Sie erreichten einen großen Innenhof. Laden oder Geschäft waren eigentlich falsche Begriffe, um das zu beschreiben, was sich Augen, Ohren und Nasen der Besucher beim Betreten des Geländes bot. Man hätte eher von einem Vivarium sprechen können, einem Tiergarten, denn als Erstes stieg Daniel ein penetranter Geruch in die Nase, eine aufdringliche Mischung exotischer Aromen, die man durchaus Gestank nennen konnte. Die Bestandteile dieser Mixtur mit Worten zu beschreiben war unmöglich; unter anderem roch es nach Pferden. Im Innern einiger Räume, die man vom Hof aus erreichte, rumorte es. Seltsame Geräusche drangen nach draußen. Irgendwo brüllte jemand auf, ein anderer kicherte, es wurde laut gegen Holz gepoltert.

Aus einem der Ställe kamen drei Jungen in Daniels Alter, ein großer, hagerer, ein kleinerer, molliger und einer mit einer unglaublich lässigen Haltung.

Der große Hagere hatte rotblondes, sehr kurz geschnittenes Haar, blaue Augen und eine auffallend helle Haut. Er hielt sich sehr gerade.

Der kleine Mollige sah aus wie viele römische Jungen, die Daniel kannte: die Haare schwarz und gelockt, die Augen dunkel, die Nase leicht gebogen. Er hielt sich krumm, es sah aus, als ob sein Kopf etwas nach vorne versetzt sei. Alles an ihm war rund: der Kopf, der Bauch, Beine, Arme und Hände.

Die Haut des Dritten hatte die Farbe dunkelbrauner, fast schwarzer Bronze, sein Haar war kurz und gekräuselt. Daniel schätzte alle drei auf dreizehn, vierzehn Jahre. Hatte er sie nicht schon einmal gesehen?

Die Jungen hatten irgendetwas Wichtiges miteinander zu bereden. Dabei führte der Dunkle das Wort, wozu der große Blonde in einem fort nickte, während der kleine Mollige ihn immer wieder mit Einwürfen oder Fragen unterbrach. Worüber gesprochen wurde, konnte Daniel nicht hören. Sie waren zu weit weg.

Pilesar blieb stehen, wandte sich an einen der Jungen und fragte: »Askalis, ist dein Vater da?«

Askalis blickte auf und sagte: »Ja. Vater hier ist.«

»Wo?«

»Er da!« Der Junge zeigte auf den Stall, aus dem er gerade gekommen war. »Was du brauchen? Esel?«

»Ja, auch einen Esel.«

»Esel drinnen. Er lernen mit Vater.«

»Aha? Was denn?«
»Rechnen. Er lernen zwei plus zwei und zwei plus drei.«
»Nicht möglich! Kapiert er's denn?«
»Er gut. Er viel gut.«
»Nicht möglich!«
»Doch. Du gehen rein. Du staunen.«
»Das muss ich sehen!«

Pilesar ging zu dem genannten Eingang, Daniel folgte ihm, nicht ohne vorher einen langen Blick auf diesen Jungen geworfen zu haben, der das Latein in einer so fürchterlichen Weise radebrechte, wie er es noch nie gehört hatte. Dagegen waren seine eigenen Kenntnisse der Sprache geradezu vortrefflich.

In dem Stall saß ein Mann auf einem niedrigen Hocker, direkt neben einem großen, fast schwarzen Esel. Vor dem Esel stand eine mechanische hölzerne Vorrichtung. Unten befanden sich mehrere breite Hebel. Sie waren an der Rückseite des Gestells über Seilzüge mit Klappen im oberen Bereich verbunden. Bocchus sagte gerade: »Prudens, du sein guter Junge! Prudens, du jetzt passen auf! Achtung! Wie viel das ist: Zwei ... plus ... zwei!«

Da hob der Esel den rechten Vorderfuß, senkte ihn und drückte einen der Hebel nach unten. Im gleichen Augenblick ertönte ein feines Glöckchen, die obere Klappe kippte nach unten und zeigte eine große weiße Zahl auf schwarzem Grund. Es war eine »IV«.

»Du sein braver Junge, Prudens! Viel brav! Und viel klug!«

Bocchus erhob sich und tätschelte den Hals des Tieres. Dann holte er aus dem Beutel an seinem Gürtel ein Stück Knuspergebäck und hielt es dem Esel an die Lippen. Im Nu war es verschwunden. Man hörte nur einmal kurz das Mahlen der Backenzähne.

»Unglaublich!«, sagte Pilesar und schüttelte verwundert den Kopf.

Bocchus lächelte zufrieden und strich sich über seinen prächtigen Bauch. »Prudens viel klug! Es nicht stimmen! Überhaupt nicht stimmen!«

»Was?«, fragte Pilesar. »Was stimmt nicht?«

»Leute sagen, Esel dumm. Esel nicht dumm! Esel viel klug! Mehr klug als Pferde. Pferde dumm. Du haben gesehen? Prudens können rechnen zwei plus zwei. Er auch können rechnen vier minus zwei, drei plus zwei, drei minus eins, drei minus zwei und zwei minus zwei.«

»Unglaublich!«, wiederholte Pilesar und warf Daniel einen bedeutungsvollen Blick zu.

In diesem Augenblick kam Askalis in den Stall und sein Vater sagte: »Du Prudens jetzt waschen und bürsten. Er viel fleißig. Du ihn loben. Du wissen, was ich meine ...«

Askalis nickte, griff nach dem Zaumzeug und führte Prudens nach draußen.

Bocchus wandte sich an Pilesar: »Du lange nicht hier. Was du brauchen?«

Pilesar nannte ihm die Wünsche seines Herrn: Er brauche den rechnenden Esel, den sprechenden Papagei und einen Affen, der die Trommel schlage.

»Oh, das nicht billig!« Bocchus kratzte sich am Kopf. »Viel teuer! Und dein Herr noch nicht bezahlt alles von letztes Mal!«

Daniel horchte auf. Neulich, noch auf dem Schiff, hatte sich Rutilius Varus doch als vermögender

Mann ausgegeben. War er etwa in finanziellen Schwierigkeiten? Seltsam. Wie passten dazu sein prächtiges Haus, die kostbare Einrichtung, die große Sklavenschar, die vielen Pferde und Wagen?

Doch schon sagte Pilesar: »Ich bin gekommen, um auch das andere zu bezahlen. Wie viel war es noch?«

Bocchus, genau orientiert über seine Außenstände, nannte die Zahl. Pilesar holte seinen Brustbeutel hervor, öffnete ihn, entnahm ihm einige Gold- und Silbermünzen und zählte sie Bocchus in die Hand.

»Danke!«, sagte Bocchus und ließ das Geld flink in seinem eigenen Brustbeutel verschwinden. »Wann du brauchst die Tiere?«

»Morgen Abend.«

»Gut. Askalis sie bringen. Er auch dabei, wenn Esel rechnet. Askalis ihm sagen, wie viel zwei plus zwei. Du versteh'n?«

»Sicher.«

»Und wann du zahlen?«

»Jetzt. Die Hälfte. Den Rest morgen Abend.«

»Oh, das viel gut.« Er hielt die Hand auf und Pilesar zählte ihm ein weiteres Mal die fälligen Gold- und Silberstücke in die Hand.

»Also dann, bis morgen! Vale!«

»Vale!« Bocchus hielt es nun doch für angebracht vor Pilesar eine tiefe Verbeugung zu machen. Dann wies er auf Daniel: »Wer das?«

»Das ist Daniel. Ein Neuer. Daniel kann lesen und schreiben!«

»Oh, viel gut das, viel gut! Er morgen kommen und Askalis helfen Tiere holen.«

»Das wird nicht gehen.«
»Warum nicht?«
»Daniel hat Dienst im Haus.«
»Oh, ich verstehen. Dann ich einen anderen mitschicken. Prudens viel klug, aber manchmal störrisch. Und störrisch, weil viel klug. Versteh'n?«
»Sicher.«
»Gut. Dann bis morgen.«
Als sie wieder draußen auf der Straße waren, fragte Daniel: »Was für einen Dienst habe ich denn morgen Abend?«
»Tischdienst!«
»Tischdienst?«
»Du wirst mit einigen ausgewählten Sklaven die Ehre haben die erlauchten Gäste vor, während und nach dem Essen zu bedienen. Deine Schwester übrigens auch. Es ist der ausdrückliche Wunsch des Herrn. Unter den Gästen befindet sich auch der Legat Titius Frugi.«
Daniel erschrak. Tischdienst! Und das auch noch bei diesem Titius Frugi! Die übrigen Gäste würden ihm kaum sympathischer sein, ging er doch davon aus, dass Rutilius nur seinesgleichen um sich versammelte.
»Weiß meine Schwester das schon?«, fragte er.
»Nein. Aber du kannst es ihr nachher sagen. So, und nun müssen wir noch zu Pollius Valerianus ... Bücher abholen.«
»Auch wegen morgen Abend?«
»Sicher. Der Herr will sie Titius Frugi schenken.«

XII

Am nächsten Morgen wurden Daniel und Esther neu eingekleidet. Dabei führte Frapia die Aufsicht. Sie war ganz bei der Sache und gesprächiger als sonst.

Beide mussten neue seidene Tuniken anprobieren, die sehr teuer gewesen sein mussten. Daniel bekam eine himmelblaue, Esther eine grüne in der Farbe des Smaragds. Dazu wunderbar weiche Sandalen aus gelbem Ziegenleder, die den Füßen schmeichelten. Dennoch – all die erlesenen Kleidungsstücke hellten ihre Stimmung nicht auf, im Gegenteil. Sie hätten sie auf der Stelle gegen zerrissene, übel riechende Lumpen eingetauscht, wenn sie damit in Jerusalem hätten betteln dürfen.

»Nehmt euch in Acht damit!«, mahnte Frapia. »Ihr werdet diese Kleidungsstücke noch oft brauchen. Passt besonders auf beim Einschenken! Rotweinflecken gehen nämlich nie mehr raus.«

Es folgten weitere Anweisungen: Sie sollten sich immer bereithalten, dürften sich aber nur unauffällig im Hintergrund bewegen; vor und nach dem Einschenken hätten sie sich vor dem Gast leicht zu verbeugen; bei allen Tätigkeiten sei ein freundliches Gesicht zu zeigen; reden dürften sie nur, wenn ein Gast etwas von ihnen wissen wolle, dann aber hätten sie ihm überaus freundlich zu antworten. Im Übrigen sei sie, Frapia, stets in der Nähe, da sie alles beaufsichtige, so dass sie sich im Zweifelsfall an sie wenden könnten.

»Und nun zieht die Tuniken wieder aus. Die

Gäste kommen erst bei Sonnenuntergang. Helft mir jetzt beim Schmücken der Räume.«

Es war das erste Mal, dass die Geschwister das Hauptgebäude betreten durften. Sie staunten über die weiträumige Anlage des Hauses und die Pracht seiner Einrichtung. Die Mitte bildete das Atrium, der Innenhof, gerahmt von makellos weißen, auf Hochglanz polierten Marmorsäulen. Sie trugen das umlaufende Dach, von dem bei Regen das Wasser ins Impluvium, das zentrale Wasserbecken, ablief. Vom Atrium aus erreichte man die angrenzenden Räume: das Tablinum, in dem der Hausherr wichtige Besucher empfing, zwei große und ein kleineres Speisezimmer. Über einen seitlichen Gang gelangte man in ein zweites Atrium, das von den Privaträumen des Hausherrn umgeben war, darunter auch die Bibliothek, die Daniel bisher nur über den Verbindungsgang vom Gesindehaus aus betreten hatte. Den zweiten Innenhof hatte er daher nicht gesehen. Auch hier waren Säulen und Türrahmen aus Marmor, die Türen aus dunklem, fast schwarzen Ebenholz, die Türgriffe aus purem Gold.

Daniel fiel Bocchus' Bemerkung über die unbezahlte Rechnung ein. Er konnte sich einfach nicht vorstellen, dass ein Mann, der eine solche Pracht sein Eigen nannte, Schwierigkeiten bei der Begleichung von Summen haben sollte, die, verglichen mit diesem Besitz, für ihn weniger als ein Almosen waren.

Gegen Ende der elften Stunde wurden sie fertig mit dem Anbringen der Girlanden. Frapia schien mit dem Ergebnis zufrieden zu sein. Zum ersten Mal sahen die Geschwister sie lächeln.

Daniel und Esther wuschen sich im Gesindebad und legten die neuen Gewänder an. Frapia schickte Martha zu Esther, sie sollte sie kämmen und ihr das Haar nach römischer Sitte in einem Knoten am Hinterkopf hochstecken.

»Du siehst wie eine römische Domina aus, Kind!«, stellte Martha fest und betrachtete entzückt das schöne Mädchen. Als sie auch Daniel darauf hinwies, wandte dieser sich wortlos ab und ging nach draußen.

Martha blickte ihm erstaunt nach und fragte: »Was hat er denn?«

»Das fragst du noch? Er ist vollkommen deprimiert, wegen heute Abend.«

»Ja, ja . . .« Sie seufzte, blickte gen Himmel. »Und du?«

»Ich versuche es irgendwie hinter mich zu bringen.« Sie wechselte das Thema und fragte: »Was hast *du* heute Abend zu tun?«

»Ich helfe in der Küche. Wie immer.«

Ihre Arbeit schien Martha Spaß zu machen. Sie fügte leise hinzu: »Ich werde sehen, dass ich von den Resten etwas für euch aufhebe . . . für morgen . . .« Sie zwinkerte.

Da erschien ein Sklave und teilte ihnen mit, sie sollten sich bereithalten, gleich würden die ersten Gäste eintreffen. Esther ging nach draußen. Martha – »Oh Gott, der Braten!« – eilte zurück in die Küche.

Esther fand Daniel im ersten Atrium. Er hockte bei einer Säule und band sich die Sandalen neu. Sie ging zu ihm und sagte leise, aber sehr bestimmt: »Ich bitte dich, mach kein so abweisendes Gesicht!

Das fällt nur auf dich zurück. Und genauso auf mich!«

»Schon gut.« Er nickte und versuchte ein Lächeln. Doch es wirkte starr.

Pilesar kam aus dem langen Gang, vom zweiten Atrium her. Auch er trug eine neue Tunika aus hellgelber Seide. Um seine Augen spielte ein feines, gewinnendes Lächeln, wie immer, wenn er guter Dinge war. Er eilte auf die Geschwister zu, beugte sich zu ihnen herunter und erklärte bedeutsam: »Gott sei Dank, da seid ihr! Ich suche euch schon die ganze Zeit! Also... Ihr geleitet die Gäste als Erstes zu ihren Liegen. Vor jedem Platz steht ein Namenskärtchen auf dem Tisch. Ich selbst habe die Schildchen geschrieben. Da ihr lesen könnt, werdet ihr nichts falsch machen. Und denkt daran: Immer lächeln! Immer... Ah, da ist ja schon der Legat nebst Gattin! Esther, komm mit!«

Daniel blickte den beiden nach und fragte sich, warum Pilesar *Gott sei Dank!* gesagt hatte. Er war doch kein Jude, sondern Syrer!

Pilesar verbeugte sich angemessen, doch nicht allzu tief, vor Titius Frugi und seiner Frau. Daniel registrierte, dass der Legat Esther kurz zulächelte. Aber er richtete nicht das Wort an sie. Wahrscheinlich hatte er seiner Frau verschwiegen, dass er selbst bis vor kurzem Besitzer dieses Mädchens gewesen war und dass er es erst beim Würfelspiel an Bord des Frachters an Rutilius Varus verloren hatte. Jetzt tat er so, als ob das Mädchen ihm gleichgültig sei.

Anders seine Frau. Mit hochgezogenen Augenbrauen wandte sie sich erstaunt an Pilesar und rief: »Pilesar! Wer ist das denn? Ich habe dieses Geschöpf noch nie hier gesehen! Eine Neuerwerbung deines Herrn?«

»So ist es, Herrin.«

»Entzückend! Wirklich, ganz entzückend! Wie alt bist du denn, mein Kind?«

»Dreizehn«, sagte Esther und senkte den Kopf.

»Sie ist dreizehn!«, wiederholte Antistia, zu ihrem Gatten gewandt. Titius Frugi nickte dazu geistesabwesend. »Wie heißt du denn?«

Esther nannte ihren Namen. Darauf Antistia, neugierig: »Esther? Dann kommst du wohl aus Iudaea?«

»So ist es, Herrin.«

»Ach! Aus Jerusalem?«

»Ja.«

»Oh, ich kenne Jerusalem gut, sogar sehr gut. Mein Gemahl hatte dort lange zu tun.«

Nun wollte die Herrin wissen, wie lange Esther schon hier im Hause sei und gab ihrer Verwunderung über Esthers gute Kenntnisse der lateinischen Sprache Ausdruck.

»Sie stammt aus adligem Hause«, ergänzte Pilesar steif, »und sie wurde schon seit Jahren in Griechisch und Latein unterrichtet.«

»Ist das wahr?!«, staunte Antistia und wiederholte auch diese Information, zu ihrem Gatten gewandt. Wieder nickte dieser nur gelangweilt.

Esther verbeugte sich und machte eine einladende Handbewegung. Dann ging sie voraus und führte das Paar zu seinen Plätzen im großen Triclinium, auf der rechten Seite des Atriums. Als sie an ihrem Bruder vorbeikam, warf dieser einen kurzen Blick zum Himmel, was hieß: Wär doch alles schon vorbei!

Daniel hatte sich bereits ein Bild von Antistia gemacht. Frauen wie sie kannte er auch aus Jerusalem. Aus wohlhabenden Familien stammend, waren sie von ihren Vätern an ehrgeizige junge Männer verheiratet worden, denen man eine große Zukunft voraussagte. Antistia war zwar erheblich jünger als ihr Mann – Daniel schätzte sie auf Anfang dreißig –, aber sie ging bereits »auseinander«, wie Daniels Mutter es nannte, wenn junge Frauen unvermittelt zur Matrone wurden. Antistias Freundlichkeit Esther gegenüber entbehrte der Herzlichkeit; Esther war für sie mehr ein interessantes exotisches Wesen als ein Mensch. Genauso hätte sie sich für ein rassiges Pferd interessieren können. Kein Wort hatte sie darüber verloren, wie das Mädchen den Krieg erlebt und die Belagerung, Eroberung und Zerstörung Jerusalems überstanden hatte.

»Walte deines Amtes!«

Erschrocken fuhr Daniel aus seinen Gedanken hoch. Pilesar stand neben ihm und machte ihn auf Rutilius Varus aufmerksam, der mit sieben, acht Gästen im Atrium erschienen war. Leise nannte er ihm die Namen der Ankömmlinge. Daniel ging hinüber, verbeugte sich und geleitete sie zu ihren Plätzen. Er war froh, dass keiner von ihnen das Wort an ihn richtete.

Er erledigte seine Aufgabe, so gut es ging, servierte, schenkte ein, holte neue Servietten, entfernte beschmutzte. Es hätte nicht der ausdrücklichen Ermahnung bedurft nur zu reden, wenn er gefragt würde – er hatte nicht die geringste Lust dazu. Auch die Tiefe seiner Verbeugungen hielt sich in Grenzen, meist machte er nur eine Andeutung davon.

Einmal schüttete er beim Einschenken etwas Wein neben die Schale. Der Gast, ein Mann in Rutilius' Alter, fuhr ihn scharf an: »Idiot! Kannst du nicht aufpassen?!«

Das hatte ihm noch nie jemand zu sagen gewagt. Vor Zorn und Scham schoss ihm das Blut in den Kopf und er musste sich gewaltig zusammenreißen, darauf nicht eine scharfe Entgegnung loszulassen. Wortlos beseitigte er das Nass und holte eine frische Tischdecke. Er hatte sich nicht entschuldigt.

Als er an Pilesar vorbeikam, flüsterte dieser: »Hoffentlich hat das, nicht wahr, der Herr nicht gesehen. Sei vorsichtiger!«

Daniel war nicht der Einzige, der sich um die etwa zwanzig Gäste zu kümmern hatte. Außer ihm und Esther waren sechs weitere Sklaven damit beschäftigt, ihnen jeden Wunsch zu erfüllen.

Der Ablauf des Festes war bis ins Kleinste festgelegt und den Gästen mitgeteilt worden. So wusste jeder, was als Nächstes bevorstand. Das war besonders wichtig für das Personal der Küche, wo die Reihenfolge der verschiedenen Gänge geradezu generalstabsmäßig geplant waren. Dort hatte Frapia das Sagen. Pilesar machte vorne den Haus- und Hofmeister. Er hielt alles im Blick und duldete keinen Leerlauf. Es entging Daniel nicht, wie er einen Sklaven hinter einer Säule scharf zurechtwies, weil dieser ebenfalls Rotwein beim Einschenken verschüttet hatte.

Wo blieb Askalis?

Endlich, nach dem zweiten Gang, erschien er mit seinen Tieren im Atrium. Auch er hatte sich auf seine Weise fein gemacht. Allerdings glich seine

Kleidung der eines Komödianten und Possenreißers. Alles, was er trug, war übertrieben: seine Schuhe viel zu groß, das mit bunten Flecken versehene Gewand zu weit, er trug eine Perücke mit langen, strähnigen, feuerroten Haaren und eine drollige Maske mit dicker Nase. Zwei Sklaven, ähnlich gemustert, assistierten ihm. Sie bauten die »Rechenmaschine« auf, stellten den Ständer mit dem Papagei daneben und banden den Affen an einer Säule fest.

Nun trat Pilesar vor, machte auf die bevorstehende Attraktion aufmerksam und bat die Gäste ins Atrium. Er spielte so perfekt den wortgewandten Ansager, dass man meinen konnte, er gehöre zum Ensemble einer Schauspielertruppe. Fast alle Gäste unterbrachen daraufhin das Mahl und verteilten sich am Rande des Atriums.

Titius Frugi war neugierig auf den Papagei, er näherte sich ihm und wurde prompt laut kreischend mit dem Standardspruch begrüßt: »Komm her, du Lump!« Alle lachten, so dass Titius nichts übrig blieb, als gute Miene zu dem derben Spaß zu machen.

Wie Daniel es erwartet hatte, machten die Rechenkünste des Esels gewaltigen Eindruck. Sogar das Publikum durfte ihm Aufgaben stellen. Prudens löste sie alle fehlerfrei. Daniel war klar, dass Askalis dabei irgendeinen Trick benutzte, doch so genau er ihn beobachtete, er kam ihm nicht auf die Schliche.

Der Papagei gab noch weitere Sprüche von sich, worunter besonders »Was für Zeiten! Was für Sitten!« beim Publikum großes Hallo hervorrief. Der Affe machte einige Kunststücke, zog sich eine Tunika über, ritt auf dem Rücken des Esels, schrieb mit Kreide etwas auf eine Tafel und streckte diesem und jenem frech die Zunge heraus. Die Zuschauer waren begeistert.

Während der ganzen Zeit behielt Daniel Askalis im Auge und staunte, mit welcher Disziplin, Ruhe und Routine er seine Geschöpfe dirigierte. Nach der Vorstellung warfen ihm einige Gäste Münzen zu, die der Affe flink aufhob und sie seinem Herrn mit einem Diener überreichte. Askalis verbeugte sich. Dann baute er sofort alle Utensilien ab, zog sich mit seinen Begleitern zurück und verließ mit den Tieren das Haus. Nur zu gern wäre Daniel mit ihm gegangen. Aber er musste bleiben.

XIII

Gegen Ende des Essens – es hatte sich schon über drei Stunden hingezogen – zeitigte der reichlich konsumierte Wein bei einigen Gästen seine enthemmende Wirkung. Die Gespräche wurden lauter, die Witze derber und anzüglicher, das Gelächter ausgelassener. Bei einigen Herren ließ das Stehvermögen nach, sie begannen zu lallen und mussten immer öfter die Toilette aufsuchen, um sich zu erleichtern. Daniel musste sie begleiten, um ihnen den Weg zu weisen, den gleichen Dienst hatte Esther bei den Damen zu versehen, die dem ausgelassenen Treiben eher verschämt folgten.

Als Daniel von einem dieser Gänge zurück in den Speiseraum kam, sah er, dass Rutilius Varus sich auf einem freien Platz neben Titius Frugi niedergelassen hatte. Wegen des mittlerweile erheblichen Geräuschpegels mussten die beiden lauter reden, um sich gegenseitig verständlich zu machen. Beide hatten vom Wein gerötete Wangen. Rutilius gab Daniel mit herrischem Wink zu verstehen, den Tisch abzuräumen, und Daniel machte sich an die Arbeit. Aus einigen Bruchstücken des Gesprächs entnahm er, dass sie über Ereignisse des vergangenen Krieges sprachen.

Antistia, die daneben lag, langweilte sich, machte einen Schmollmund, spielte mit den Perlen ihrer Halskette und ließ den Blick in die Runde schweifen. Durch die großen offen stehenden Schiebetüren hatte sie auch das Atrium im Blick. Eben ging dort Esther mit einem Tablett vorbei und warf dem Bruder einen Blick zu, der deutlich aussprach, wie sehr sie das Ende der Veranstaltung herbeisehnte.

Obwohl Antistia dem Mädchen mit den Augen folgte, schien sie dessen viel sagenden Blick nicht bemerkt zu haben. Sie riss vielmehr unvermittelt ihre Augen auf, wandte sich an Rutilius Varus und rief spontan: »Was hast du da einmal für ein reizendes Kind, Rutilius!«

»Wie?« Rutilius stutzte und schaute in die Richtung, in die sie zeigte. »Ach ja. Das ist Esther... ein... ein jüdisches Mädchen.«

»Ja, Pilesar erzählte mir davon. Reizend, einfach reizend! Wo hast du sie her?«

»Wie? Woher ich sie...?« Rutilius warf Titius Frugi einen fragenden Blick zu. Frugi reagierte erschrocken. Seine Augen sagten: Kein Wort von dem Würfelspiel! Bei den Göttern!

Rutilius spielte mit: »Nun, es ergab sich so ... in Alexandria ... bevor ...«

»Ja?«, fragte Antistia.

»Bevor wir an Bord gingen.«

»Ach!« Sie zwinkerte. »Dann war sie bestimmt nicht billig!«

»*Ita'st* – so ist es.« Rutilius konnte ein Schmunzeln kaum unterdrücken.

»Und sie ist so wohlerzogen!«, fuhr Antistia fort.

»Sicher. Sie stammt ja auch aus feinem Hause.«

»Oh! Wie interessant! Ich konnte eben feststellen, dass sie sogar etwas Latein spricht!«

»Sie wird es in Kürze fließend beherrschen.«

»Ah ja ...« Antistia hielt den Zeigefinger an die Lippen und dachte nach, wobei sie lebhaft zwinkerte. »Weißt du«, fuhr sie fort, »solch ein Mädchen habe ich mir immer schon gewünscht: hübsch, wohlerzogen, begabt, vornehm. Ich ... ich würde dir Esther gerne abkaufen – falls du sie entbehren könntest.«

Daniel stand vorne am Tisch und hätte beinahe den nächsten Teller fallen gelassen.

Antistia schaute Rutilius mit einem Lächeln an, das sie wohl für unwiderstehlich hielt, während Titius Frugi erschrocken zur Decke blickte. Rutilius aber reagierte anders, als Daniel es erwartete hatte. Er lehnte die Bitte keineswegs mit einer freundlich verbindlichen Bemerkung ab, sondern machte plötzlich ein Gesicht, als ob er den Wert seiner neuen Sklavin überschlug. Leise fragte er: »Nun ja ... Was wäre sie dir denn wert, liebe Freundin?«

Daniel zog das Abräumen in die Länge, stapelte die Teller anders, prüfte die Schalen, füllte nach: Er musste das Ergebnis dieses Handels mitbekommen!

»Das kann ich nicht so einfach sagen«, entgegnete Antistia und lachte kurz auf. »Ich weiß ja nicht einmal, was du für sie bezahlt hast.«

»Hm . . .«, machte Rutilius, und nach einem Blick zu Titius Frugi: »Weißt du, das ist nicht so einfach zu beziffern.«

»Ach! Und warum nicht?«

Wieder wechselte Rutilius mit Titius Frugi einen Blick. Der Legat nickte ihm aufmunternd zu. Rutilius begann erneut zu rechnen. Schließlich fragte er: »Was würdest du denn für sie bieten?«

Da wandte sich Antistia an den Gatten: »Marcus! Bitte! Nun sag du doch auch mal was!«

»Wie? Ich? – Ja, also . . .« Er schien einen Kloß in der Kehle zu haben. »Ich meine schon, dass sie zehntausend wert ist.«

»Sesterzen?«, fragte Antistia.

»Denare natürlich«, präzisierte Titius. »Zehntausend Denare.«

So viel wusste Daniel: Zehntausend Denare waren viermal zehntausend Sesterzen. Ein ungeheurer Preis.

Die Antwort seines Herrn kam auf der Stelle: »Einverstanden.«

»Wirklich?«, fragte Antistia ungläubig. »Sie ist doch sicherlich mehr wert!«

Rutilius lächelte. »Nicht unter Freunden!« Er wandte sich an Antistia: »Möchtest du das Mädchen sprechen?«

»Nein, nicht nötig, Titus. Ich habe bereits mit ihr gesprochen. Du kannst sie mir morgen schicken – wenn es dir recht ist.«

»Kein Problem, Antistia. Gleich morgen früh.«

»Oh, ist das schön!« Sie klatschte begeistert in die Hände. »Ich danke euch beiden.«

»Keine Ursache«, meinte Rutilius.

Titius Frugi beugte sich zu seiner Frau und sagte: »Dann wäre das ja wohl ein angemessenes Geschenk. Du hast doch in drei Tagen Geburtstag!«

Und Antistia, gerührt: »Ach, Marcus, du bist immer so gut zu mir.« Sie gab ihm einen Kuss auf die Wange.

Ihre Unterhaltung wurde unterbrochen, denn ein anderer Gast näherte sich der Gruppe und ließ sich neben Rutilius nieder. »Schönes Fest!«, rief er. »Wirklich! Toll, dieser Esel! Wo hast du den denn aufgetrieben?«

»Bei Bocchus.«

»Bocchus? Wer ist das?«

Rutilius erklärte ihm ausführlich die Zusammenhänge.

Daniel, der während dieses Gesprächs am Nebentisch einen Gast bediente, hatte Mühe, seine Hände ruhig zu halten und keinen Wein zu verschütten. Esther! Es war nur von Esther, nicht von ihm die Rede gewesen. Ihn hatte diese blasierte Antistia überhaupt nicht zur Kenntnis genommen. Das bedeutete ... man würde sie voneinander trennen! Schon morgen! In der Frühe! Und ausgerechnet dieser Titius Frugi, dem ein Mensch nichts bedeutete, würde Esther erwerben. Der Legat wechselte einen Sklaven wie ein Kleidungsstück, kaufte oder verkaufte ihn ohne viel Federlesens, wenn er davon Vorteile hatte. Keine Frage, er verpflichtete sich damit Rutilius Varus. Und Rutilius machte ein blendendes Geschäft. Zehntausend Denare! Wahrscheinlich ging's damals beim Würfelspiel nur um dreitausend Sesterzen.

Seine Gedanken umkreisten ununterbrochen die neue Situation, die sich jäh ergeben hatte. Es war ihm unvorstellbar, von der Schwester getrennt zu werden. Sie war sein zweites Ich. Nichts auf der Welt bedeutete ihm mehr. Sie waren zur gleichen Stunde auf die Welt gekommen, waren zusammen aufgewachsen, hatten keine Geheimnisse voreinander. Sie verstanden sich ohne Worte, spürten, wenn der andere Kummer hatte. Esther war der einzige Mensch, dessen Kritik er ohne weiteres hinnahm, denn Esther war nicht nur schön – sie hatte die strahlendsten blauen Augen, die er kannte –, sie war klug. Und nun waren sie allein in Rom!

Der Verkauf außer Hauses musste verhindert werden. Wie, das wusste er noch nicht, aber es musste etwas geschehen. Er – wer sonst – hatte jetzt zu handeln.

Schon vor dem Ende des Festes stand sein Entschluss fest: Flucht! Sie mussten fliehen!

XIV

Die dritte Nachtwache hatte gerade begonnen, als im Gesindetrakt der Villa ein Fenster, das zum Garten ging, geöffnet wurde.

Schon wenige Augenblicke später kletterten zwei vermummte Gestalten über die Brüstung und ließen sich geräuschlos an der Außenmauer hinabgleiten. Lautlos huschten sie zu dem blühenden Rosenbusch, hockten sich in seinen Schatten und lauschten. Alles war jetzt still. Menschen und Tiere schliefen.

»Zieh dir die Kapuze über den Kopf!«, flüsterte Daniel.

Esther leistete der Aufforderung Folge, dann fragte sie leise: »Aber Daniel! Wie wollen wir denn durch das Tor kommen? Es wird bewacht! Und die Hunde!«

»Sie kennen uns. Außerdem gehen wir nicht zum Tor. Am hinteren Ende des Gartens steht ein alter Ölbaum. Du kennst ihn, du hast in der Nähe auf dem Rasen schon Tücher zum Bleichen ausgebreitet.«

»Ja, ich kenne ihn.«

»Ein Ast ragt über die Mauer. Den benutzen wir.«

Esther nickte. Sie wusste zwar nicht, woher plötzlich Daniels Entschluss kam, wollte ihn danach fragen, doch Daniel erhob sich bereits und trat aus dem Schatten des Busches. Er schaute zum Himmel. Eine Wolke schob sich vor den Mond. Es wurde dunkel.

»Los!«, rief er leise. »Über das Gras – nicht über den Kiesweg! Das macht Lärm!«

Er rannte in gebückter Haltung davon, Esther folgte ihm.

Im hinteren Teil des Gartens lagen keine Gebäude. Größere Rasenflächen, von uralten Ölbäumen gerahmt, dienten zum Bleichen der weißen Wäschestücke. Selbst am Tage hielt sich hier außer den Sklaven niemand auf. Daniel war sich absolut sicher, dass um diese Zeit kein Mensch hier war. Aber die Hunde! Sie liefen in der Nacht frei auf dem Gelände herum, um das Anwesen gegen Einbrecher zu sichern. Daniel hoffte, dass sie ihn am Geruch erkennen und nicht wild zu bellen beginnen würden. Für alle Fälle hatte er einige Knochen von den Resten der Mahlzeiten mitgenommen.

Sie hatten gerade die Mauer erreicht, als sie heranstürmten. Offenbar hatten sie bereits die Witterung von Daniel und Esther aufgenommen, denn sie näherten sich zielsicher.

»O Gott, Daniel! Die Hunde!«

»Ganz ruhig, Esther! Ich habe vorgesorgt.«

Daniel ging in die Knie, so dass er mit den Doggen auf gleicher Höhe war. Leise begann er auf sie einzureden: »Brav, Hector! Brav, Aiax! Kommt her, kommt! ... Ich hab was Feines für euch ...«

Er entnahm seiner leinenen Umhängetasche ein mit Stoff umwickeltes Päckchen, öffnete es und holte eine Schweinshaxe heraus. Die hielt er Hector hin. »Brav, Hector, brav ... Hier ... Friss!«

Der riesige Hund näherte sich, schnupperte nach Daniels Hand und packte vorsichtig den Knochen. Die Wolke hatte den Mond wieder freigegeben und

Daniel sah, dass der Hund lebhaft mit dem Schwanz wedelte. Dann begann es zu krachen, als er den Knochen mit seinen gewaltigen Zähnen zermalmte. Den zweiten bekam Aiax. Die Tiere ließen sich nieder und waren beschäftigt. Sie ließen auch nicht von ihrem Mahl ab, als Daniel der Schwester half auf den Baum zu klettern. Er folgte ihr unmittelbar nach.

»Gott sei Dank!«, flüsterte Esther, schaute aber besorgt nach unten. »Wenn sie jetzt nur nicht anfangen zu kläffen.«

»Keine Sorge«, sagte Daniel. »Ich hab noch mehr.«

Er warf zwei weitere Knochen hinunter, einen neben Aiax, den andern neben Hector. Die Hunde waren bis auf weiteres abgelenkt.

»Lass mich vorgehen...« Daniel balancierte auf dem starken Ast, der waagerecht über die Mauer reichte, bis er deren Rand erreicht hatte, drehte sich um und reichte der Schwester die Hand. Im Nu war sie bei ihm. Zum Glück war die Mauer nicht mit Glassplittern oder eisernen Haken gespickt. So konnten sie sich oben mit den Händen festhalten und vorsichtig hinunterlassen. Dann ließen sie sich fallen und federten den Sprung ab. Sie landeten auf Gras. Es war der bewachsene Randstreifen eines Weges, der hinter dem Anwesen entlangführte.

Sie lehnten sich gegen die Mauer und Esther bat mit bebender Stimme: »Daniel, nun sag doch endlich, was los ist! Warum müssen wir fliehen?!«

»Später. Wir müssen erst weg von hier.«

»Wohin denn?«

»Nach Ostia!«

»Nach Ostia?«
»Ja, nach Ostia!«
Esther sah ihn mit offenem Mund an. »Bist du verrückt geworden?«
»Keineswegs. Komm jetzt! Wir müssen weg!«
Ohne darauf zu achten, ob sie ihm folgte, betrat er den Weg und marschierte los. Er hatte einen ungefähren Plan der Straßen und Wege im Kopf, wie er die Via Appia erreichen konnte. Dabei war günstig, dass des Rutilius Haus außerhalb der alten Servianischen Mauer auf dem Campus Esquilinus lag. So waren sie nicht gezwungen, die Porta Esquilina zu passieren. Um diese Zeit war das Tor geschlossen.
Daniel wandte sich nach Süden. Sie überquerten mehrere Ausfallstraßen. Gleich mussten sie die große Straßenkreuzung erreichen. Er hatte die Gegend vor Tagen kennen gelernt, als er zusammen mit Pilesar zerbrochene Amphoren und schadhaftes Geschirr auf einem Karren zum Mons Testacaeus am Tiber gebracht hatte. Dort wurde schon seit Jahrhunderten der Schutt aus den Haushalten und Manufakturen der Stadt entsorgt. Im Laufe der Zeiten war ein stattlicher Hügel entstanden, den die Römer Mons Testacaeus, »Ziegelberg«, nannten. Beiläufig hatte Pilesar ihm erklärt, dass sich an der großen Kreuzung die Via Latina links von der Via Appia trennte. Daniel meinte sich zu erinnern, dass ein paar Meilen weiter von dieser Straße eine Verbindung zur Via Ostiensis abzweigte. Aber vielleicht war das hier schon die Straße nach Ostia. Wie auch immer, es war im Augenblick ohne Bedeutung. Sobald es hell wurde, konnten sie sich orientieren und Reisende nach dem richtigen Weg fragen.

Die Straße wurde nun von aufwändig gestalteten Grabanlagen gesäumt. Die reichsten, ältesten und mächtigsten Familien Roms bestatteten hier ihre Toten. An der Größe und Ausstattung der Anlagen konnte man den Rang der Familie erkennen.

Unvermittelt blieb Esther stehen und erklärte: »Ich gehe keinen Schritt weiter, wenn du mir nicht auf der Stelle erklärst, warum wir fliehen!«

»Weil...« Daniel seufzte, stockte, blickte Esther an und sagte schließlich zögernd: »Er... will dich verkaufen!«

»Wer? Rutilius?«

»Ja.«

Esther erbleichte. »Warum das? Was habe ich falsch gemacht?«

»Nichts.« Er nahm sie in den Arm, berichtete so kurz wie möglich, was er während des Gesprächs zwischen Rutilius, Titius Frugi und Antistia mitbekommen hatte, und schloss: »Morgen ist es bereits zu spät. Darum müssen wir uns noch heute Nacht in Sicherheit bringen! Und nun komm!«

»Du willst im Ernst nach Ostia?«

»Ja. Dort schleichen wir uns an Bord eines Schiffes, das Richtung Osten segelt... oder nur bis Süditalien... egal wohin, nur weg von hier und diesem Land! Und nun komm! Wir müssen weiter.«

Sie waren nicht die Einzigen, die zu der nächtlichen Stunde noch unterwegs waren.

Erstaunt bemerkte Daniel, dass sich mit ihnen viele vermummte Leute stadtauswärts begaben. Allerdings bewegten sie sich durchaus normal, nicht so hastig wie er und die Schwester. Aber warum hatten auch sie ihre Gesichter unter großen Kapuzen versteckt? Er schätzte ihre Zahl auf vierzig, fünfzig Menschen. Als er sich umdrehte, sah er, dass hinter ihnen weitere folgten. Auch sie hatten die Kapuzen ihrer Mäntel tief über die Stirn gezogen. Es waren sogar Kinder dabei. Ihre Gesichter waren nicht zu erkennen. Niemand sprach. Sie machten den Eindruck, als ob sie einem bestimmten Ziel zustrebten. Plötzlich verließen sie die Via Appia und verschwanden links im nächtlichen Dunkel eines Hains.

Daniel und Esther hatten gerade diese Stelle erreicht, als hinter ihnen jemand mit gedämpfter Stimme, doch deutlich hörbar ihre Namen rief: »Daniel! Esther! So wartet doch!«

Sie zuckten zusammen. Das war Pilesar! Sie kannten seine Stimme zu gut.

»Dann war alles umsonst!«, stieß Daniel hervor und sah schon vor sich, wie man ihn und Esther gefesselt vor den Herrn schleppte. Aber noch waren sie frei! Und er war nicht gewillt kampflos aufzugeben.

Doch bevor er einen Entschluss fassen konnte, was nun zu tun sei, kam ihm Esther zuvor. Entschlossen rief sie: »Schnell! Zu diesen Menschen! Mitten unter sie! Da sind wir am sichersten!«

Resolut packte sie den Bruder bei der Hand und riss ihn von der Straße, nach links, dorthin, wo die vermummten Gestalten verschwunden waren.

Als sie näher herankamen, sahen sie, dass die Vermummten sich im nächtlichen Schatten der uralten Bäume um einen Altar versammelt hatten. Der Stein war primitiv behauen. Einzige Zierde war ein weißes Leinentuch. Darauf standen mehrere brennende

Kerzen. In ihrem gespenstisch flackernden Licht konnte man jetzt deutlich die ernsten Gesichter erkennen. Hell hoben sie sich von den fast schwarzen Kapuzen ab.

Daniel und Esther taten, als ob sie dazugehörten, sie drängten sich zwischen die Menschen, spähten aber immer wieder zur Via Appia. Doch in der Dunkelheit war aus dieser Entfernung nicht zu erkennen, ob sich Pilesar unter den Nachzüglern befand oder weiter der Straße gefolgt war. Was tat der Bibliothekar hier? War er ihnen gefolgt? Warum hatte er dann nicht direkt die Wachen verständigt?

Sie wurden abgelenkt. Ein alter, bärtiger Mann trat vor. Er zog seinen grauen Mantel aus. Darunter kam ein einfaches weißes Gewand zum Vorschein. Es sah aus wie eine Tunika, die bis zu den Knöcheln reichte. Der Alte reichte den Mantel einem jungen Mann, der ihm offenbar assistierte. Nun bückte er sich und entnahm einem großen Leinenbeutel einen metallenen Gegenstand, dessen Kanten im flackernden Schein der Kerzen silbern glänzten und das Licht reflektierten. Er küsste das seltsame Objekt und stellte es behutsam auf den Altar. Es hatte die Form eines Kreuzes. Unvermittelt ging der alte Mann in die Knie. Alle andern, auch der junge Mann, wiederholten diese Demutsgeste.

Esther hatte immer wieder nach Pilesar Ausschau gehalten, ihn jedoch nicht unter den Anwesenden entdeckt. Hatte er sie aus den Augen verloren? War er umgekehrt? Sie stieß den Bruder an. Er verstand sofort. Sie durften jetzt nicht auffallen. Also verneigten sie sich ebenfalls tief. Aber wieso vor einem Kreuz?

Da fiel ihnen ein: Auch in Jerusalem gab es diese seltsamen Sektierer, deren wichtigstes religiöses Symbol ein Kreuz war. Diese Leute behaupteten, dass vor gar nicht langer Zeit der Sohn Gottes an einem solchen Kreuz zu Tode gekommen und anschließend in einem Felsengrab vor der Stadt bestattet worden sei. Obwohl das Grab wie üblich mit einem gewaltigen Rollstein gesichert worden sei, habe man es nach drei Tagen offen und leer vorgefunden. Auf der Stelle behaupteten die Anhänger des Gekreuzigten, seine eigene Prophezeiung sei in Erfüllung gegangen: Er habe den Tod überwunden und sei von den Toten auferstanden. Dieser aberwitzige Glaube fand immer mehr Anhänger.

Sie erinnerten sich auch daran, wie ihr Vater mehrmals abfällige Bemerkungen über diesen abstrusen Aberglauben gemacht hatte, zu dessen Anhängern in Jerusalem Tausende zählten. Sie behaupteten allen Ernstes, der Gekreuzigte sei der lang erwartete Messias gewesen, gekommen, um die Juden, ja die ganze Menschheit zu erlösen. Er hieß Jesus und sollte aus Nazareth stammen. Von Beruf sei er Zimmermann gewesen. Warum er von Pontius Pilatus, dem damaligen Statthalter des Kaisers, zum Tode verurteilt wurde, war nie ganz klar geworden. Aber wieso gab es diese verrückten Leute nun auch in Rom?

Sie wurden in ihren Überlegungen gestört, denn plötzlich stand Pilesar wie aus dem Boden gewachsen neben ihnen. Wie alle andern trug er einen dunklen Mantel mit Kapuze, die er jetzt in den Nacken geschoben hatte. Er sagte nichts, sondern sah sie ernst und prüfend an.

Die Geschwister zuckten zusammen, beide befürchteten das Gleiche: ›Er kann Gewalt anwenden, uns fesseln und dann zurückbringen.‹ Falls sie versuchten zu entkommen, brauchte er nur zu rufen: ›Haltet sie! Das sind entlaufene Sklaven! Eine hohe Belohnung für den, der sie festhält!‹ Viele würden sich auf sie stürzen, selbst in der Dunkelheit wäre es unmöglich, weiter als zwanzig Schritt zu laufen – dann würde man sie überwältigen.

Doch es war weniger ein strafender Vorwurf als Staunen und Neugier in Pilesars Blick, während er von einem zum andern schaute. Er nickte nur, wohl erleichtert, dass er sie gefunden hatte. Aber dann musste er doch von ihrer Flucht wissen. Wie sonst tauchte er hier mitten in der Nacht auf? Hatte er etwa beobachtet, wie sie über die Mauer gestiegen waren?

Pilesar neigte sich zu ihnen herunter und sagte leise: »Wir ... wir reden später ... nicht jetzt.«

Die Geschwister nickten. Pilesar musste im Augenblick auf die Mitglieder des Gottesdienstes Rücksicht nehmen. Gehörte er etwa dazu?

Der Gottesdienst begann. Die Gemeinde betete und sang im Wechsel mit dem Priester eintönige, sehr getragene Weisen, die sich stetig wiederholten. Den Text verstanden sie nur in Bruchstücken, da es sich um Latein handelte. Immer wieder wurde »der Herr« angerufen, seine Größe und Allmacht gerühmt, seine unendliche Güte gepriesen und für die Menschen um Vergebung ihrer Sünden gebetet.

Hauptteil des Gottesdienstes war die Predigt. Der Priester erinnerte die Zuhörer daran, dass genau an dieser Stelle, wo nun der einfache Altarstein stand, »der Herr« – womit er offensichtlich den auferstandenen Christus meinte – einem gewissen Petrus erschienen sei, als dieser nach dem großen Brand Roms vor sieben Jahren fluchtartig die Stadt verlassen wollte. Wer dieser Petrus war und was er mit der Sache zu tun hatte, wussten Daniel und Esther nicht.

Die Gläubigen hingen geradezu an den Lippen des alten Mannes, der von Ereignissen aus dem Leben dieses Jesus so lebhaft und anschaulich berichtete, als sei er selbst dabei gewesen, während sie selbst nur mit halbem Ohr zuhörten, denn nur ein Gedanke beherrschte sie: Wie kamen sie hier wieder heraus?

Der Gottesdienst zog sich hin. Sie musterten die Gesichter derer, die sie seitlich und gegenüber erkennen konnten. Bis auf einige wenige handelte es sich durchweg um einfache Leute oder gar um Sklaven. Sie erkannten dies an der einfachen Kleidung, an den zum Teil stumpfen, müden, von harter Arbeit, Kummer, Alter oder Krankheit gezeichneten Gesichtern, an den derben, von harter körperlicher Arbeit sprechenden Händen und den kurz geschorenen Haaren. Einmal ging ein großes Leuchten über ihre Augen, als der Priester mit großer Überzeugungskraft behauptete, vor Gott seien alle Menschen gleich, egal, ob es sich um den Kaiser, einen Feldherrn oder den Ruderknecht auf der Bank eines Kriegsschiffes handle. Zum Schluss erteilte der Priester allen mit einer großen, pathetischen Geste den göttlichen Segen. Dabei gingen die Gläubigen in die Knie und dankten Gott für seine unendliche Güte. Der Priester entließ sie mit den Worten: »Gehet hin in Frieden!«

Nach dem Gottesdienst gingen die Menschen nicht gleich auseinander, sondern standen in Gruppen zusammen, redeten miteinander, fragten nach diesem und jenem Familienangehörigen, der heute nicht anwesend war und erkundigten sich nach seinem Befinden.

Als Daniel und Esther noch überlegten, was sie jetzt unternehmen sollten, hörten sie Pilesars strenge Stimme: »Kommt mit!«

»Wohin?«, fragte Esther und sah ihn mit einem Blick an, der klarmachte, dass sie sich weigern würde in des Rutilius Haus zurückzukehren.

Doch Pilesar blickte sie ruhig an: »Nach... nach da drüben!« Er zeigte in die Richtung. »In den Schatten der Zypresse. Dort können wir ungestört reden.«

Er ging voraus und sie folgten ihm nach kurzem Zögern. Was blieb ihnen anderes übrig?

Pilesar schaute mit kritischem Blick von einem zum andern. Schließlich schüttelte er den Kopf und murmelte mit belegter Stimme: »Könnt ihr mir vielleicht erklären, was... was da in euch gefahren ist? Mitten in der Nacht verlasst ihr das Haus und... und...«

Er schüttelte erneut den Kopf und fuhr sich mit der Hand über die Stirn, obwohl er nicht schwitzte. Er hatte Hebräisch gesprochen, um zu verhindern, dass unerwünschte Lauscher ihn verstehen konnten. Dennoch schauten einige Teilnehmer neugierig herüber.

Die Geschwister schwiegen, denn sie schwankten hin und her, ob sie Pilesar in die Geschichte einweihen sollten.

»Hör zu, Daniel!«, fuhr Pilesar streng fort. »Ich bin allerdings der Meinung, dass gerade du mir eine Erklärung schuldig bist! So rede denn!«

Daniel atmete tief ein, um seiner Erregung Herr zu werden. Dann stieß er hervor: »Er... er hat meine Schwester verkauft!«

»Wer? Rutilius?«

Daniel nickte.

»Ja, aber...?« Pilesar schaute ihn überrascht an. »Sagtest du... verkauft?«

»Ja, verkauft. Aber was heißt da schon verkauft?«, rief Daniel, und seine Stimme klang immer zorniger. »Verschachert hat er sie, wie ein Pferd!«

»Um Gottes willen! Leise, Daniel! Sprich leiser! Das alles geht hier niemanden etwas an!« Offenbar verstand hier doch jemand Hebräisch.

Pilesar zwinkerte erregt. Er war völlig verwirrt. Daraus schloss Daniel, dass Rutilius seinen Bibliothekar längst nicht in all seine Unternehmungen einzuweihen pflegte.

»Das musst du mir... ja... Das ist in der Tat... Was ist denn in euch...?« Pilesar war ganz außer sich und konnte keinen Satz sinnvoll zu Ende bringen. »Was ist denn überhaupt... ich meine, was ist im Einzelnen geschehen?«

Da berichtete Daniel ihm, wie er Zeuge des Gesprächs zwischen Rutilius Varus, Antistia und ihrem Mann Titius Frugi geworden sei und dabei mitbekommen habe, wie Antistia von Esther schwärmte und dass Titius Frugi schließlich Esther dem Rutilius für eine sehr hohe Summe abgekauft habe. »Als Geburtstagsgeschenk!«, rief er. »Meine Schwester Esther! Wohl noch hübsch eingepackt!«

Pilesar legte Daniel die Hand auf den Arm und sagte leise: »Ich verstehe, mein Junge. Trotzdem... Flucht ist keine Lösung.«

Während Esther aus diesem Satz ableitete, dass Pilesar keine Gewalt anwenden würde, ereiferte Daniel sich weiter und rief: »Das ist nun schon das zweite Mal, dass sie verschachert wird wie ein Stück Vieh!«

»Das zweite Mal?«

Daniel berichtete von dem Würfelspiel an Bord des Schiffes, das sie nach Ostia gebracht hatte.

Pilesar schüttelte wieder den Kopf. »Eine höchst unschöne... was sage ich: eine hässliche Geschichte! Aber lasst mich nachdenken...« Er hielt den Zeigefinger an den Mund und zwinkerte lebhaft.

Daniel und Esther sahen ihn erstaunt an: Wollte er ihnen helfen?

»Die Sache ist nicht einfach, nein... Aber... es wird eine Lösung geben. Es gibt für alles eine Lösung. Ich werde sehen, wie ich euch helfen kann.«

»Also bringst du uns nicht zurück zu Rutilius?«, fragte Esther leise.

»Nein.«

»Und warum nicht?«

»Weil... Vielleicht erkläre ich euch das später. Wir haben keine Zeit zu verlieren.« Er reckte sich und blickte sich suchend um. »Wartet hier! Ich bin gleich zurück.«

Sie schauten ihm nach, wie er mit schnellen Schritten auf eine Gruppe von Männern zuging, einen von ihnen beim Arm nahm und mit ihm zur Seite trat. Er beugte sich zu ihm und redete auf ihn ein. Der Mann wandte neugierig den Blick und schaute herüber. Im fahlen Mondlicht konnten sie die Züge seines Gesichts nicht erkennen, denn er hatte seine Kapuze wieder über den Kopf gezogen. Also war er kurz vor dem Aufbruch.

Pilesar sprach lange mit dem Mann, der abwechselnd nickte und den Kopf schüttelte. Ob das eine Ablehnung der Bitte Pilesars war oder nur Ausdruck seines Erstaunens über das, was dieser ihm berichtet hatte, war unklar. Daniel fiel die ungemein straffe Körperhaltung des Unbekannten auf. Er hatte etwas Soldatisches an sich. Schließlich gab der Mann sich einen Ruck und kam mit Pilesar herüber.

Daniel und Esther studierten das Gesicht des Fremden. Obwohl es von zahlreichen Falten überzogen war, wirkte es sehr frisch. Sie schätzten ihn auf Anfang vierzig. Der Blick seiner grauen Augen wechselte ruhig von einem zum andern. Eine große Gelassenheit ging von ihm aus. Zu welcher Gesellschaftsschicht er gehörte, war schwer zu sagen.

Pilesar stellte ihn vor: »Das ist Marcus Aurelius Clemens. Er wird sich um euch kümmern.«

Das war der erlösende Satz! Daniel und Esther konnten aufatmen, die innere Anspannung löste sich etwas. Warum sich diese beiden Männer so verhielten, verstanden sie nicht. Auch in ihrem eigenen Land hatte jedermann, der auf entflohene Sklaven traf, die Pflicht, sie auf dem schnellsten Weg ihrem Besitzer zurückzubringen. Einem geflohenen Sklaven zur weiteren Flucht zu verhelfen war bei allen Völkern verboten und wurde bestraft.

Aurelius kam sofort zur Sache: »Hat euch jemand gesehen, als ihr die Villa des Rutilius verlassen habt?« Er sprach fließend Hebräisch.

»Nein«, sagte Esther.
»Seid ihr sicher?«
»Vollkommen.«
»Und wieso?«
»Die Hunde haben nicht angeschlagen.«
»So, so, die Hunde...« Das klang so, als ob er sie kannte. »Wie lange seid ihr schon im Besitz des Rutilius Varus?«

Pilesar gab die Antwort: »Wenige Wochen. Sie kamen mit den anderen jüdischen Gefangenen aus Alexandria, zusammen mit der Flotte des Caesar.«

»Verstehe.« Er ließ den Blick nicht von ihnen, während sie in seinem Gesicht zu lesen versuchten – doch es blieb regungslos.

»Und eure Eltern? Was ist mit ihnen?«

Wieder erklärte Pilesar es ihm: Sowohl Vater und Mutter als auch der ältere Bruder seien seit dem Fall Jerusalems verschollen.

»Wie heißt euer Vater?«, fragte der Mann weiter.

Als Daniel den Namen ben Mathijahu nannte, leuchtete es in den Aurelius' Augen kurz auf. Kannte er etwa den Vater?

»Gut.« Er schaute zum Himmel. »Gleich wird's hell. Wir müssen gehen. Ihr kommt mit mir. Alles Weitere später.« Er sprach mit ihnen, als ob er Soldaten vor sich hätte.

Daniel und Esther sahen Pilesar fragend an. Pilesar sagte in seiner etwas umständlichen Art: »Ich... ich werde natürlich jederzeit... ich meine, ich halte Kontakt mit euch. Ihr werdet von mir hören. Die Lage ist ja nun, wie soll ich sagen, etwas verfahren, nicht?«

Sie nickten.

»Also dann ... Haltet euch genau an die Anweisungen, die Aurelius Clemens euch gibt! Bei Aurelius seid ihr sicher. Alles Gute!«

Sie konnten nur wortlos nicken.

Schließlich fragte Esther: »Kannst du Martha Bescheid geben? Sie wird sich große Sorgen machen.«

»Ja. Das werde ich. Nun geht. Es wird gleich hell. Niemand darf euch sehen. Zieht die Kapuzen über!«

Er sah ihnen nach, bis sie zusammen mit Aurelius Clemens das Gelände verlassen hatten, und machte sich dann selbst auf den Rückweg.

XV

Weder Pilesar noch Aurelius Clemens hatten etwas über die Lage des Verstecks gesagt, zu dem sie geführt werden sollten. Sie folgten der Via Appia nur ein kurzes Stück in Richtung Stadt. Als sie sich mit der Via Latina traf, schwenkte Aurelius nach links in eine Querstraße ein. Wollte er zum Tiber? Sollten sie auf einem Schiff versteckt werden?

Aurelius ging mit schnellen, weit ausgreifenden Schritten. Sie hatten Mühe, sein strammes Tempo mitzuhalten. Immer wieder mussten sie traben, um mit ihm auf gleicher Höhe zu bleiben. Er sprach kein Wort. Kein Zweifel, es ging in Richtung Tiber. Die Geschwister erinnerten sich genau an diese Gegend. Hier waren sie in der Nacht ihres Fußmarsches von Ostia nach Rom angekommen. Die alte Stadtmauer tauchte auf. In einem großen Bogen griff sie nach Süden aus. Gleich mussten sie auf die Via Ostiensis stoßen. So war es. Sie lief genau auf den Fluss zu.

Als sie eine Viertelstunde später den Tiber erreichten, ging im Osten gerade die Sonne auf. Frühdunst lag über dem Wasser, dessen Oberfläche noch glatt wie ein Spiegel war. An den Anlegestellen wurde es lebendig. Kommandos hallten durch die Stille. Die großen Kräne wurden in Position gebracht, ihre Winden betätigt und die schweren eisernen Haken gesenkt, um mit dem Entladen der Schiffe zu beginnen.

Aurelius machte bei einem Stapel Holz Halt. »Wartet hier!«

Er ging zum Kai, schaute sich suchend um und rief einen Namen, den sie nicht verstanden. Ein Mann tauchte neben dem nächsten Kran auf. Aurelius winkte ihn zu sich heran. Der Mann kam auf der Stelle.

Aurelius sprach auf ihn ein und der Mann hob beim Zuhören die Hand zum Ohr. Er war wohl schwerhörig. Aber er nickte in einem fort. Also hatte er verstanden.

Aurelius holte seine Börse hervor und steckte ihm Geld zu. Daraufhin machte der Mann eine tiefe Verbeugung und entfernte sich zum Kai, stieg die steinernen Stufen abwärts und war verschwunden.

Aurelius kam zurück: »Ihr redet kein Wort! V'standen? Mitkommen!«

Wieder dieser Befehlston. Sie nickten schweigend.

Aurelius ging zu der Stelle, wo der Mann verschwunden war, und ging ebenfalls nach unten. Daniel und Esther folgten ihm. Der Mann saß bereits in einem Boot und griff nach den Rudern. Aurelius löste das Seil vom Ring in der Kaimauer, hielt den Kahn damit in der Strömung fest und machte eine auffordernde Kopfbewegung. Die beiden sprangen ins Boot. Aurelius folgte ihnen mit einem Satz nach.

Sofort begann der Mann zu rudern. Mit kurzen kräftigen Schlägen brachte er das flache Boot in die Mitte des Flusses, die Strömung erfasste es und trieb es abwärts. Doch der Ruderer hielt kräftig dagegen, so dass sie in einer schrägen Linie das andere Ufer erreichten.

Dort drehten sich riesige hölzerne Schaufelräder im Wasser. Sie wurden von der Strömung des Flusses angetrieben. Daniel und Esther hatten so etwas noch nie gesehen. Aber es blieb jetzt keine Zeit, über Sinn und Zweck der mechanischen Einrichtung nachzudenken, denn das Boot stieß schon gegen den Pfosten einer hölzernen Anlegestelle.

Aurelius griff nach dem Pfahl und zog das Boot heran.

»Aussteigen!«

Sie zogen sich in die Höhe und kletterten auf den Holzsteg. Aurelius gab dem Bootsführer ein Handzeichen, der Mann machte auf der Stelle kehrt und ruderte zurück.

»Folgen!«

Aurelius ging voraus. Sie blieben ihm dicht auf den Fersen. Der Steg verlief zwischen zwei düsteren, ganz aus Holz errichteten Schuppen vom Fluss weg. Es roch nach Moder. Sie mussten sich in Transtiberim befinden. Daniel hatte einmal gehört, wie Pilesar mit diesem Wort das Stadtviertel auf dem rechten Flussufer bezeichnete. Es bedeutete »Jenseits des Tibers«. Ein »Kleine-Leute-Viertel«, wie Pilesar sich ausgedrückt hatte. Hier befanden sich große Manufakturen, in denen gegerbt, gewalkt, gewaschen, getöpfert und gezimmert wurde. »Ihr könnt froh sein, dass ihr nicht da gelandet seid!«, hatte Pilesar hinzugefügt.

Sollte sich hier das Versteck befinden, in dem Aurelius sie unterbringen wollte?

Der Steg ging in einen gepflasterten Weg über. Etwa dreißig Schritt voraus mündete er in eine belebte Straße. Aber so weit kamen sie nicht. Kurz vor dem Ende der Gasse wandte Aurelius sich nach links, zu einer Tür, die in das hölzerne Gebäude führte. Er steckte einen großen Schlüssel ins Schloss, öffnete und schob Daniel und Esther nach innen.

Während er die Tür innen wieder verriegelte, sagte er leise: »Kein Wort! V'standen?«

Sie nickten stumm.

Auf einer wackligen Holztreppe stiegen sie aufwärts. Die Bohlen ächzten und knarrten bei jedem Schritt. Es war so dunkel, dass sie die Stufen mehr ertasteten als sahen. Dann wurde es heller. Durch eine Luke fiel etwas Licht herein. Sie befanden sich in einem großen Speicher, an den Seiten stapelten sich prall gefüllte Säcke. Hier und da lagen am Boden verstreute Körner. Also enthielten die Säcke Getreide. An der Decke erkannten sie eine mechanische Vorrichtung mit Rollen und Rädern, wohl ein Flaschenzug, mit dem die Säcke von außen durch eine Öffnung in der Wand hoch- und hereingezogen wurden.

Aurelius ging zur Mitte des Raums. Dort hing ein Seil von der Decke herab. Es bewegte sich langsam in dem Luftzug, den Aurelius verursachte. Er ergriff das Seil und zog kräftig daran. Oben klackte es. Die Klappe in der Decke wurde entriegelt und senkte sich langsam. Eine Leiter wurde sichtbar. Sie rutschte ein Stück nach unten, blieb dann hängen. Aurelius packte sie und zog sie bis auf den Boden.

»Hochklettern!«

Daniel und Esther befolgten die Anweisung. Was blieb ihnen anderes übrig? Sie waren diesem Aurelius völlig ausgeliefert und konnten nur hoffen, dass er ihnen keine Falle stellte. Sie kletterten auf der Leiter nach oben und erreichten das oberste Dachgeschoss. Nur in der Mitte des Raumes konnte man aufrecht stehen, denn zu den Seiten hin senkten sich die Sparren in einem flachen Winkel. An beiden Giebelseiten befanden sich kleine Fenster, deren hölzerne Läden offen standen. So war die Luft hier oben entschieden besser als im Untergeschoss.

An einer Seite des Dachbodens stapelten sich leere Säcke. An der Giebelwand, die zum Fluss hin ging, waren dicke Wolldecken auf einer Strohschütte ausgebreitet. Daneben ein kleiner, primitiv gezimmerter Holztisch und zwei Hocker. Auf dem Tisch vier Holzbrettchen, ein Messer, vier einfache Becher. Alles sah so aus, als ob hier vor ihnen schon jemand gehaust hätte – oder noch hauste. Sollten sie etwa das Versteck mit jemandem teilen? Oder hatte Aurelius die Utensilien für sie bereitgelegt? – Unsinn! Er konnte in der Nacht noch nicht wissen, dass es sie gab. Oder hielt er diesen Platz vorsorglich bereit, um Menschen, die in Schwierigkeiten waren, zu verbergen?

»Ihr werdet euch bis auf weiteres hier aufhalten. Hier seid ihr sicher.«

Aurelius überblickte die Dinge auf dem Tisch und fuhr fort: »In einer Stunde wird jemand unten, vor dem Eingang, einen Wasserkrug und einen Beutel mit Lebensmitteln absetzen. Er wird gegen die Tür klopfen: zweimal lang, dreimal kurz. Ihr werdet die Dinge sofort hereinholen und die Tür wieder verriegeln. Immer verriegeln! Noch Fragen?«

Daniel und Esther überlegten.

Schließlich fragte Daniel vorsichtig: »Hast du hier öfters... Gäste?«

Er hatte das letzte Wort etwas ironisch gesagt, doch Aurelius ging nicht darauf ein, sondern stellte sachlich, ja fast ruppig klar: »Selbstverständlich werdet ihr das Haus nicht verlassen. Kontrolliert mehrmals am Tag, ob die Außentür verriegelt ist.«

Wieder nickten sie.

Er sah sie sehr ernst an und fuhr streng fort: »Für die Dauer eures Aufenthaltes hier gilt: Ihr bleibt, außer wenn das Essen geliefert wird, immer hier oben. Diese Luke« – er wies zur offenen Klappe im Boden – »bleibt geschlossen! Immer! Klar?«

Wieder blieb ihnen nur zu nicken.

»Sollte jemand im Gebäude sein, den ihr nicht kennt, dann verhaltet ihr euch vollkommen still. Ich brauche euch wohl nicht zu sagen, was für euch auf dem Spiel steht.«

›Für dich auch!‹, dachte Daniel, aber er nickte noch einmal.

Aurelius schickte sich an zu gehen. »Gut denn. Ich werde selbst, sofern es mir möglich ist, alle paar Tage nach euch schauen. Alles Gute!«

Ohne weitere Worte verließ er das Obergeschoss, schob erst die Leiter, dann die Luke nach oben und ließ die Mechanik einrasten. Sie hörten, wie sich seine Schritte auf der unteren Treppe entfernten, wie er die Außentür schloss und verriegelte. Dann war es still.

Esther ging zum Flussfenster und blickte vorsichtig nach draußen. Gegenüber, im Hafen, herrschte reges Treiben. Frachtkähne legten am Kai an, andere verließen den Hafen und trieben flussabwärts. Von dem Mann, der sie herübergerudert hatte, keine Spur. Sie beugte sich etwas vor und erkannte links die Türme vom Startgebäude des Circus Maximus, dahinter ragten die kaiserlichen Paläste auf dem Palatin auf. Ganz links konnte sie gerade noch die beiden Tempel am Forum Boarium, dem Viehmarkt, ausmachen. Und überall Menschen. Hunderte, Tausende waren zu dieser frühen Stunde schon unterwegs.

Daniel ging zum anderen Fenster und spähte aus dem Hintergrund nach draußen. Er sah eine belebte Straße. Sein erster Eindruck: wie das Argiletum! Doch bei näherem Hinsehen registrierte er, dass die Zahl der Arbeitssklaven und Leute aus der Unterschicht hier größer war als drüben in der Stadt. Da bewegten sich durchweg Männer und Frauen in unansehnlich grauer, brauner Kleidung, manchmal zerrissen, ausgefranst, fast bei allen geflickt. Darunter war keiner, der mit seinem Reichtum protzen konnte. Die Sklaven gehörten wohl zum Personal der zahlreichen Manufakturen. Wie im Argiletum streunten überall Bettler. Freilich erschienen sie ihm hier noch zerlumpter, noch hagerer, noch kränklicher. Niemand nahm Notiz von ihnen. Einige hatten große schwarze Hunde dabei, Bastarde ungewisser Herkunft, genauso abgerissen und räudig wie ihre Besitzer.

Esther trat neben ihn, schaute eine Weile auf die Straße. Ein Gefühl tiefer Einsamkeit überkam sie. Sie seufzte. Wie um sich selbst von ihrer Verzweiflung abzulenken, sagte sie: »Hast du auch bemerkt, wie Aurelius stutzte, als du ihm Vaters Namen nanntest?«

Daniel nickte.

»Meinst du, er hat ihn gekannt?«

»Das ist möglich.«

»Und wieso?«

»Was weiß ich? Aurelius redet und handelt wie jemand, der es gewohnt war, Befehle zu erteilen. Es könnte sein, dass er ...«

»Du meinst: Er ist – oder war Soldat?«

»Ja. Wahrscheinlich ein höherer Dienstgrad. Er tritt sehr selbstbewusst auf.«

»Du meinst also, dass er vielleicht in Iudaea war ...«

»Ja. Und zwar vor dem Krieg. Wenn er Vater kannte, dann ...«

»Ja?« Esther sah den Bruder an.

»Nun, wenn er Vater als Feind betrachtete, hätte er sich anders verhalten. Ihm ist aber offenbar daran gelegen, dass wir aus dieser Sache ohne Schaden herauskommen.« Daniel griff nach Esthers Hand und drückte sie fest. »Wir müssen abwarten, was er mit uns vorhat. Jedenfalls ist sicher, dass er uns helfen will.« Er gähnte. »Wir sollten uns hinlegen und schlafen. Ich bin todmüde.«

»Ich auch.«

Sie machten es sich auf dem Strohlager bequem, so gut es ging, und schliefen nach kurzer Zeit ein.

XVI

So vergingen drei Tage. Ihre Verpflegung – Brot, Käse, Wurst, getrocknetes Obst und Wasser – wurde morgens zu Beginn der zweiten Stunde geliefert. Als sie das Klopfzeichen zum ersten Mal hörten, erschraken sie. War das wirklich der Essensträger? Konnte es nicht genauso gut Tiridates sein, der herausgefunden hatte, dass sie hier steckten, und der sie nun abholen wollte?

Man konnte das Klopfen sehr gut bis zum Dachraum hören, denn es war völlig still in dem großen Gebäude. Sie warteten eine Weile, bis sie meinten, der Klopfer müsste sich entfernt haben, gingen nach unten, lauschten erneut, öffneten vorsichtig die Tür einen Spalt und fanden draußen einen kleinen, mit einem Tuch bedeckten Korb und einen Wasserkrug. Vom Überbringer der Gaben fehlte jede Spur. Den leeren Korb stellten sie abends wieder vor die Tür. Er wurde später abgeholt.

Einmal hörten sie, wie mehrere Männer ins Haus kamen. Mit schweren Schritten polterten sie die

Treppe hinauf und machten sich im Speicher unter ihrem Versteck zu schaffen.

Daniels und Esthers erster Gedanke: »Sie suchen uns!« Mit angehaltenem Atem lauschten sie.

Doch die Männer lachten. Wahrscheinlich hatte einer einen Witz erzählt. Sie blieben etwa zwei Stunden. Aus den Geräuschen schlossen die Geschwister, dass sie mithilfe der Hebevorrichtung an der Giebelseite weitere Säcke nach oben zogen und im Speicher stapelten. Während dieser Zeit verhielten sich Daniel und Esther vollkommen still und atmeten nur leise. Endlich waren die Männer unten fertig und polterten die Treppe abwärts. Die alte Ruhe kehrte wieder ein.

Unendlich träge dehnten sich die Stunden über den Tag. Das Fenster, das zum Fluss ging, benutzten sie als primitive Sonnenuhr. Der rechteckige Lichtfleck, den das Sonnenlicht auf den Boden warf, wanderte im Laufe des Tages von einer Dachschräge zur andern. Damit teilten sie grob ihre Zeit ein. Wenn sie allein im Haus waren, erfanden sie Geschichten und erzählten sie sich gegenseitig. Esther war dabei so erfindungsreich, dass Daniel gespannt zuhörte. In der übrigen Zeit ergingen sie sich wieder und wieder in Vermutungen über den Verbleib von Vater, Mutter und Bruder, rätselten auch, wie es mit ihnen selbst weitergehen sollte. Einmal mehr wurde ihnen klar, wie allein sie waren.

Aurelius ließ sich an den ersten drei Tagen nicht blicken, erschien aber unvermittelt gegen Mittag des vierten, erkundigte sich nach ihrem Befinden, fragte nach besonderen Vorkommnissen und teilte ihnen beim Gehen mit, dass Pilesar sich am Abend hier einfinden werde. Er, Aurelius, werde ihn selbst herbringen. Auf die bohrenden Fragen Daniels und Esthers, was Pilesar von ihnen wolle, gab er keine Antwort.

Bei Einbruch der Dämmerung kam Pilesar, zusammen mit Aurelius. Pilesar war völlig außer Atem. Offenbar hatte er sich heimlich aus dem Haus entfernt und war die ganze Strecke gelaufen, um zu ihnen zu kommen. Er hielt sich nicht lange mit irgendwelchen Vorreden auf, sondern kam sofort zur Sache: »Es hat sich eine ... wie soll ich sagen: Es hat sich eine vollkommen neue Lage ergeben, ja.«

Esther erschrak. »Was ist passiert?«

»Wie? Passiert? ... Ja, also ...« Pilesar hatte offenbar Mühe, seine Gedanken zusammenzuhalten. So hatte Daniel den Bibliothekar noch nie gesehen.

Pilesar lehnte sich gegen einen der Ständer, die den Firstbalken trugen, atmete tief durch und fuhr endlich fort: »Nun, es ist zu einem ... einem schrecklichen Zwischenfall gekommen. Rutilius Varus hatte einen Unfall.«

»Wo?«, fragte Daniel. »Hier, in der Stadt?«

»Wie? Nein, nicht in der ... Er ist vom ... vom Pferd gestürzt. In den Albaner Bergen. Bei einem Ausritt. Gestern Abend. Wir erfuhren es erst heute. Von seinem Arzt.« Er berichtete weiter, dass Rutilius lebensgefährlich verletzt sei; er sei auf felsigem Boden gestürzt, und das bei hohem Tempo, während eines Galopps. Laut Auskunft des Arztes würde er wohl bleibende, schwere Behinderungen behalten. Man müsse davon ausgehen, dass er teilweise gelähmt sei. Das aber bedeute, dass er seinen Beruf als Soldat nicht mehr ausüben könne.

Daniel überschlug blitzschnell die Folgen, die sich für Esther und ihn aus dieser Situation ergeben konnten. Doch wurde er in seinen Überlegungen gestört, denn Pilesar fuhr schon fort; und was er jetzt sagte, betraf unmittelbar sie beide: »Natürlich ist ihm schon am Morgen nach dem Fest sofort von eurem Verschwinden berichtet worden. Wie er darauf reagierte, könnt ihr euch vorstellen. Aber das ist jetzt unwichtig.«

Er fuhr sich mit zittrigen Händen über den Mund und schwieg eine Weile. Dann wandte er sich an Daniel: »Du hast da neulich zufällig etwas mitbekommen, was eigentlich, wie soll ich sagen, was nicht für deine Ohren bestimmt war. Ich meine das, was der brave Bocchus Maurus, nicht wahr, der Tierhändler, was er da über nicht bezahlte Rechnungen von sich gab. Du . . . du entsinnst dich?«

Daniel nickte.

»Natürlich hast du dir darüber deine eigenen Gedanken gemacht, nicht wahr . . .«

Wieder nickte Daniel. Er war gespannt, worauf Pilesar hinauswollte.

»Ich will dir nicht verheimlichen, dass Rutilius Varus in, nun ja, in erheblichen finanziellen Schwierigkeiten . . . Du verstehst?«

»Ich verstehe.« – ›Also doch!‹, dachte Daniel.

»Das aber hat unter den neuen Umständen, die sich durch den Sturz ergeben haben, erhebliche Folgen für das Haus und alle Bewohner. Besonders für die Bewohner.«

Er wechselte mit Aurelius einen Blick. Aurelius nickte langsam, enthielt sich aber jeden Kommentars. Daraus schlossen Daniel und Esther, dass er als

Freund Pilesars über die finanziellen Verhältnisse und Schwierigkeiten des Rutilius Varus auf dem Laufenden war.

Pilesar gab sich einen Ruck: »Ich will es kurz machen. Rutilius Varus ist gezwungen große Teile seines Besitzes zu verkaufen, um seine Gläubiger befriedigen zu können. Dazu gehören vor allem einige Sklaven.«

»Etwa auch wir?«, rief Esther und starrte Pilesar entgeistert an.

»Wie? Ja, auch ihr.« Er nickte mehrmals wie bedauernd vor sich hin.

»Oh, mein Gott!« Esther knetete ihre Hände. »Sind wir denn nicht schon genug gestraft? Gibt es denn keine andere Lösung?« Sie sah sich und den Bruder bereits in den Händen eines noch schrecklicheren neuen Herrn.

Da schoss Daniel ein Gedanke durch den Kopf – und er sprach ihn aus: »Aber meine Schwester ist doch an Antistia, die Frau des Legaten, verkauft!«

»Nein«, kam es von Pilesar.

»Nein? Wieso denn nicht?«

»Als die Herrin erfahren hat, dass Esther mit dir geflohen ist, nahm sie auf der Stelle Abstand von dem geplanten Kauf. Man erwirbt keinen Sklaven, der kurz zuvor geflohen ist.«

Daniel wechselte mit Esther einen Blick. Damit war geklärt, warum sie beide zusammen auf der Liste der zu verkaufenden Sklaven geführt wurden. Zwar bestand immer noch die Gefahr, beim Verkauf getrennt zu werden, aber das musste nicht zwangsläufig der Fall sein.

Pilesar lächelte ironisch und erklärte: »Ich denke,

ihr könnt es bei Rutilius nicht mehr aushalten! Also bitte jetzt keine falsche Aufregung! Keine falsche... Die Lage ist doch so schon...« Plötzlich wurde er sehr ernst. »Wo wolltet ihr eigentlich hin, he?«
»Nach Ostia.«
»Aha, nach Ostia. Und dann?«
»Auf ein Schiff...«
»...auf ein Schiff, na klar, eines, das euch nach Iudaea bringt, ich verstehe.«
Aber er schüttelte den Kopf. Und dann versuchte er ihnen mit bedächtigen Worten klarzumachen, dass ihre Vorstellung, sich allein nach Iudaea durchschlagen zu können, vollkommen naiv sei.
»Das ist vollkommen unmöglich!«, rief er. »Das ist aberwitzig! Man wird euch wie entlaufene Hunde einfangen und zu eurem Herrn zurückbringen – falls derjenige, der euch findet, euch nicht gleich selbst behält. Ihr habt ja keine Ahnung, was in der Welt vorgeht! Keine...! Mein Gott, ihr seid noch so... Nein! So geht das nicht!« Nervös ging er einige Schritte auf und ab, blieb stehen, wechselte einen Blick mit Aurelius, der immer noch schwieg, und eröffnete ihnen: »Rutilius wird die Sklaven, die er abstoßen will, bei Mago in Kommission geben.«
»Wer ist das?«, fragte Daniel.
»Wie? – Mago ist nach Pyrrhus der renommierteste und zahlungskräftigste Sklavenhändler Roms. Er hat nur gute Kundschaft! Durchweg Angehörige senatorischer und ritterlicher Familien, weil nur sie das zahlen können, was Mago für seine Angebote fordert. Das heißt für euch, ihr kommt in ein gutes Haus, wo es – wie doch zu erwarten ist – sittsam zugeht.«

»Ich werde nie wieder als Sklave arbeiten!«, erklärte Daniel unvermittelt hart. Er blickte zu Esther hinüber. In ihren Augen sah er Angst und Hoffnung zugleich.

Eine Weile schwiegen alle. Dann sagte Aurelius: »Daniel! Esther! Tut, was Pilesar euch sagt! Es ist die beste Lösung. Es gibt keine bessere. Der Herr wird seine Hand über euch halten. Nun geht!«

»Niemals!«, erklärte Daniel noch einmal.

»Wohin?«, fragte Esther.

»Natürlich zu Mago. Pilesar wird euch hinbringen.«

Daniel fragte: »Und ... und was passiert, wenn Rutilius davon erfährt, dass wir ...?«

Aurelius winkte ab: »Nichts, aber auch gar nichts passiert. Er ist nicht in Rom, weil er nicht transportfähig ist. Im Übrigen wird er erleichtert sein, wenn er erfährt, dass ihr bereits bei Mago seid, weil ihr ...«

»Was?«, fragte Daniel. »Weil wir was ...?«

»Nun ja, weil ihr ...« Er kam nicht umhin, diesen Punkt zu berühren: »Weil ihr ihm eine hübsche Summe einbringt. Er braucht jetzt jeden Denar. Und dann sind wir ja auch noch da. Ich meine: Pilesar und ich.«

Zum ersten Mal sahen sie ihn lächeln und sein ganzes Gesicht drückte großes Mitgefühl aus. Das Wichtigste aber war: Er und Pilesar wollten sich um sie kümmern. Wie, das würde sich von Fall zu Fall ergeben.

Also packten sie ihre Siebensachen zusammen und dankten Aurelius für seine Hilfe.

Und Aurelius: »Ich bitte euch! Das war selbstverständlich. Ich habe an eurem Vater noch etwas gutzumachen.«

Die Geschwister schauten ihn fragend an. Aber Aurelius schwieg. Und es war jetzt nicht der richtige Augenblick, Fragen zu stellen, denn Pilesar stand wie auf dem Sprung und knetete nervös seine Hände. Also machten sie sich mit ihm auf den Weg durch die dunkle Stadt.

Unterwegs teilte Pilesar ihnen mit, dass er selbst im Hause des Rutilius Varus bleiben würde.

»Er ist jetzt vollkommen auf mich angewiesen.« Pilesar seufzte. Sie stellten keine weiteren Fragen.

XVII

Drei Tage nach diesen turbulenten Ereignissen sah man schon am frühen Morgen – die zweite Stunde hatte noch nicht begonnen – einen Mann, eine Frau und einen Jugendlichen mit schnellen Schritten durchs Ende des Argiletums in Richtung Stadtmitte eilen. Alle drei hatten sich fein herausgeputzt: Der Mann trug eine hellblaue Tunika aus Seide, die Frau eine bis zu den Füßen reichende, sehr feine, geschmeidige Palla, die das Blaugrün der Stola durchschimmern ließ, und auch der Junge – er mochte dreizehn oder vierzehn sein – machte in seiner ockergelben Tunika eine gute Figur. Freilich bewegte er sich etwas steif, wie jemand, dem man mehrmals gesagt hatte, dass er gerade gehen, sich vor jeder möglichen Verschmutzung des kostbaren Gewandes in Acht nehmen und im Übrigen keine überflüssigen Fragen stellen solle. Man sah seinem Gesicht an, dass er sich in dieser Aufmachung durchaus nicht wohl fühlte.

Ließ schon die Qualität der Kleidung erkennen, dass man es mit wohlhabenden Leuten zu tun hatte, so wurde diese Wirkung noch gesteigert durch den teuren Schmuck der Domina: Halskette, Armreif und zwei Ringe waren aus purem Gold, die Kette verziert mit einer Reihe von Smaragden, die Ringe mit Rubinen. Es glitzerte nur so an Hals, Arm und Händen.

»Halt dich gerade, Titus! Gute Göttin! Wie oft soll ich dir das noch sagen!«, ermahnte die Mutter den Sohn, worauf der Junge sich einmal mehr zu einer Haltung aufraffte, die er für »gerade« hielt: Er hob ruckartig den Kopf, sank aber schon nach fünf, sechs Schritten in die alte lässige Haltung zurück.

Dabei hielt sein Vater sich keineswegs besser. Im Gegenteil. Von Statur zwar ein großer, ansehnlicher Mann, war doch alles an ihm rund und schwer: der Bauch, der Kopf, der Hals, die feisten Arme und die roten Bäckchen, die bei jedem Schritt wie das dreifache Kinn vom eigenen Gewicht erzitterten. Bedingt durch die Dimensionen dieses Bauches schob er sozusagen den vorderen unteren Saum seiner Tunika vor sich her. Wenn er stand, war es ihm nicht möglich, von oben die eigenen Füße zu sehen. Das Gewicht dieses gewaltigen Leibes machte es seinem Besitzer schwer, jene Haltung einzunehmen, die seine Frau beim Sohn beständig anmahnte. Vielleicht wollte sie so verhindern, dass Titus sich den

Vater zum Vorbild nahm. Doch war Titus schon auf dem besten Wege diesem nachzueifern, denn sein jugendlicher Körper neigte bereits zur Fülle.

Bei der Kreuzung des Argiletums mit dem Vicus Cuprius bogen die drei rechts in den Vicus ein. Es war die schnellste Verbindung zum Vicus Capralicus, der »Ziegenstraße« auf dem Marsfeld.

An dieser Parallelstraße zur Via Lata lagen die teuersten Geschäfte der Stadt. Alles, was Rom, Latium, Italien und die Provinzen des Reiches hervorbrachten, konnte man hier kaufen. Im Laufe der letzten hundertfünfzig Jahre hatten die besseren Läden ihre Stammhäuser in der Altstadt verlassen und sich hier niedergelassen, darunter die exklusivsten Textilhäuser, die besten Schuhmachereien, die teuersten Edeltöpfereien, die nobelsten Goldschmieden – und auch der Laden von Mago.

Laden war eigentlich nicht das angemessene Wort für sein Geschäft. Mago handelte mit Sklaven. Noch vor zwanzig Jahren betrieb er sein Gewerbe in einem dunklen Winkel des Vicus Iugarius, jener Verbindungsstraße zwischen Forum und Viehmarkt an der Tiberbrücke. Doch dann hatte er unvermittelt den Ort gewechselt und an der Ziegenstraße einen Neubeginn gewagt. Woher er das dafür nötige Geld hatte, war nicht bekannt. Immerhin kostete hier der Quadratfuß Boden ein Vielfaches dessen, was man im Argiletum auf den Tisch zu legen hatte. Prompt munkelte die Konkurrenz von unredlichen Machenschaften, von erpresserischen Methoden und guten Beziehungen zu einigen mächtigen Freigelassenen des Hofes unter Claudius und Nero. Mago störte das nicht im Geringsten.

Seine Geschäfte gingen von Jahr zu Jahr besser. Er rückte auf zum direkten Konkurrenten von Pyrrhus, der mit seinem Haupt- und drei Nebengeschäften in der Stadt den Markt beherrscht und die Preise oft nach Willkür festgesetzt hatte.

Damit war es nun vorbei. Es sprach sich in der Stadt herum, dass Mago hervorragende Ware zu Preisen anbot, die unter denen des Pyrrhus lagen. Außerdem sei das Personal freundlicher und zuvorkommender als das von Pyrrhus, ja er gewähre sogar die Garantie, bei begründeter Unzufriedenheit mit einem erworbenen Sklaven diesen nach vier Wochen umzutauschen – was freilich selten vorkam.

Titus und seine Eltern hatten mittlerweile den Vicus Capralicus erreicht. Es wurde wärmer. Das morgendliche Treiben nahm zu. Doch die Atmosphäre hier war anders als im Argiletum: die Straße breiter, die Läden vornehmer, das Publikum betuchter, die Zahl der Bettler geringer.

»Marcus, bist du sicher, dass wir das Richtige tun?«

Der Angesprochene blieb stehen, sah seine Frau an und rief energisch: »Aber sicher, Domitia, aber sicher. *Die Furcht sieht auch Gefahren, die nicht da sind.*«

Er sprach so schnell, dass ein Fremder Mühe gehabt hätte, jedes seiner Worte zu verstehen. Dabei flocht er bei jeder passenden oder unpassenden Gelegenheit einen der Sprüche seines Lieblingsautors Publilius Syrus[*] ein.

---

[*] Er schrieb zur Zeit Caesars Lustspiele.

»Wieso denn Furcht?«, sagte Domitia und schüttelte den Kopf. »Ich rede vom Geld!«
»Natürlich, natürlich, meine Liebe, ich auch! *Geld ist der einzge Herr in allen Dingen.*«
»Marcus, bitte! Noch können wir umkehren!«
»Kommt nicht infrage, Domitia!«
»Ja, aber...«
»Kein Aber! Du brauchst dringend Hilfe in Küche, Keller und Kammer. So haben wir's besprochen. Im Übrigen sind wir schon da. Du kannst gerne umkehren – aber dann erledigen Titus und ich das alleine. Nicht wahr, Titus?«
»Wahrscheinlich.«
»Also gut...« Doch zu Titus: »Fängst du schon wieder mit diesem scheußlichen ›wahrscheinlich‹ an?! Du sollst das lassen!«

Titus schaute in eine andere Richtung.

Vor dem Eingang hatte Mago einige gut gewachsene Schwarze auf drehbaren Podesten aufgebaut. Zum Zeichen, dass sie erst kürzlich aus Africa eingetroffen waren, hatte man ihnen einen Fuß mit Gips bestrichen. Ein paar neugierige Gaffer betrachteten die Schwarzen wie Weltwunder, einer drehte sie auf dem Gestell, ein anderer prüfte ihre Muskeln, ein Dritter kniff sie in Arme und Bein und stellte sachkundig fest, dass die jungen Männer dem Augenschein nach gesund waren.

Marcus Acilius Rufus, der Vater, warf im Vorbeigehen nur einen kurzen Blick auf die Schwarzen und betrat entschlossen den Laden.

Anders als in den engen Geschäften der Altstadt mit ihren düsteren, von uralten Gewölben überspannten Verkaufsräumen öffnete sich dieser Raum zu einem großen, hellen Atrium. In der Mitte plätscherte ein Brunnen. Die Wände waren mit hervorragend gemalten Fresken bedeckt, die Szenen aus der Odyssee darstellten. Geschmackvoll abgestimmt dazu die geometrischen Formen des Bodenmosaiks.

Während Domitia sich scheu umblickte – die ebenso teure wie elegante Einrichtung beeindruckte sie sehr –, näherte sich ein Angestellter des Hauses, verbeugte sich und fragte nach dem Begehr der Kunden.

Acilius Rufus erwähnte, dass er gestern einen seiner Leute mit dem Auftrag zur Vorbereitung des Kaufs von zwei Sklaven hergeschickt habe und nannte seinen Namen.

»Es ist alles vorbereitet, Herr! Darf ich bitten...«

Der Angestellte verneigte sich erneut und ging voraus. Sie passierten eine überlebensgroße Bronzestatue, die Merkur, den Gott der Händler und Diebe darstellte. Sie musste ein Vermögen gekostet haben. Der Gang endete an einer verschlossenen Tür, der Angestellte öffnete sie und ließ die drei vortreten. Sie befanden sich nun in einem großen Innenhof. Mehrere Türen führten in angrenzende Räume unbekannter Verwendung. Der Platz war mit Travertinplatten belegt. In der Mitte saßen drei bewaffnete Wächter beim Würfelspiel, das sie beim Erscheinen der Kunden unterbrachen. Eilfertig lächelten sie herüber und erhoben sich.

Titus, der zum ersten Mal beim Kauf von Menschen dabei sein durfte, blickte sich neugierig um. An den Wänden saßen fünfzig, sechzig Sklaven am

Boden. Einige waren angekettet. Nur wenige schauten kurz herüber, denn in den nächsten Augenblicken konnte sich ihr weiteres Schicksal entscheiden. Die meisten dösten weiter stumpfsinnig vor sich hin. Mittlerweile stand die Sonne schon hoch, die Wärme staute sich im Geviert der Mauern und eine Unzahl von Fliegen hatte sich auf den Gesichtern und Körpern niedergelassen. Nur wenige versuchten sich ihrer durch plötzliche Schläge mit der Hand zu erwehren.

»Wenn ihr mich für einen Augenblick entschuldigen würdet. Ich werde den Herrn benachrichtigen.« Mit einer erneuten Verbeugung entfernte sich der Angestellte.

Domitia, immer noch von Skrupeln wegen der Höhe der bevorstehenden Ausgaben heimgesucht, begann wieder über das viele Geld zu lamentieren, das man verlieren werde, doch Acilius Rufus redete weiter beruhigend auf sie ein.

Titus ging derweil unbefangen an der Reihe der Sklaven entlang und betrachtete sie neugierig. Plötzlich stutzte er. Direkt vor ihm saß ein Junge am Boden, den er zu kennen glaubte. Daneben ein gleichaltriges, sehr schönes Mädchen mit blauschwarzem Haar und hellblauen Augen. Titus kannte es nicht, doch fiel ihm sofort die Ähnlichkeit mit dem Jungen auf. Wahrscheinlich waren sie Geschwister.

Hatte er diesen Jungen nicht unlängst zusammen mit Pilesar in der Tierhandlung des Bocchus Maurus gesehen? Dann gehörte er doch zur gleichen Sklavenfamilie wie Pilesar! Und Pilesar gehörte dem reichen, vornehmen Rutilius Varus, dem schneidigen Tribun aus der kaiserlichen Armee! Wie kam der Junge hierher in den Laden des Sklavenhändlers Mago?

»He! Du da!« Titus wandte sich an Daniel. »Dich kenn ich doch!«

Daniel blickte kurz hoch, schwieg aber.

»Da warst doch neulich bei Bocchus! Zusammen mit Pilesar!«

Daniel schwieg und starrte auf den Boden.

»Willst nicht reden, wie?«

Daniel reagierte nicht.

»Oder verstehst kein Latein...«

Da zischte Daniel: »Mach, dass du weiterkommst!«

»He?« Titus riss erstaunt die Augen auf. Dass ein Sklave es wagte, so mit ihm zu reden, war ihm noch nie vorgekommen. »Sag mal, hast du 'ne Meise? Oder bist du kein Sklave?«

Daniel wandte sich ostentativ ab und unterhielt sich leise mit Esther, die Titus bisher keines weiteren Blickes gewürdigt hatte.

Dieses aufsässige Verhalten reizte Titus noch mehr und er war drauf und dran, den hochnäsigen Sklaven scharf zur Räson zu bringen, als er unsanft von seinem Vater zur Seite geschoben wurde: »Mach mal Platz, Junge!«

Mago war im Hof erschienen und zusammen mit den Eltern herübergekommen. Schon begann er mit seinen Lobpreisungen: »Ein einmaliges Angebot, Herr! Ein einmaliges... Eine ungemein günstige Gelegenheit! Eine ungemein...«

Alle drei – Daniel, Esther und Titus – warfen einen neugierigen Blick auf den Händler. Er war nicht nach römischer oder griechischer Art mit der kurzen Tunika gekleidet, sondern trug den bis zu den Knöcheln reichenden Burnus der semitischen Völker Nordafrikas. Auch sein Name Mago verriet, dass er ein Nachkomme der Punier war. Daniel erinnerte sich, dass der große Hannibal, der Rom beinahe erobert hatte, einen jüngeren Bruder dieses Namens gehabt hatte. Mago sprach das Latein zwar fließend, doch mit seltsam weicher Anlautung der Vokale und Konsonanten, auch die Sprachmelodie klang anders, fremdartig. Am sonderbarsten war, dass er wie eine Frau Ohrringe trug.

»Meinst du die beiden da?«, fragte Marcus Acilius und wies auf die Geschwister.

»Oh ja, oh ja!«, hieß es. »Ein einmaliges... Sie sind Zwillinge!«

»Ach!«, rief Domitia überrascht und lächelte Esther zu.

»Ja, Zwillinge!«, fuhr Mago fort und ließ eine genaue Beschreibung ihrer Vorzüge folgen: dass sie aus allerbestem »altadligem Hause« stammten, dass sie beide schreiben und lesen könnten, dass sie fließend Griechisch, Latein und Hebräisch sprächen, die besten Umgangsformen hätten, wohlerzogen seien und sich bisher nie hätten etwas zuschulden kommen lassen.

»Hm«, meinte Acilius. »Und wieso hat Rutilius Varus sie dann verkauft?«

»Wie?« Mago riss die Augen weit auf, was er immer tat, wenn jemand ihm eine Frage stellte, die er für unangemessen hielt. »Eine traurige Geschichte... eine sehr traurige...« Dann faselte er etwas von Unglücksfall, einem Sturz vom Pferd, von Lähmung und ließ schließlich auch durchblicken, dass Rutilius in finanziellen Schwierigkeiten steckte, und fasste zusammen: »Das alles hat natürlich nichts, überhaupt nichts mit der Qualität der Ware zu tun, überhaupt nichts mit ... Ein einmaliges ...«

»Angebot!«, vervollständigte Acilius den Satz und nickte. Dann wandte er sich an Daniel und stellte ihm verschiedene Fragen, die dieser kurz, korrekt und selbstsicher beantwortete. Da Acilius, während er sprach, vom Lateinischen ins Griechische und schließlich sogar ins Hebräische gewechselt war, staunte er nicht wenig, als Daniel ihm prompt in der jeweiligen Sprache antwortete.

»Sehr interessant!«, sagte er und hielt sinnend die Hand ans Kinn. »Wie hoch ist der Preis?«

Mago verbeugte sich. »Nun ja, wie ich schon sagte, unter den gegebenen Umständen ... also: für beide siebentausend.«

»Sesterzen?«

»Wie? Nein, natürlich Denare!«

Daniel sah, wie die Herrin erschrak. Offenbar war ihr dieser Preis viel zu hoch. Doch als sie Esther anschaute, glitt wieder dieses Lächeln über ihr Gesicht. Mago, der es bemerkte, griff es auf und rief: »Sie ist entzückend, nicht wahr!«

»Ja, das ist sie.«

Acilius leitete daraus ab, dass seine Frau sehr wohl großes Interesse an der Erwerbung dieses Mädchens hatte, und begann mit Mago zu feilschen. Sie einigten sich schließlich bei fünftausend Denaren.

Nach einer tiefen Verbeugung fragte Mago:

»Möchten die Herrschaften nun noch die beiden germanischen Sklaven sehen, die ich…?«

»Nein!«, sagte Domitia energisch. »Wir nehmen diese!«

»Sehr wohl, Herrin. Nur diese…«

XVIII

Schon am ersten Tag im Hause ihrer neuen Herrschaften spürten Daniel und Esther, dass hier vieles anders war als in der vornehmen Villa des Rutilius Varus.

Marcus Acilius Rufus war kein Müßiggänger, sondern übte einen Beruf aus, der den ganzen Mann forderte. Er war Kaufmann, genauer Großkaufmann. Anders als der arrogante Tribun konnte er nicht vom Ertrag eines ererbten Vermögens oder von den erheblichen Beutezuteilungen aus den Kriegszügen der letzten Jahre leben. Acilius musste hart arbeiten, um sich, seine Familie und die ebenfalls große Sklavenschar zu ernähren, zu kleiden und in jeder Hinsicht mit dem zum Leben Notwendigen zu versorgen.

Acilius betrieb Handel im großen Stil. Das war nicht immer so gewesen. Begonnen hatte er, wie so viele andere kleine Ladenbesitzer, in einer Seitenstraße des Argiletum, wo er als Aromatarius heimische Kräuter, Gewürze, Arzneien und auch Farben verkaufte. Er hatte das Geschäft von seinem Vater, der früh starb, übernommen und schlug sich mehr schlecht als recht durch, denn es gab viele Gewürzhandlungen in der Stadt. Aber er war jung, unternehmungslustig und bereit ein Risiko einzugehen. Sehr genau beobachtete er die Veränderungen, die sich durch die ununterbrochenen Kriege Roms im Osten des Reiches ergeben hatten: Wie Pilze schossen neue Läden aus dem Boden, die modischen Schnickschnack aus Ägypten, Syrien, Persien, ja Indien zu überteuerten Preisen anboten: Stoffe, Lederwaren, Seide, Myrrhe, Augengrün und das Haarfärbemittel Henna, geheimnisumwitterte Arzneien und exotische Mixturen, die Gesundheit, Schönheit und langes Leben versprachen.

Als junger Mann hatte er unter Kaiser Claudius seinen Militärdienst in Ägypten geleistet. Während dieser Jahre lernte er beiläufig und fließend das alexandrinische Griechisch, das seit den Zeiten der Ptolemäer in Ägypten offizielle Amtssprache war. Als er dann für zwei Jahre zur Garnison nach Jerusalem versetzt wurde, brachte er es in kurzer Zeit fertig, sich Grundkenntnisse des Hebräischen anzueignen. Und gegen Ende seiner Dienstzeit stand für ihn fest, die Kontakte, die er mit Produzenten und Händlern in Iudaea und Ägypten geknüpft hatte, auch in Rom geschäftlich zu nutzen.

Mit Fantasie, Energie und großem Geschick baute er seine Geschäftsbeziehungen zu den orientalischen Freunden aus und begann mit der Einfuhr exotischer Waren in großem Stil:

Aus Antiochia, Damascus und Palmyra in Syrien bezog er gediegenen Hartstahl und fein gewebte Textilien, auch teure Gewürze, die schon die lange

Reise aus Indien hinter sich hatten: Pfeffer, Zimt und Vanille.

Händler in Tyrus, Tripolis und Berytos an der Küste Phöniziens* lieferten den kostbaren Purpur zum Färben von Stoffen und Leder, dazu Öl und Holz der Zedern des Libanongebirges.

Von Zwischenhändlern in Iudaea kamen Myrrhe, Weihrauch und andere Drogen, die sie aus dem Süden Arabiens bezogen.

Aus Ephesos, Smyrna und Pergamon in der Provinz Asia bezog er Edelhölzer, Textilien, Marmor, Öl, Smaragde; aus Cilicia** vor allem Pferde und Edelsteine.

Ägypten schickte das unverwüstliche Leinen, feine Baumwolle, haltbare Fischkonserven, Getreide, Datteln – und Papyrus, den teuren, unentbehrlichen Rohstoff zur Buchherstellung.

Marcus Acilius Rufus baute seine Beziehungen von Jahr zu Jahr weiter aus und bezog über Häfen am Roten Meer das teuerste aller Gewebe, die Seide. Sie kam aus einem fernen Land am Rande der Welt namens Sina***.

Als Gegengaben lieferte er alles, was Rom, Latium, das mittlere und nördliche Italien hervorbrachten, sofern es für seine Geschäftspartner im Orient von Interesse war. Doch verglichen mit der Vielfalt der importierten Waren war die Ausfuhr der Landesprodukte bescheiden: Wein natürlich und Olivenöl, Gläser jeder Form, Farbe und Größe,

---

* Küstenstädte im Libanon; Berytos: heute Beirut
** Im Süden der heutigen Türkei
*** China

Wollstoffe und Decken, Metallgefäße, Bronzegeräte, Reisewagen und sonstiges technisches Gerät, vor allem aber – und dies in wachsenden Lieferungen – Geschirr aus *terra sigillata*, dem braunen, schwarzen oder roten Steinzeug aus den besten Werkstätten Praenestes, zwanzig Meilen östlich von Rom.

Diese Waren und Güter wurden in eigenen Lagerhallen beim Tiberhafen gestapelt. Von dort konnten sie bei Bedarf mit Karren und Wagen oder von Trägern und Eseln schnell in die Verkaufsräume in der Stadt geholt werden.

Das Geschäft befand sich in einem fünfstöckigen Haus am westlichen Ende des Argiletums, unmittelbar vor der Kreuzung mit dem Vicus Cuprius, in unmittelbarer Nähe des Forums, im teuersten Wohn- und Geschäftsviertel Roms. Man erreichte den großen Innenhof und die hinteren Geschäfts-, Arbeits- und Büroräume durch einen gewölbten Gang, der in ganzer Länge unter dem Gebäude verlief. Rechts und links des Torbogens lagen zur Straße hin die eigentlichen Verkaufsräume. Sie unterschieden sich von ähnlichen Einrichtungen anderer Händler durch ihre Helligkeit, denn Acilius ließ sie in jedem Frühjahr neu weißeln. »Es wird Frühling«, sagten dann Nachbarn und Stammkunden, »Acilius lässt wieder streichen!«

In diesen Dingen duldete er keine Nachlässigkeiten. Manche sagten, Acilius habe einen »Sauberkeitsfimmel«. Weder in den Räumen des Kontors noch in den Geschäftsräumen duldete er das geringste Stäubchen. Er ließ nicht nur täglich die Fußböden fegen, sondern alle sieben Tage Tische,

Stühle, Hocker, Stehpulte, Regale und Fensterbänke feucht auswischen.

»*Nihil ex nihilo!*« Diese Feststellung – »Von nichts kommt nichts!« – hörte man oft im Hause, denn der Herr liebte es, wo er ging und stand mit klugen Sprüchen um sich zu werfen. Dabei war er selbst das beste Vorbild und – abgesehen von seinem Reinlichkeitsfimmel – ein guter Herr: stets gerecht, selten schlecht gelaunt, meist ausgeglichen, sehr fleißig, immer rührig – kurz: ein Familienmensch, der nicht nur das Wohl der Seinen, sondern auch das seiner Sklaven im Auge hatte. Dass er sich selbst gerne reden hörte, nahmen Personal und Angehörige gleichermaßen in Kauf. Dabei war es angebracht, ihm zuzustimmen, denn Widerspruch hätte eine erhebliche Verlängerung der Ausführungen zur Folge gehabt.

Domitia, die Herrin – sie war sechs Jahre jünger als der zweiundvierzigjährige Gatte –, neigte wie ihr Mann zur Fülle, bewegte sich aber ungemein flink. Wie Acilius stammte auch sie aus einfachen Verhältnissen. Der schnelle wirtschaftliche Aufstieg des Hauses hatte sie nie vergessen lassen, dass ihr Vater Domitius Calvenus sich noch als kleiner Flickschuster im Argiletum hatte durchschlagen müssen, um die kinderreiche Familie am Leben zu erhalten. Domitia hatte als einzige Tochter von sieben Geschwistern überlebt, alle andern waren vor Erreichen des zehnten Lebensjahres an Fieberkrankheiten gestorben.

Vielleicht war die Herrin Domitia Calvena beim Anblick von Daniel und Esther an die frühen Jahre ihrer Ehe erinnert worden, als ihre eigenen Kinder noch gesund waren und sich abends lärmend um den großen Tisch in der Küche versammelten. Dann waren drei innerhalb von zwei Jahren am Sumpffieber gestorben. Nur die jetzt siebzehnjährige Tochter Acilia und der Sohn Titus blieben am Leben. Acilia – nach dem Vater benannt – war vor einem Jahr mit dem erfolgreichen Juwelier Cornelius Fuscus vermählt worden. Cornelius betrieb in der Neustadt auf dem Marsfeld einen großen Laden mit Werkstatt. Zu seinen Kunden zählten die besseren Familien Roms. Acilia war im siebten Monat schwanger und ihre Mutter bereitete sich innerlich auf ihren neuen Status als Großmutter vor.

»Ob es wohl ein Junge wird?«, fragte sie oft ihren Mann.

Und der: »Wieso Junge? Ich will ein Mädchen! *O matre pulchra filiae pulchrior!* – Oh, einer schönen Mutter schönre Tochter! Mädchen sind fügsamer. Außerdem würde ein Junge ja nicht meinen Namen tragen.«

Dann blickte seine Frau wieder zur Decke.

War Domitia beim Kauf der Zwillinge von Erinnerungen an ihre eigenen Kinder beeinflusst worden, so spielten bei ihrem Mann nüchterne, sachliche Erwägungen die Hauptrolle: Seine Frau brauchte ein Mädchen, das ihr in Haus und Küche zur Hand ging, er suchte dringend einen intelligenten Sklaven, den er in Betrieb und Kontor einarbeiten konnte. Ein Glücksfall war, dass beide Geschwister lesen und schreiben konnten, und das auch noch in verschiedenen Sprachen. Entscheidend für den Erwerb war aber gewesen, dass Daniel das Hebräische als seine Muttersprache fließend beherrschte, denn gerade in den Hafenstädten Palaestinas saßen die wichtigsten Handelspartner des Acilius. Er würde den Jungen gründlich einarbeiten und ihn allmählich dahin bringen, die gesamte hebräische Korrespondenz allein zu übernehmen.

Gleich am ersten Tag spürten Daniel und Esther: Ihrer neuen Herrschaft war sehr daran gelegen, dass sie sich in der neuen Umgebung wohl fühlten. Jeder bekam sein eigenes Zimmer. Die Räume lagen im obersten Stockwerk des Hauses. Die Fenster gingen nach Süden, so dass sie freien Blick bis zu den Kaiserpalästen auf dem Palatin hatten.

Als Erstes wurden sie neu eingekleidet und die Herrin selbst kümmerte sich darum. Dabei erkundigte sie sich genau nach ihrer Herkunft, stellte Fragen zu ihrer Familie, wollte wissen, wie sie die Belagerung Jerusalems überstanden und auf welchen Wegen sie am Ende nach Rom gekommen waren. Als sie erfuhr, dass Vater, Mutter und Bruder verschollen seien, strich sie Esther mitfühlend über die Wange: Hier bei uns sollt ihr es gut haben.

XIX

Im Hause von Rutilius Varus hatte es lange Tage, ja Wochen gedauert, bis Daniel und Esther sich leidlich an ihren Status als Sklaven gewöhnt hatten.

Ganz anders das neue Leben bei Acilius Rufus.

Gewiss, sie blieben Sklaven und hatten jede Anordnung von Herr und Herrin widerspruchslos auszuführen; doch manchmal vergaßen sie für Augenblicke, dass sie unfrei waren. Domitia Calvena, die Herrin, schien an Esther einen Narren gefressen zu haben. Immer wieder fragte sie nach Einzelheiten aus ihrem früheren Leben, ließ sich sogar von ihr zeigen, wie man Hebräisch schrieb; sie lachte, wenn Esther hin und wieder ein hebräisches Wort gebrauchte, und staunte über die Schnelligkeit, mit der sie in ihrer Muttersprache Sätze zu Papier brachte. Esthers Tätigkeit erstreckte sich auf alles, was die Herrin selbst im Laufe eines Tages zu erledigen hatte: einkaufen, die Mahlzeiten vorbereiten, das Essen kochen, servieren, die Wäsche waschen, aufräumen, Staub wischen, putzen – all die vielen kleinen Dinge, die im Laufe des Tages zu erledigen waren. Oft hörte man die beiden miteinander scherzen.

Daniel, von Natur aus ernster, zurückhaltender und stolzer als die Schwester, hielt sich zunächst zurück, beobachtete aber alles, was um ihn herum vorging, sehr genau. Schon bald fiel ihm auf, dass Acilius Rufus sich in allen Fragen, die das Haus und seine Bewohner betrafen, letztendlich nach dem richtete, was seine Frau dazu sagte. Ja, er fragte sie bei jeder Kleinigkeit um Rat.

Nicht so im Betrieb. Dort war stets *er* derjenige, der das letzte Wort hatte. Was er befahl, wurde ausgeführt.

Zunächst stellte er Daniel auf die Probe. Er ließ ihn verschiedene Listen führen, diktierte ihm auf Griechisch einen Brief an einen Geschäftsfreund in

Athen und ließ ihn den Text anschließend ins Lateinische und dann noch ins Hebräische übersetzen. In beiden Fällen war er mit dem Ergebnis sehr zufrieden. Er sprach ja selbst das Hebräische recht gut, konnte die Schrift lesen und das Ergebnis sehr wohl beurteilen.

So gelang es Daniel in kurzer Zeit, sich eine gute Stellung unter den Sklaven zu verschaffen, denn es war nicht zu übersehen, dass der Herr ihn bei schwierigen Aufgaben bevorzugte. Keiner der andern sprach und schrieb Hebräisch, keiner hatte eine so schnelle und schöne Handschrift, keiner konnte so gut formulieren wie er. Das hatte freilich zur Folge, dass die drei anderen Schreiber, die Acilius im Kontor beschäftigte, sich ihm gegenüber sehr zurückhielten. Wahrscheinlich, so fürchtete Daniel, waren sie neidisch.

Eines Tages erfuhr die Herrin beiläufig von Esther, dass sich unter den jüdischen Sklaven, die Rutilius Varus erworben hatte, noch eine ältere Frau befunden hatte. Domitia wollte mehr über sie wissen und so berichtete Esther, dass Martha dem Bruder einst das Leben gerettet habe. Außerdem sei sie eine hervorragende Köchin. Daraufhin ließ Domitia Nachforschungen anstellen und fand heraus, dass auch Martha vor einigen Tagen an den Sklavenhändler Mago verkauft worden war. Da ihre eigene Köchin vor Wochen im Alter von neunundfünfzig Jahren gestorben war, machte sie sich erneut auf den Weg zu Mago. Esther begleitete sie.

Sie fanden Martha in einem ziemlich niedergeschlagenen Zustand. Zusammen mit anderen älteren Frauen saß sie apathisch in einer Ecke des Hofes. Die weiblichen Gefangenen hatten mit ihrem Schicksal abgeschlossen und die Hoffnung auf eine bessere, lebenswerte Zukunft aufgegeben. Gefragt waren junge Sklavinnen und kräftige Männer in den besten Jahren. Und dies nicht nur wegen ihrer Arbeitskraft. Die Käufer erwarben gerne ein Paar, erwarteten sie doch, dass die beiden irgendwann für Nachwuchs sorgen würden; so konnte die Zahl der Sklaven vergrößert werden ohne einen Denar dafür auszugeben.

Martha blickte auf: Vor ihr stand Esther und strahlte sie an.

»Esther!«, rief sie. »Mein Kind!«

Sie rappelte sich hoch und umarmte das Mädchen.

»Ja, aber ...« Sie konnte es kaum fassen. »Wieso bist du hier? Ich dachte, ihr wäret ... Was ist denn geschehen?«

Da beugte sich Esther zu ihr und flüsterte ihr ins Ohr: »Das erzähl ich dir später. Domitia, unsere neue Herrin, will dich ebenfalls erwerben.«

Die beiden Frauen musterten sich neugierig kritisch. Domitia sah sofort, dass diese jüdische Sklavin in ihren Haushalt passen würde: eine Frau mit offenem, freundlichem Gesicht und starken, knochigen Händen, die zupacken konnten.

Mago, der sichtlich erleichtert war »die Alte« wieder loszuwerden, machte Domitia ein sehr günstiges Angebot, das selbst die sparsame Frau nicht ausschlagen konnte. Ohne lange zu feilschen, ging sie darauf ein und kaufte die Sklavin.

Schon nach wenigen Tagen hatte Martha sich vollkommen in der neuen Umgebung eingelebt.

Domitia war mit allem, was sie tat, sehr zufrieden und überließ ihr bald die Führung der Küche.

Als Daniel und Esther sich nach dem Zustand von Rutilius Varus erkundigten, teilte Martha ihnen mit, der Tribun könne sich kaum bewegen, seine Beine seien gelähmt, er benötige ununterbrochen jemanden, der sich um ihn kümmere. »Der Herr sei ihm gnädig!«, sagte sie. »Ich bete für ihn. Welch ein Glück für ihn, dass er Pilesar hat.«

XX

Früh am nächsten Morgen wurde Titus ins Kontor seines Vaters gerufen. Acilius blickte kurz auf und sagte: »Es geht um Daniel. Du begleitest ihn!«

»Wohin?«

»Zum Lager.«

»Warum?«

»Du zeigst ihm den kürzesten und schnellsten Weg! Dann kann er nächstens allein gehen, klar?«

»Wahrscheinlich.«

Acilius betrachtete seinen Sohn kritisch und meinte: »Solltest weniger essen. Bist zu dick.«

»Du auch!«, gab Titus keck zurück.

Daraufhin grinste der Vater, lehnte sich im Lehnstuhl zurück und faltete die Hände auf seinem Bauch. Es folgte keine Zurechtweisung.

»Und was ... und was sollen wir da machen? Wir sollen doch was machen – oder?«

»Nichts. Du stellst unsern Neuen ... also Daniel, du stellst ihn dem Verwalter vor. Damit er Bescheid weiß, wenn der Junge mal allein kommt, klar?«

»Wahrscheinlich. Sonst noch was?«

»Ja, gib Licinius diese Rolle. Sie enthält Angaben über die nächste Lieferung aus Alexandria. Er soll sehen, dass er dafür einen geeigneten Platz findet. Nicht vergessen! Und nun los!«

Titus griff nach der Rolle auf der großen Platte und verließ den Raum.

Acilius aber betrachtete von oben seinen würdevollen Bauch, strich darüber und murmelte eine Weisheit des Publilius Syrus: »*Auch eine bittre Lehre schadet keinem ...*«

Im Vorzimmer standen drei Schreiber an ihren Stehpulten, füllten Listen aus oder übertrugen den Text eines Briefes in Reinschrift. Einer von ihnen war Daniel. Titus ging zu ihm und teilte ihm mit, er müsse seine Arbeit unterbrechen und ihn begleiten. Daniel nickte, schrieb aber den Satz zu Ende. Die Schrift war Hebräisch. Für Titus waren es geheime Zeichen.

»Was heißt das?«, fragte er.

Daniel las ihm den Satz vor – es war die abschließende Grußformel – und Titus sagte: »Kannst du mir das auch beibringen?«

Daniel sah ihn an. Es war das erste Mal, dass Titus sich in einer persönlichen Sache an ihn wandte.

»Wenn du willst ...«, sagte er, »aber das braucht seine Zeit!«

»Wahrscheinlich«. Titus nickte langsam. Er sah Daniel zu, wie er das Schreibgerät säuberte, das Tintenfass schloss und alles im Fach unter der

Schreibplatte verstaute. »Könnte das nämlich brauchen.«

»Wozu?«, fragte Daniel.

»Für geheime Mitteilungen.«

»Hm.«

Sie verließen den Raum, gingen nach draußen und überquerten den Innenhof. Dort wurden zwei große Wagen entladen. Sie hatten Waren aus dem Lager geholt.

Sie wollten gerade über eine Seitengasse den kürzesten Weg zur Baustelle des Neuen Amphitheaters nehmen, als jemand Titus' Namen rief. Sie blieben stehen. Ein Junge in ihrem Alter zwängte sich durch die Passanten und kam heran. Daniel erkannte Askalis, den dicken Sohn des Tierhändlers Bocchus, der neulich im Hause des Tribunen Rutilius Varus seine Darbietungen mit dem Esel, dem Affen und dem Papagei vorgeführt hatte.

»Wo du willst hin?« Die Frage ging an Titus.

»Ins Lager.«

»Hm. Ich mitgehen.«

»Was heißt da ›hm‹? Du kannst nicht mitgehen. Ich habe viel zu tun! Du scheinbar nicht.«

»Er auch mit?« Askalis wies mit dem Kopf auf Daniel; die Zurechtweisung schien er zu überhören.

»Ja.«

»Und wieso er mit? Er doch bei Rutilius!«

»Nicht mehr.«

»Nicht mehr? Was das heißen?«

»Er gehört jetzt uns.«

Askalis riss erstaunt die Augen auf. »Warum das?«

»Erzähl ich dir ein andermal. Wir müssen weiter. Was machst du heute Abend?«

»Ich mit Prudens arbeiten. Er lernen Einmaleins mit drei. Viel schwer. Versteh'n?«

»Wahrscheinlich. Wann hast du wieder so ein Äffchen, so ein kleines?«

»Ich bald kriegen.«

»Wann?«

»Nächsten Monat. Aus Africa. Du eins haben wollen?«

»Mal sehen. Was kostet es?«

»Ich noch nicht wissen. Hängt von groß ab.«

»Aber sag mir Bescheid, wenn du eines hast.«

»Klar. Ich sofort Bescheid.«

»Sag mal, hast du Atto gesehen?«

»Nein. Warum du fragst?«

»Vielleicht ist er krank.«

»Wahrscheinlich.«

»Also dann . . . *Salve*!«

»*Salve*!«

Beim Circus Maximus folgten sie dessen Nordfront bis zum Startgebäude und erreichten das Forum Boarium, den Viehmarkt.

Unvermittelt fragte Daniel: »Wer ist Atto?«

»Ein Germane.«

»Ein Germane?«

»Ja. Er gehört dem Fabius, dem Wirt vom Siebengestirn.«

Da Titus offenbar keine Lust hatte, sich länger über Atto auszulassen, fragte Daniel nicht weiter. So viel war ihm klar: Atto, Askalis und Titus gehörten irgendwie zusammen, bildeten eine Gruppe, die gemeinsame Unternehmungen durchführte. Dabei schien es überhaupt keine Rolle zu spielen, dass Atto ein Sklave, Askalis ein Ausländer und Titus der Sohn des wohlhabenden Großhändlers Acilius Rufus war. Die Grenzen zwischen den Angehörigen verschiedener Völker, Rassen und Stände schienen hier in Rom lockerer zu sein als in seiner Heimat.

Titus bog in eine Straße ein, die vom Fluss wegführte. Rechts und links standen große Lagerhallen, sauber in Ziegel gemauert. Als Titus sah, wie Daniel die riesigen Gebäude anstarrte, erklärte er lässig: »Das sind die Getreidespeicher.«

Sie gingen an ihnen entlang und näherten sich wieder dem Tiber. Hier standen kleinere, schmucklose Hallen. Eine von ihnen könnte Acilius Rufus gehören, dachte Daniel.

So war es, denn Titus ging zielsicher auf eine von ihnen zu. Er öffnete eine kleine Seitentür neben dem großen Haupttor. Sie betraten einen Gang, der auf den inneren großen, gepflasterten Hof führte. Es war ähnlich wie im Laden im Argiletum, nur größer, weiträumiger und überdacht. Von diesem Hof aus konnten die Fuhrwerke, die die Fracht vom Hafen hierher gebracht hatten, direkt in die entsprechenden Lagerräume fahren.

Auf dem Weg zum Kontor wurde Titus immer wieder von Sklaven gegrüßt. Die meisten verbeugten sich tief. Von Daniel nahmen sie keine Notiz.

Licinius war in seinem Kontor. Er erhob sich, als Titus den Raum betrat. Das Erste, was Daniel an ihm auffiel, war ein Zucken der Lider des rechten Auges. Sie zuckten in regelmäßigen Abständen. Er schien es selbst nicht zu bemerken oder er hatte sich daran gewöhnt. Menschen unter starker Belastung zucken so, dachte Daniel.

Nach der kurzen Begrüßung teilte Titus dem Verwalter mit, er sei gekommen, um ihm den neuen Sklaven Daniel vorzustellen. Er sei von nun an öfters mit Aufträgen und Botschaften zwischen dem Laden und der Halle unterwegs. Licinius nickte und erklärte mit einem tiefen Bass: »In Ordnung. Dann sollte ich ihm kurz das Lager zeigen.«

Die Magazinbestände waren umfangreicher, als Daniel es sich vorgestellt hatte. In mehreren Räumen lagerten all die Dinge, die Acilius Rufus von seinen Handelspartnern im Orient bezog. Das meiste war in bis zur Decke reichenden Regalen gestapelt, am Boden türmten sich Berge von Säcken, die wohl Getreide enthielten. Licinius ging mit ihm an den Regalen entlang und wies auf die Schilder, auf denen Name und Ankunft und Qualität der gelieferten Waren in großen Buchstaben notiert waren. Er staunte nicht schlecht, als Daniel spontan davon Gebrauch machte und die Bezeichnungen vorlas.

»Sehr gut!«, lobte Licinius. »Wo hast du das gelernt?«

Daniel erklärte es ihm kurz und Licinius meinte: »Ah ja ... Dann bist du ja noch nicht lange hier ... ich meine, in Rom?«

»So ist es.«

Daniel hatte sich angewöhnt, die für einen Sklaven übliche Anrede »Herr« wegzulassen. Er brachte sie nicht über die Lippen. Licinius aber registrierte sehr wohl, dass vor ihm ein ungemein selbstsicherer junger Sklave stand, dem der Stolz auf seine Herkunft ins Gesicht geschrieben war.

»Also dann...« Des Licinius Auge zuckte dreimal. »Bis demnächst...«

Sie verließen das Lager.

XXI

Etwa zur gleichen Zeit war Esther in der großen Küche damit beschäftigt, die Wandregale gründlich zu säubern. Sie hatte alles Geschirr, das aufrecht hinter den waagerechten Holzstäben stand, herausgenommen, in einer hölzernen Bütt mit feinem Quarzsand gescheuert und in heißem Wasser abgespült. Nun trocknete sie die Teller, Schalen und Becher mit einem Leinentuch ab und stapelte sie auf der Tischplatte.

»Na, kommst du gut voran?«

Martha war hereingekommen und warf einen kritischen Blick auf das Geschirr. Sie griff sich einen Teller und betrachtete die Hasen, die sich reliefartig als Ornament um den Rand zogen.

»Ist was nicht in Ordnung?«, fragte Esther.

»Doch, doch. Ich schau mir das Muster an. Hübsch, nicht?« Martha zeigte auf die Hasen. »Warum sie nur immer wieder Hasen abbilden?«

»Ich hab mal gehört, dass der Hase ein Sinnbild für Fruchtbarkeit ist. Vielleicht meinen sie das?«

»Möglich.«

Martha ging zur Tür, öffnete sie, schaute nach draußen und schloss sie wieder sorgfältig.

»Ist was?«, fragte Esther.

Martha nahm auf einem der Hocker am Tisch Platz und sagte ernst: »Setz dich, Kind!«

Erstaunt leistete Esther Folge und sah Martha an.

»Es ist wegen dem Essen«, fuhr Martha fort.

»Das Essen? Hat die Herrin sich beklagt?«

»Nein, natürlich nicht. Ich rede davon, was wir – ich meine dich, Daniel und mich – so alles zu uns nehmen!«

»Aber es ist doch viel besser als das, was wir bei Rutilius bekommen haben!«

»Leider nicht!«

»Wie meinst du das?«

»Die Wurst!«

»Was ist mit der Wurst?«

»Sie enthält Schweinefleisch!«

»Aber doch nur wenig!«

»Eben nicht.«

»Aber Martha! Der Herr respektiert doch schon, dass wir kein Schweinefleisch essen. Wir bekommen extra Hammel.«

»Sicher, Acilius und die Herrin sind da sehr rücksichtsvoll. Aber wir dürfen auch nicht von der Wurst essen. Sie wird aus Schweinefleisch gemacht. Und Schweinefleisch ist unrein. Du kennst doch das Gesetz des Moses!«

»Ich kenne und achte es. Aber ich denke, dass wir hier unter diesen Umständen...«

»Mein liebes Kind...« Martha setzte sich sehr aufrecht und legte die Hände auf die Tischplatte. »Wir Juden haben die schlimmsten Zeiten in der

Vergangenheit nur überlebt, weil wir uns streng an die Gesetze gehalten haben. Und im Augenblick sieht es so aus, dass die schlimmsten Zeiten erst noch kommen. Jerusalem ist zerstört.«

»Vielleicht wird man es wieder aufbauen!«

»Mag sein. Nicht aber den Tempel!«

Esther verstand sehr wohl, was Martha damit meinte. Schon der Vater hatte es ihr und Daniel eingeschärft: Der Tempel, einst von König Salomon errichtet, vor fast hundert Jahren von Herodes dem Großen von Grund auf neu und prächtiger gebaut, war seit Menschengedenken das religiöse und nationale Zentrum aller Juden, egal, ob sie in Palaestina oder fern der Heimat irgendwo auf dem Erdkreis lebten. Nun aber war das Heiligtum ausgeplündert, geschändet, zerstört, in Brand gesteckt und dem Erdboden gleichgemacht worden. Es war sehr fraglich, ob es je wieder einen neuen Tempel geben würde. Wer sollte ihn denn errichten? Das Land und seine Menschen lagen in den Ketten der Römer. Und die Römer – ansonsten sehr duldsam im Umgang mit den Göttern fremder Völker – waren bestimmt die Letzten, die ein Interesse daran haben konnten, das Heiligtum wieder zu errichten. Schließlich war der Widerstand gegen die Fremdherrschaft schon vor Jahren – und nicht zum ersten Mal – vom Tempel und seiner Priesterschaft ausgegangen.

»Ich werde«, fuhr Martha fort, »mit der Herrin darüber reden. Und ich bin überzeugt, dass sie Verständnis dafür hat. Es geht ja nicht nur um mich, sondern um dich und deinen Bruder.«

»Ja, aber... Wie willst du denn ausgerechnet hier

in Rom koschere* Wurst, die kein Schweinefleisch enthält, auftreiben?«

»Das lässt sich feststellen. In der Stadt leben, wie ich gehört habe, einige tausend Juden. Keine Sklaven, sondern freie Bürger, deren Familien schon seit mehreren Generationen hier sind. Also muss es auch Geschäfte geben, die sich auf deren Bedürfnisse eingestellt haben. Das werde ich herausfinden. Außerdem ...«

»Ja?«

»Nun, ich denke, wenn hier so viele Juden leben, muss es einen Ort geben, an dem sie sich zu Gottesdiensten versammeln. Vielleicht haben sie sogar eine eigene Synagoge. Auch das werde ich feststellen.«

Martha erhob sich und lächelte Esther freundlich zu. »Lass mich nur machen.«

An diesem Abend kam Esther wie üblich noch kurz in Daniels Zimmer. Wie so oft standen sie eine Weile am Fenster und blickten über die Dächer nach Südwesten, zum Palatin.

»Der Kaiser hat zwei Söhne, nicht?«, sagte sie unvermittelt.

»Ja, das weißt du doch.«

»Hat er auch eine Tochter?«

»Er hatte eine. Sie ist vor zwei Jahren gestorben.«

»Wie hieß sie denn?«

»Flavia Domitilla.«

»Woher weißt du das?«

»Von Pilesar.«

»Und woran ist sie gestorben?«

---

* *Koscher* (hebräisch): *rein* im Sinne der jüdischen Speisegesetze

»Keine Ahnung.«

Sie blickten eine Weile schweigend hinaus. Esther zeigte auf den Mond und sagte: »Es ist Vollmond. Vielleicht sieht Mutter ihn jetzt auch.«

»Falls sie draußen ist.«

»... oder an einem Fenster steht wie wir. Vielleicht tut sie's.«

»Vielleicht.«

Daniel hatte keine Lust, über die vermissten Familienangehörigen zu reden, es führte zu nichts und machte nur noch trauriger. Doch Esther fuhr fort: »Wenn die Römer sie in Jerusalem erwischt haben, müsste sie doch auch hier in der Stadt sein.«

»Möglich.«

»... und dann müssten wir sie doch irgendwann finden.«

Daniel nickte, schwieg aber.

»Sag mal, hast du die Sprache verloren?« Esther sah ihn vorwurfsvoll an. »Oder hast du schlechte Laune?«

»Ich bin müde.«

»Ich auch!« Sie betonte jedes Wort. Der Tadel war nicht zu überhören.

Sie wusste, dass der Bruder die Müdigkeit nur vorschob. Er hatte Kummer wie sie. Wahrscheinlich dachte er noch an die misslungene Flucht. Dabei hatte Pilesar ihnen deutlich vor Augen geführt, dass es unmöglich gewesen wäre, ohne die Hilfe anderer aus dem Lande zu kommen. Sie gab ihm einen Kuss auf die Wange und erklärte: »Der Tag war hart heute. Ich leg mich schlafen.«

»Gute Nacht, Esther!«

»Gute Nacht, Daniel! Schlaf gut!«

XXII

Die Botengänge zum Hauptlager am Tiber hatte Daniel nun fast täglich zu machen.

Acilius Rufus war nicht entgangen, wie korrekt und zügig sein neuer Sklave seine Anordnungen ausführte. Einmal meinte er zu seiner Frau: »Was für ein Glück, dass wir diesen Burschen bekommen haben! Er hat noch nie etwas vergessen. Und die Listen, die ich ihm mitgebe, werden immer länger.«

Unter den Angestellten und Sklaven, mit denen Daniel im Hauptlager am Tiber zu tun hatte, war ein stiller, zurückhaltender Mann, zu dem er sich besonders hingezogen fühlte. Sein rechtes Bein war steif und er zog es beim Gehen nach. Aus seinem seltsamen Namen – er hieß Haldavo – leitete Daniel ab, dass er wohl aus dem Norden kam, wahrscheinlich aus Germanien. Das wurde von Titus bestätigt. Haldavo war ein gebürtiger Ubier. Er entstammte also dem Volk, das Iulius Caesar schon vor 125 Jahren vom rechten auf das linke Rheinufer verpflanzt hatte. Wie viele Ubier sprach er das Latein fließend, freilich mit einem seltsamen Singsang in der Stimme, den Daniel noch nie gehört hatte.

Als Daniel an einem der folgenden Tage ins Hauptlager kam, fand er nur Haldavo in der großen Halle vor. Daniel sollte dort eine Lieferung Datteln aus Alexandria mit den Daten der Bestellung vergleichen. Dabei hatte er festzustellen, ob der Lieferant sich genau an die Vorgaben gehalten hatte.

Das war eine anstrengende Arbeit, denn die Säcke mussten zum Teil aus den Regalen geholt werden, damit man die dahinter liegenden zählen konnte und so einen Überblick bekam.

»Warte, ich helf dir!«

Haldavo humpelte heran und packte kräftig mit an. So war die Sache schneller erledigt, als Daniel es sich vorgestellt hatte.

Als er aber die Zahl der Säcke mit den Angaben auf der Liste verglich, stutzte er.

»Is' was?«, fragte Haldavo.

Daniel nickte. »Die Zahl der Säcke in den Regalen stimmt nicht mit der auf meiner Liste überein.«

»Vielleicht hast du dich verzählt, Junge.«

»Glaube ich nicht. Aber ich zähl sie noch einmal.«

Das war bald geschehen.

»Und?«, fragte Haldavo.

»Gleiches Ergebnis. Fünf Säcke zu wenig.«

»Wo? Auf deiner Liste?«

»Nein. Hier im Regal.«

»Das darf doch nicht wahr sein!«

Nun machte sich Haldavo daran und zählte gleich dreimal hintereinander. Er kam jedes Mal zum gleichen Ergebnis wie Daniel.

»Das gibt's nicht!« Haldavo schüttelte den Kopf. »Das ist nämlich schon das zweite Mal!«

»Das zweite Mal?«

»So ist es. Vor zwei Monaten hatten wir schon mal so 'ne Lieferung.«

»Meinst du, der Lieferant betrügt Acilius?«

»Kann ich mir nicht vorstellen. Kenne den Mann. War mal hier. Vor zwei Jahren. Absolut korrekt. Acilius hält große Stücke auf ihn.«

Daniel registrierte, dass Haldavo nicht »der

Herr« sagte, wenn er von Acilius sprach. War er kein Sklave wie die meisten hier? Als er in das von feinen Fältchen durchzogene Gesicht des Ubiers blickte, dachte er: ›Wenn Haldavo das sagt, dann muss es stimmen.‹

»Dann gibt's nur eine Erklärung...« Daniel betrachtete die Säcke, die noch auf den Regalen lagen, genau. »Schau mal, Haldavo!« Er wies auf die Säcke. »Sie liegen noch genau so, wie sie immer lagen. Wir haben sie nicht bewegt.«

»Wie meinst du das?« Haldavo lüftete seine Filzkappe und kratzte sich am Hinterkopf.

»Normalerweise stapelt man doch in der hinteren Reihe bis ans nächste Regalbrett, dann fängt man davor neu an, nicht wahr?«

»Ja, das ist richtig.«

»Aber da hinten ist eine Lücke. Wenn du mich fragst, dann lagen da die fünf Säcke, die jetzt fehlen.«

Haldavo ging näher heran und prüfte das, was Daniel meinte.

»Donnerwetter! Da könntest du Recht haben, Junge.«

Er sagte immer »Junge« zu Daniel und redete ihn nie mit seinem Namen an.

Daniel sah ihn an. »Dann heißt das aber, dass hier...« Er vollendete den Satz nicht.

Haldavo tat es: »... dass hier gestohlen wird.«

»Genau.«

»Aber das kann ich mir nicht vorstellen. Kenne die Jungs schon seit Jahren. Alles grundehrliche Kerle.«

»Bist du sicher?«

»Natürlich. Für die leg ich meine Hand ins Feuer.«

Daniel wurde unbehaglich, denn ihm fiel ein, dass er das Fehlen dieser fünf Säcke dem Herrn melden musste. Andererseits: Was ging ihn das an? Er hatte seine Aufgabe erfüllt. Für das Fehlen der Säcke war er nicht verantwortlich.

Sie stapelten die Säcke wieder im Regal. Dabei stöhnte Haldavo plötzlich auf. Er setzte sich auf einen der Säcke und massierte sein steifes Bein.

Daniel wagte nicht nach der Ursache der Behinderung zu fragen.

Als Haldavo seinen fragenden Blick sah, erklärte er es ihm: »Eine ganz verrückte Geschichte...«

Er sei, berichtete er, wie so viele andere seiner Landsleute in die Wirren des Bataverkrieges geraten.

»Du hast doch bestimmt schon davon gehört – oder?«

»Nein«, sagte Daniel.

»Das war ja alles auch eine Folge der schrecklichen Wirren nach dem Ende Neros«, fuhr Haldavo fort. »In Italien tobte ein Bürgerkrieg. Innerhalb eines Jahres gab es drei Kaiser: Galba, Otho, Vitellius. Zusammen mit ihren Truppen kämpften sie um die Vorherrschaft. Das nutzte Civilis, ein Fürst der Bataver, aus. Er rief seine Landsleute zum Kampf gegen Rom auf und alle im Gebiet zwischen Rhein und der Schelde erhoben sich.«

»Hast du denn an den Kämpfen teilgenommen?«

»Nein.«

»Nein? Dann wurdest du also nicht im Krieg gefangen genommen?«

»Nein.«

»Also bist du kein Sklave?«

»Nein. Ich bin ein freier Mann und kann tun und lassen, was ich will.«

Daniel war vollkommen überrascht. Das hatte er nicht erwartet. »Ja, aber ... Wie bist du dann nach Rom gekommen?«

»Das ist ja das Verrückte. Meine Familie hielt treu zu Rom. Das war schon seit den Zeiten Caesars so bei uns. Aber das sollte jetzt die schlimmsten Folgen haben.« Sein Blick verfinsterte sich. »Mein Bruder hatte in der Nähe der CCAA – ich meine die Provinzhauptstadt – einen Hof. Wir – meine Frau und die Kinder und ich – machten dort häufig Besuche. Und bei einem dieser Besuche wurde der Hof von marodierenden Batavern überfallen. Mein Bruder wurde getötet und ich am Bein durch einen Schwerthieb verletzt. Sie nahmen mich gefangen. Die Frauen und die Kinder wurden weggeführt. Was aus ihnen geworden ist, habe ich nie erfahren. Ich glaube, du kannst verstehen, wovon ich rede, denn dir ist es vermutlich ganz ähnlich ergangen.«

Daniel nickte langsam.

»Sie schleppten mich eine Zeit lang mit sich und versuchten mich auf ihre Seite zu ziehen. Nach den Vorfällen eine dreiste Vorstellung! Irgendwann gelang mir die Flucht und ich versteckte mich in den Wäldern der Arduenna Silva*. Mittlerweile hatten römische Truppen das Gebiet am Rhein wieder unter ihre Kontrolle gebracht. Aber wohin sollte ich zurückkehren? Meine Familie war verschollen,

---

* Die heutigen Ardennen und die Eifel

mein Bruder tot. Einer der römischen Offiziere, ein Centurio, machte mir den Vorschlag, mit nach Italien, nach Rom zu kommen. Ich als erfahrener Schmied würde da mit Sicherheit mein Auskommen finden. Ich zögerte natürlich lange. Stellte Nachforschungen über den Verbleib von Frau und Kindern an. Irgendwann erfuhr ich, dass sie tot waren. So hielt mich nichts mehr im Lande. Ich nahm den Vorschlag des Centurios an, verließ meine Heimat und ging nach Rom. Na ja, und so bin ich dann irgendwann hier bei Acilius Rufus gelandet.«

Haldavo massierte noch einmal sein Bein. Dann erhob er sich mit einem Seufzer und reckte sich.

»Du musst das da« – er wies auf die Säcke – »nun deinem Herrn Acilius melden. Weiß der Himmel, was für eine Schurkerei dahinter steckt.« Mit der Formulierung *deinem Herrn* betonte Haldavo, dass er selbst ein freier Mann war.

Daniel nickte

Von diesem Tage an herrschte zwischen Daniel und Haldavo ein freundschaftliches Verhältnis.

XXIII

Hatte Daniel erwartet, dass Acilius Rufus auf die Nachricht von den fehlenden Säcken zornig reagieren würde, so war er überrascht, wie gelassen der Herr darauf antwortete: »So was kommt leider immer wieder vor. Und nach einem Monat kannst du nicht mehr nachweisen, ob der Händler die Ware unvollständig geliefert hat, ob sie unterwegs gestohlen oder in der Lagerhalle beiseite geschafft worden ist. Aber immer noch besser als ein Totalverlust bei einem Schiffsuntergang.«

Acilius, der hinter seinem Schreibtisch saß, strich sich über den Bauch, sah Daniel wohlwollend an und fuhr fort: »Ich bin sehr zufrieden mit dir. Weiter so, Junge.«

Unvermittelt griff er nach dem Lederbeutel auf der Platte, löste umständlich die Schnüre und kramte aus der Börse ein Geldstück hervor. Er reichte es Daniel. »Hier, nimm das! Kauf dir irgendwas in der Stadt! Im Übrigen will die Herrin dich sprechen.«

Daniel nahm das Geld, dankte, verbeugte sich leicht und verließ das Kontor. Draußen schaute er sich die Münze an. Es war ein Denar. Noch vor einem Jahr hätte dieses Geldstück keinen großen Wert für ihn gehabt. Jetzt stellte es für ihn ein kleines Vermögen dar. Dafür konnte er sich die verschiedensten Dinge kaufen: ein kleines Messer, ein einfaches eigenes Besteck, vielleicht sogar ein kleines Buch bei Pollius Valerianus. Der würde ihm sicherlich einen guten Preis machen. Sie kannten sich. Er konnte auch mit Esther in einem dieser Schnellrestaurants essen gehen. Die Römer nannten sie mit dem griechischen Wort *thermopolion*, was so viel bedeutete, dass man dort warm essen konnte. Überall im Argiletum und in den Straßen der Subura gab es diese Garküchen. Er hoffte, dass Domitia Esther erlauben würde das Haus zu verlassen.

Doch dann entschied er sich anders. Das Geld

musste gespart werden. Vielleicht würde ihm der Herr von nun an sogar des Öfteren etwas zustecken. Wenn er ihm jeden Monat einen oder zwei Denare... dann wären das in einem Jahr... Abwarten! Dabei hatte Daniel durchaus den Eindruck, als ob Acilius es nicht gerne sähe, wenn seine Frau etwas davon erfuhr, dass er dem Sklaven Geld gab.

Er machte sich auf die Suche nach Domitia, der Herrin, und fand sie bei Martha in der Küche.

»Ah, gut, dass du kommst, Daniel!«, sagte Domitia. Sie blickte ihn ernst an. »Es geht um euer Essen. Das muss doch rein sein, nicht wahr?«

Daniel stutzte: Worauf wollte die Herrin hinaus? Schließlich antwortete er: »So ist es, Herrin. Nach dem Gesetz des Moses dürfen wir nur koschere Speisen zu uns nehmen.«

»Koscher, ja, darum geht es.«

»Du kennst das Wort?« Daniel staunte. Was hatte die Herrin vor? Er sah, dass Martha lächelte.

»Aber sicher. In Rom gibt es viele Juden«, fuhr Domitia fort. Das klang völlig vorurteilsfrei. Vielleicht kannte sie den einen oder anderen näher.

Und dann teilte sie ihm mit, dass er gleich morgen, wenn er ohnehin zum Hauptlager gehe, einen Abstecher zum Vicus Iugarius machen und dort nach einem gewissen Abra'm fragen solle, in dessen Laden er all das bekomme, was er, Martha und Esther brauchten. Sie habe, fügte sie hinzu, dafür einen monatlichen Betrag festgesetzt, an den sie sich zu halten hätten. Was sie im Einzelnen dafür kauften, sei ihre Sache. Allerdings bekämen sie keinen Sesterzen mehr als vereinbart. Sie nannte die Summe: »Ich gebe euch zwanzig Denare! Das muss reichen.«

»Aber sicher, Herrin, es reicht«, pflichtete Martha ihr energisch bei.

Als die Herrin die Küche verlassen hatte, bestürmte Daniel die alte Frau mit Fragen. Sie aber lächelte und sagte leise: »Du hast mit allen Erbarmen, Herr, weil du alles vermagst, und du siehst über die Sünden der Menschen hinweg, damit sie sich bekehren[*]. Amen.«

»Amen«, wiederholte Daniel.

Als er am nächsten Morgen aus dem Torbogen auf die Straße trat, um sich auf den Weg zum Lager und danach zu diesem Abra'm zu machen, kam ihm Titus, der Sohn des Herrn, entgegen und sagte kurz: »Ich geh mit.«

»Musst du was in der Stadt erledigen?«

»Nee, wir sollen die Säcke im Lager noch mal zählen. Ob schon wieder welche fehlen.«

Also nahm Acilius den Vorfall doch ernster, als er ihm gegenüber gestern zu erkennen gegeben hatte. Daniel registrierte erfreut, dass Titus »wir« gesagt hatte: »*Wir* sollen die Säcke noch mal zählen.« Das bedeutete, dass sie beide auf gleicher Ebene handelten.

Unterwegs schwieg Titus, doch kurz bevor sie das Lager erreichten, fragte er: »Hast du eigentlich noch andere Geschwister?«

»Ja, einen Bruder.«

»Wie alt?«

»Zweiundzwanzig.«

»Und wo ist der?«

---

[*] Buch der Weisheit, 11, 23

»Weiß ich nicht.«
»Was heißt das?«
»Er ist verschollen.«
»Verstehe.«

Diesmal war auch Licinius, der Verwalter, in der Halle. Einige Sklaven luden Kisten von einem Wagen und stapelten sie in einem Regal. Haldavo gab dazu genaue Anweisungen. Was die Kisten enthielten, war nicht zu erkennen.

Titus teilte Licinius mit, sie seien gekommen, um die Zahl der Säcke mit den Datteln noch einmal zu überprüfen.

Licinius stutzte und brummte: »Na ja, sicher ist sicher.« Man sah ihm an, dass ihm der Auftrag überhaupt nicht passte.

Er schaute auf eine Liste, die er in der Hand hielt, und erklärte: »Zehn sind aber schon ausgeliefert... an Händler in der Stadt.«

»Ist doch egal«, meinte Titus lässig. »Die zählen wir dann mit.«

Sie machten sich an die Arbeit. Zwei der Sklaven halfen. Das Ergebnis war das gleiche. Fünf Säcke fehlten. Licinius, der das Zählen aufmerksam verfolgt hatte, sagte abschließend: »Du kannst dem Herrn, deinem Vater, ausrichten, dass ich bereits strengere Kontrollen veranlasst habe. Nicht wahr, Haldavo?«

Der Ubier nickte.

»Ich werd's ausrichten«, sagte Titus. Dann wandte er sich an Daniel: »Komm, ich zeig dir mal das Lager. Du wirst staunen!«

Licinius starrte den beiden Jungen nach, als Titus sich anschickte, Daniel all die verschiedenen Waren,

Artikel und Güter, mit denen sein Vater handelte, zu zeigen. Er konnte bei fast allen ihre Herkunft nennen.

Schließlich zog er, der sich hier als Sohn des Herrn vollkommen frei bewegen konnte, Daniel mit sich in den hinteren Teil des Lagers. Da hier kein Fenster den Raum erhellte, war es schummrig und düster.

»Was willst du hier?«, fragte Daniel.

»Dir was zeigen!«

Titus ging auf eine kleine Tür zu und versuchte sie zu öffnen, doch sie war verschlossen.

»Warte einen Augenblick!«, sagte er und entfernte sich. Nach wenigen Augenblicken kam er mit einem Schlüsselbund zurück und öffnete die Tür.

Der Raum war nicht groß, aber hell. Sein Licht erhielt er von zwei Fenstern, die sich fast in Höhe der Decke befanden. Sie waren mit starken, über Kreuz geschmiedeten Eisengittern gesichert. Da kommt so leicht niemand durch, dachte Daniel. Er warf einen Blick auf die Dinge, die hier in den bis zur Decke reichenden Regalen gestapelt waren: Krüge, Schalen und Weingefäße, silberne Trinkbecher, Teller und Krüge, geschliffene Gläser, alles von erlesener Qualität; es handelte sich um Gegenstände, mit denen reiche Leute ihre Häuser ausstatteten.

»Das kommt fast alles aus Griechenland«, erklärte Titus.

»Ich weiß«, sagte Daniel.

»Woher weißt du das?«

»Zu Hause hatten wir ähnliche Dinge.« Dabei dachte er wehmütig: ›Und jetzt muss ich überlegen, ob ich mir für einen Denar ein Messer kaufen soll oder nicht.‹

Titus ging mit Daniel an den Regalen entlang und nannte ihm die Herkunft der Waren. Die bemalten Krüge und Schalen stammten aus Athener Werkstätten. Sie zeigten Szenen aus der griechischen Sagenwelt.

Sie hatten das Ende des Regals erreicht. Titus drehte sich um und ging zur gegenüberliegenden Seite, um Daniel noch die Schätze in den dortigen Regalen zu zeigen.

Und dann sah er ihn! Es war nur ein kurzer Augenblick, aber er genügte, um Daniels Puls zu beschleunigen: Unmittelbar vor ihm, in Augenhöhe, lagen sperrige Gegenstände. Sie waren mit einem Tuch zugedeckt, um sie vor Staub zu schützen. Das war normal. Aber an einer Stelle war das Tuch verrutscht und er konnte erkennen, was darunter lag: Gegenstände aus Metall, aus Silber und Gold, Teile von Kandelabern, die man zusammenstecken und im Raum als Ständer für Öllampen oder Kerzen aufstellen konnte; auch silberne und goldene Schalen in verschiedenen Größen, eine kostbare Schreibgarnitur und ein Kerzenhalter aus Gold. Er hatte sieben Arme und war reich verziert mit religiösen Symbolen – mit jüdischen Symbolen!

Doch das war noch nicht alles! Bevor er dazu kam, Folgerungen über die zweifelhafte Herkunft des Objektes zu ziehen, sah er noch etwas: Der Rand der äußersten Schale, die wie die übrigen als Tropfenfänger diente, war verbogen.

Ihn schwindelte, denn er sah eine Szene vor sich: Als kleiner Junge hatte er einmal aus Versehen einen siebenarmigen Kerzenhalter vom Tisch gestoßen. Er war hart auf die Bodenfliesen gefallen und dabei hatte sich eine der äußeren Schalen verbogen. Er würde diese Kerbe mit verbundenen Augen ertasten und wiedererkennen können, denn der Ständer war ein geheiligtes Erbstück der Familie und spielte bei allen religiösen Festen eine wichtige Rolle. Damals – es musste acht oder neun Jahre her sein – hatte er den Leuchter heimlich wieder an seinen Platz gestellt und verschwiegen, dass er, Daniel, der Urheber des Schadens war. Natürlich war die Aufregung im Hause groß. Handelte es sich doch um ein zweihundert Jahre altes Erbstück. Vater und Mutter hatten Nachforschungen angestellt, doch es war nie herausgekommen, wer für den Schaden verantwortlich war. Nur Esther hatte Daniel damals von seinem Missgeschick erzählt, er wusste, dass sie ihn nicht verraten würde. Seltsamerweise hatte man den Defekt nie reparieren lassen. So war ihm die verbogene Schale täglich vor Augen gewesen und ihr Aussehen hatte sich ihm tief eingeprägt.

Es gab nicht den geringsten Zweifel! Das hier war der siebenarmige Leuchter aus dem Haus seiner Eltern! Auf dem gesamten Erdkreis gab es keinen zweiten mit genau dieser Verbiegung der äußersten Schale.

Er durfte sich nichts anmerken lassen und ging hinüber zu Titus, der ihm die dort liegenden Kleinodien zeigte: teure Spiegel in allen Größen, edles Schreibgerät, Tintenfässer aus geblasenem, farbigem Glas, andere aus Halbedelsteinen herausgearbeitet und poliert, dunkelrot gebeizte, herrlich weiche Ledertaschen für die verschiedensten Zwecke und vieles andere mehr.

Doch Daniel hörte nur noch mit halbem Ohr zu, als Titus ihm Informationen über die Herkunft und Preise dieser Dinge gab. Seine Gedanken überschlugen sich: Der Leuchter stammte aus dem Beutegut der römischen Armee. Das war klar. Bei der Plünderung der Stadt hatten Soldaten ihn mitgehen lassen. Er hatte vor einem Dreivierteljahr selbst gesehen, wie sie in die Häuser eindrangen und schwer beladen wieder herauskamen. Dann dürften auch die übrigen Schätze aus Gold und Silber, die im gleichen Regal lagen, aus Jerusalem und Iudaea stammen. Aber wie kamen sie hierher? Ins Lager von Acilius Rufus!?

Er versuchte klar zu denken: Es bestand doch die Möglichkeit, dass Acilius Rufus diese Schätze ganz legal von römischen Soldaten erworben hatte. Aber das war doch Unsinn! Er hatte hier auch noch nie Soldaten gesehen. Und er wusste: All die kostbaren Dinge, die man aus den brennenden Häusern herausgeholt hatte, waren Eigentum des Kaisers. Man hatte sie an zentraler Stelle gesammelt und später nach Rom gebracht. Wo sie jetzt gelagert wurden, wusste er nicht. Gewiss an einem sicheren Ort.

Noch etwas schoss ihm durch den Kopf: Titus war eben achtlos, ja mit der größten Selbstverständlichkeit an den Gegenständen, die ganz klar aus Jerusalem stammten, vorbeigegangen. Offenbar wusste er nicht, woher sie stammten und machte zwischen den griechischen und den jüdischen keinen Unterschied. Warum also sollte er sich wundern?

Was aber war mit Acilius Rufus, dem Herrn? War er an diesen Schiebereien beteiligt? Wie kamen die Objekte sonst in diesen Raum?

Es sei denn, jemand vom Personal hatte damit zu tun. Aber dann müsste Acilius doch davon Kenntnis haben!

Sie verließen den Raum. Titus schloss die Tür und verriegelte sorgfältig die Schlösser.

Bevor er die große Halle verließ, warf Daniel einen kritischen Blick auf Haldavo, der immer noch die Arbeit der Sklaven beaufsichtigte. Doch der Ubier gab sich wie immer und winkte ihm zum Abschied mit der Hand zu.

»Dann bis später!«, sagte Titus zu Daniel. Er wollte offenbar noch eine Weile im Lager bleiben.

»Bis später!« Daniel trat nach draußen. Die frische Luft tat gut. Verwirrt machte er sich auf den Weg zum Vicus Iugarius.

XXIV

Der Schrecken, den das unerwartete Auftauchen des Leuchters in ihm ausgelöst hatte, wich auch auf dem Weg zurück zum Hafen nur langsam. Doch so lange er auch grübelte und verschiedene Möglichkeiten durchspielte, wie Teile der Jerusalemer Kriegsbeute, darunter *sein* Leuchter, in das Lager seines Herrn Acilius Rufus gelangt waren – er fand keine Lösung. Vielleicht war alles ganz einfach: Was dort lagerte, war korrekt erworben und somit rechtens. Aber wie die verschwundenen Säcke zeigten, ging im Lager eben nicht alles mit rechten Dingen zu.

Das scheinbar chaotische Durcheinander von Menschen, Tieren, Kränen, Karren und Wagen beim Hafen beachtete er schon nicht mehr. Geschickt zwängte er sich zwischen Arbeitern, Kaufleuten, Schreibern und herumlungernden Bettlern hindurch und eilte wie jemand, der sich hier auskannte und etwas zu erledigen hatte, forsch weiter.

Der Vicus Iugarius, in dem Abra'm seinen Laden hatte, begann am nördlichen Ende des Forum Boarium. Die Straße zog sich in einem großen Bogen nach Nordosten und folgte der Senke, die Palatin und Capitol voneinander trennte, bis sie zwischen der Basilika Iulia und dem Saturntempel das Forum Romanum erreichte.

Daniel, der diese Gegend noch nicht kannte, fragte einen Passanten nach dem Laden von Abra'm. Der Mann wies nach vorne: »Das Haus an der nächsten Abzweigung rechts. Da vorne! Kannst du nicht verfehlen.« Er sah ihn an. »Wohl fremd hier, wie?«

»Nein!«, behauptete Daniel.

»Wie? Na ja, kannst nicht von jedem den Laden kennen. Aber den von Abra'm kennt jeder.«

Daniel bedankte sich, ging weiter und erreichte schon nach wenigen Augenblicken die Abzweigung. Es sollte also das Haus an der Ecke sein. Aber welches? Gegenüber im Erdgeschoss ein Lebensmittelladen der gehobenen Klasse. Die Tafel auf einem Ständer verkündete, dass frischer Räucherkäse aus Sizilien und luftgetrockneter Schinken aus Gallien eingetroffen seien. Ständig gingen Leute ein und aus, durchweg Frauen, die wenigen Männer schienen Sklaven zu sein, wie Daniel an ihrer einfachen, derben Kleidung und den fast kahl geschorenen Köpfen bemerkte.

Das konnte nicht Abra'ms Laden sein. Abra'm würde nicht darauf hinweisen, dass er frischen Schweineschinken aus Gallien anzubieten habe.

Daniel betrachtete das andere Haus. Die Tür war nicht als Eingang zu einem Lebensmittelladen gekennzeichnet. Keine Tafel, kein Schild wiesen darauf hin. Die Doppeltür war geschlossen. In den oberen Geschossen befanden sich Wohnungen mit Balkonen, die mit allerlei blühenden Sträuchern und Stauden geschmückt waren.

Entschlossen ging er zu der Doppeltür, öffnete einen Flügel und trat ein. Zunächst sah er nichts, denn es war zu düster. Nur drei Öllampen versuchten den fensterlosen Raum zu erhellen. Doch ihm stiegen sehr bekannte Düfte in die Nase. Es roch nach Weihrauch, Myrrhe, Zimt und anderen orientalischen Stoffen. Er kannte diese Aromen nur zu gut, denn in vielen Läden Jerusalems hatte es so gerochen. Einen Augenblick lang meinte er wieder zu Hause zu sein.

Allmählich gewöhnten sich seine Augen an das Dämmerlicht. Er erkannte Regale, die rechts und links an den Wänden standen, die Bretter gefüllt mit Gläsern, Säckchen und Beuteln. Vor der Rückwand eine Theke, darauf eine Hängewaage und Gewichte in allen Größen und Formen. An der Wand geräucherte Würste und Schinken, beide wohl vom Schaf,

Rind oder anderen reinen Tieren. Die Decke des Raums war gewölbt und sehr hoch. Vielleicht hatte das Gewölbe früher anderen Zwecken gedient.

Nichts rührte sich. Außer ihm war niemand im Laden.

Daniel überlegte, ob er »*Heus!*« – »Hallo!« rufen sollte. Titus hatte das Wort neulich benutzt, als er ihn suchte, und Daniel hatte es sich eingeprägt. Doch da näherten sich schlurfende Schritte. Sie kamen aus dem hintersten Teil des Hauses. Es dauerte lange, bis endlich eine Hand den Vorhang zur Seite schob, der den vorderen Teil des Ladens vom privaten Bereich trennte. Eine männliche Gestalt wurde sichtbar.

Der Mann entsprach in allem dem Bild, das sich Daniel von einem Propheten der alten Zeiten machte: Hager war er, und ungewöhnlich groß. Er hielt sich leicht gebeugt, wobei er sich auf einen knorrigen Stock stützte. Eine große Ruhe ging von ihm aus. Daniel schätzte sein Alter auf Mitte siebzig. Eine prächtige Mähne weißgrauer Haare fiel ihm bis auf die Schultern, sie machte in keiner Weise den Eindruck von Ungepflegtheit, im Gegenteil, er schien die Haare regelmäßig zu waschen. Seine Tunika war länger als üblich, sie reichte bis über die Knie. In den grünen Stoff waren silberfarbene Mäander gestickt. Seine Hände waren groß, kräftig und ausdrucksstark. Den Ringfinger der Linken schmückte ein goldener Siegelring. Das Gesicht, so dürr wie der ganze Körper, war von zahlreichen Falten durchfurcht. Auffallend zwei große tiefe, die rechts und links der Nase nach unten liefen, ohne beim Betrachter den Eindruck von Bitterkeit zu erwecken, denn sie wurden von einem dichten Bart verdeckt, dessen Silberfäden bis auf die Brust reichten. Die Augen, groß, dunkel, fast schwarz, ruhten beim Näherkommen prüfend auf dem Gesicht von Daniel, nahmen seine Kleidung in Augenschein, registrierten die tadellose, ungeflickte Tunika, die neuen Sandalen, die langen, lockigen Haare.

»Nun, mein Sohn, womit können wir denn dienen?«

Seine Stimme klang tief und voll. Er hatte Hebräisch gesprochen. Also hatte er in ihm, Daniel, auf der Stelle einen Angehörigen des eigenen Volkes erkannt.

Daniel schilderte kurz, worum es ging, und nannte die Dinge, die er kaufen wollte.

»Kein Problem.« Der Alte hob im Einverständnis eine Hand. »Dafür sind wir ja da, nicht wahr.« Er lächelte freundlich. Es schien eine Angewohnheit von ihm zu sein, von sich selbst im Plural zu reden.

»Willst du die Sachen gleich mitnehmen?«

Er sah Daniel fragend an, und als dieser nickte, fuhr er umständlich fort: »Es ist nur wegen ... Das Brot, ja ... es ist nämlich ausgegangen ... das ungesäuerte ... Und du willst doch ungesäuertes – oder?« Daniel nickte. »Gut, wir bekommen aber erst heute Nachmittag frisches vom Bäcker. Also schlage ich vor, dass es jemand ins Argiletum bringt. Ich schicke jemanden ins ... Einverstanden?«

Wieder nickte Daniel und nahm erstaunt zur Kenntnis, dass offenbar ein römischer Bäcker jüdisches Brot backte. Der Alte notierte sich die Einzelheiten der Bestellung auf einer Wachstafel, legte sie beiseite und betrachtete den Jungen mit offensichtlicher Neugier.

»Du warst noch nie hier. Bist noch nicht lange in der Stadt...« Er sprach das Hebräische deutlich mit römischem Akzent. Also musste er schon lange, sehr lange, in der Stadt sein.

»So ist es.« Auch Daniel benutzte nun seine Muttersprache.

»Kommst du direkt aus Iudaea?«

»Aus Jerusalem.«

»Oh, aus Jerusalem!« Abra'm öffnete die dunklen Augen und neigte wie anerkennend den Kopf. »Nach der... Eroberung?«

»Ja.«

»Ich verstehe.« Der Alte schaute Daniel lange an. Sein Blick verfinsterte sich. Als er endlich fortfuhr, klang es wie ein Gebet: »Siehe, Finsternis bedeckt die Erde und Dunkel die Völker, doch über dir geht leuchtend der Herr auf! Denn jedes Volk und jedes Reich, das dir nicht dient, geht zugrunde. Amen!«

»Amen!«, wiederholte Daniel. Er kannte diese Verse des Propheten Jesaja gut, denn sein Vater hatte sie in den letzten Wochen vor dem Fall Jerusalems oft im Munde geführt.

Obwohl der Kauf abgeschlossen war, spürte Daniel, dass Abra'm sich nur zu gern weiter mit ihm unterhalten würde. Und er, Daniel, hatte ebenfalls eine Menge Fragen an diesen Mann: Seit wann er in Rom war, wieso er trotz des Krieges ungestört seinen Geschäften nachgehen konnte, ob es außer ihm noch weitere jüdische Händler in Rom gab.

Als ob der Alte seine Gedanken lesen könnte, begann er aufs Neue: »Es ist schon eine verdrehte Welt. Die Römer führen in Iudaea einen fürchterlichen Krieg gegen mein eigenes Volk und ich lebe hier in tiefstem Frieden.«

»Wie lange bist du denn schon hier?«, fragte Daniel.

»Oh, schon lange, schon sehr lange.« Er nickte still in sich hinein. »Ich bin in diesem Haus geboren. Vor siebenundsiebzig Jahren, ja.«

Dann holte er weit aus und berichtete seinem aufmerksamen jugendlichen Zuhörer: Schon vor hundertzwanzig Jahren habe sein Urgroßvater Iudaea verlassen und sich in Rom als Kaufmann niedergelassen.

Abra'm fragte Daniel nach seinem Familiennamen, und als dieser ihn nannte, entging ihm nicht, wie sich das Gesicht des Alten kurz aufhellte. Doch er sagte nichts. Offenbar war ihm die Familie der Mathijahu nicht unbekannt.

Abra'm hob segnend seine Hände und sagte: »Herr, Gott der Heerscharen, wie lange noch zürnst du, während dein Volk zu dir betet? Du hast uns gespeist mit Tränenbrot, du machst uns zum Spielball der Nachbarn und unsere Feinde verspotten uns. Herr, Gott der Heerscharen, richte uns wieder auf! Lasse dein Angesicht leuchten, dann ist uns geholfen. Amen!«

»Amen!«

Abra'm umarmte Daniel und drückte ihn kurz an sich. »Gott beschütze dich, mein Junge!«

Als Daniel den Laden verließ, wusste er, dass er einen neuen, väterlichen Freund gewonnen hatte.

XXV

Als Daniel am Abend vor dem Schlafen wie üblich in Esthers Zimmer ging, spürte Esther, dass der Bruder wortkarger als gewöhnlich war. Er schien sich mit einer Sache zu beschäftigen, die ihn bedrückte. Da es ihre Art war, spontan den Dingen auf den Grund zu gehen, sprach sie ihn darauf an.

Daniel antwortete nicht gleich. Er ließ sich auf dem Hocker beim Fenster nieder und schaute hinüber zum Palatin.

»Bitte, Daniel, ich kann es nicht haben, wenn du so verbohrt bist.«

»Ich bin nicht verbohrt.« Er blickte weiter nach draußen.

»Na gut, dann eben in dich gekehrt. Dich bedrückt doch was! Hab ich Recht?«

Er drehte sich langsam um und sagte: »Ich habe heute unseren siebenarmigen Leuchter gesehen.«

»Was hast du . . .?« Sie starrte ihn entgeistert an, als ob sie an seinem Verstande zweifelte. »Sag mal, spinnst du?« Ihr Blick wurde besorgt. »Ist dir nicht gut?«

»Doch, doch, sehr gut sogar.«

»Aber Daniel, du redest doch Unsinn! Wie kannst du hier in Rom unseren Leuchter gesehen haben?«

»Es war so . . .« Er schilderte ihr kurz, was er im Lager beobachtet hatte.

Esther darauf: »Und du bist dir vollkommen sicher?«

»Ja.«

»Aber Daniel, es gibt viele Leuchter dieser Art. Du kannst sie in Jerusalem bei jedem Goldschmied kaufen. Woran willst du ihn denn erkannt haben?«

»An der verbogenen Tropfenschale.«

»Verbogene Tropfenschale?«

»Ja. Du weißt doch, wie ich ihn einmal als kleiner Junge fallen ließ.«

Sie nickte und fragte eindringlich: »Du bist ganz sicher?«

»Vollkommen.«

»Aber Daniel! Das ist ja...« Ihr fehlten die Worte, um auszudrücken, was sie empfand. Sie sah den Leuchter mit brennenden Kerzen und hatte den Duft des Bienenwachses in der Nase. Er wurde nur bei besonderen Anlässen in ihrem Elternhaus entzündet. Leise fuhr sie fort: »Wie kommt unser Leuchter in das Lager von Acilius?«

»Das möchte ich auch wissen.«

»Ich kann mir nicht vorstellen, dass Acilius unredlich ist und...«

»Krumme Geschäfte macht?«

»Ja.«

»Das muss herauszufinden sein.«

»Wie denn? – Du kannst den Herrn doch nicht einfach danach fragen!«

»Natürlich nicht. Aber ich bin fast täglich im Lager und kann mich überall in Ruhe umschauen. Ich werde Augen und Ohren offen halten. Ich sollte bei Gelegenheit mit Haldavo darüber sprechen.«

»Wer ist das?«

Daniel erklärte es ihr und sie meinte: »Sei vorsichtig! Er könnte daran beteiligt sein.«

»Niemals. Er ist kein Sklave.«

»Was hat das denn damit zu tun?«

»Ich denke, sehr viel. Falls irgendjemand vom Personal Helfershelfer hat, dann dürfte es sich dabei um Sklaven handeln. Sie sind vollkommen abhängig von ihren Vorgesetzten. Und da sie in erbärmlicheren Verhältnissen als wir leben, halte ich es ohne weiteres für möglich, dass der eine oder andere von ihnen bei der Abwicklung dieser betrügerischen Geschäfte geholfen hat.«

Esther dachte nach und meinte: »Dann müsste Licinius, der Lagerverwalter, dahinter stecken.«

»Vielleicht. Das wird sich herausstellen.«

»Um Gottes willen! Daniel, sei vorsichtig! Dieser Mann hat große Macht und er hat Einfluss auf den Herrn. Und der wird im Zweifelsfall auf Licinius und nicht auf dich hören.«

»Meinetwegen«, erwiderte Daniel. »Aber es geht ja nicht nur um unsern Leuchter. Die Regale waren prallvoll mit Schätzen dieser Art. Und die stammen bestimmt alle aus der Kriegsbeute, als Jerusalem geplündert wurde.«

»Du meinst: Eigentlich gehört die gesamte Beute dem Staat, dem Kaiser?«

»Ja.«

»Bist du sicher?«

»Nicht ganz. Aber das wird sich leicht klären lassen. Abra'm wird das wissen.«

»Sei vorsichtig!«

»Sicher!« Er blickte aus dem Fenster. »Es muss da einen einflussreichen Mann geben, der sie heimlich beiseite geschafft hat, um sie später zum eigenen Vorteil zu verkaufen.«

Esther, nach einigem Nachdenken: »Hältst du es für möglich, dass Acilius damit zu tun hat?«

»Ich weiß es nicht.«

»Aber wieso liegen die Sachen in einem der Lagerräume?«

»Das habe ich mich auch schon gefragt.«

Beide lagen noch lange wach. Das plötzliche Auftauchen des Leuchters hatte sie aufgewühlt und die alten Wunden der Seele aufgerissen. Beim Einschlafen aber dachte Esther: Wenigstens den Leuchter haben wir in unserer Nähe.

XXVI

In den folgenden Tagen ergab sich für Daniel keine Gelegenheit, den gesicherten Lagerraum noch einmal genau in Augenschein zu nehmen. Er hatte zwar fast täglich im Lager am Tiber zu tun, doch immer war Licinius in der Nähe, so dass Daniel keinen Schritt unbeobachtet machen konnte.

Daniel dachte lange darüber nach. Licinius hatte nicht verhindert, dass er, Daniel, mit Titus das Lager betrat. Wenn Licinius an der Sache beteiligt war, hätte er doch davon ausgehen müssen, dass ein jüdischer Sklave, der mit den Bräuchen und Ritualen seines Volkes vertraut war, sofort die Herkunft des Leuchters und der anderen Gegenstände erkennen musste.

Wie dem auch sei, es hieß nun, auf der Hut zu

sein, denn genau wie Esther hielt auch Daniel Licinius für einen Mann, der skrupellos gegen jeden vorgehen würde, der ihm auf die Schliche kam. Er würde Acilius Rufus gegenüber alle möglichen Argumente und Beschuldigungen vorbringen, um Daniel in irgendeiner Weise so anzuschwärzen, dass der Herr es vorzog, ihn nicht mehr mit den Registrierungsarbeiten im Lager zu betrauen.

Daniel musste mit jemandem über seine Beobachtungen reden. Immer wieder überlegte er, wem er seinen Verdacht mitteilen könnte. Drei Personen kamen infrage: Titus, der Sohn des Herrn, Haldavo – und Abra'm. Sachlich hakte er in seinem Kopf ab, was für und gegen jeden von ihnen sprach.

Einfach zu Acilius zu gehen und ihm von den Beobachtungen zu berichten, war zu diesem Zeitpunkt zu früh. Er hatte nicht den geringsten Anhaltspunkt dafür, wer das Raubgut in dem Raum gehortet hatte. Falls der Herr daran beteiligt war – Daniel konnte es sich immer noch nicht vorstellen –, würde er entweder eine plausible Erklärung abgeben oder ihn, Daniel, nicht mehr ins Lager schicken. Im zweiten Fall wäre das zwar ein Hinweis darauf, dass der Herr selbst an diesen Geschäften beteiligt wäre, zugleich endete damit aber auch die Möglichkeit zur weiteren Beobachtung und Erkundung. Ja, es konnte für ihn und die Schwester schlimme Folgen haben.

Mit Titus war es anders. Er könnte ihn beiläufig nach der Herkunft der kostbaren Gegenstände fragen. Dabei konnte sich herausstellen, dass Titus von den möglichen betrügerischen Machenschaften nicht die geringste Ahnung hatte. Das galt selbst für den Fall, dass sein eigener Vater daran beteiligt wäre. Denn welcher Vater würde seinen minderjährigen Sohn in die eigenen Betrügereien einweihen? Sollte sich aber im weiteren Verlauf der Untersuchungen herausstellen, dass Licinius dahinter steckte, dann würde Titus bestimmt mit ihm, Daniel, zusammenarbeiten.

Sollte er Haldavo ins Vertrauen ziehen? Haldavo war kein Sklave, sondern ein freier, unabhängiger Mann. Als Erstes müsste geklärt werden, in welchem Verhältnis er zu Licinius stand. Daniel konnte sich nicht vorstellen, dass Haldavo mit ihm gemeinsame Sache machte. Wenn er Haldavo auf seine Seite ziehen könnte, hätte er eine wesentliche Hilfe, denn wie er Haldavo einschätzte, würde ihm viel daran liegen, den Übeltäter namhaft und dingfest zu machen. Immerhin hatte Haldavo es der Güte von Acilius Rufus zu verdanken, dass er in Rom ein neues Leben beginnen konnte.

Dann war da noch Abra'm! Nachdem er alles überdacht hatte, kam Daniel zu der Überzeugung, dass Abra'm der Mann war, dem er als Erstes von seinen Beobachtungen und seinem Verdacht berichten sollte. Abra'm gehörte nicht zum Personal von Acilius Rufus. Außerdem war er selbst Jude. Seine Reaktion neulich hatte überaus deutlich erkennen lassen, auf welcher Seite er innerlich stand.

Daniels Entschluss stand fest: Er musste mit Abra'm darüber reden.

Schon am nächsten Tag ergab sich dafür eine Gelegenheit. Da Domitia, die Herrin, stets darauf bedacht war, das Geld zusammenzuhalten, schickte sie Daniel noch einmal zu Abra'm. Er sollte den

Händler um ein gewisses Entgegenkommen bei den Preisen bitten, da ja von nun an regelmäßig Bestellungen für die Versorgung der drei jüdischen Sklaven bei ihm eingingen.

Wie Daniel gehofft hatte, war der Alte ohne längere Diskussionen dazu bereit und die Sache war schnell erledigt.

Als Daniel keine Anstalten machte den Laden zu verlassen, schaute Abra'm ihn freundlich an und fragte, ob er noch etwas auf dem Herzen habe.

Daniel überlegte, wie er anfangen sollte. Schließlich begann er: »Du bist doch schon so lange in Rom und kennst die hiesigen Gesetze...«

»Oh ja!«, meinte der Alte und strich sich über den Bart. »Und bei allen Vorbehalten, die ich gegen gewisse Auswüchse ihrer sonderbaren Religion wie auch gegen das sittenlose Treiben so mancher Reicher habe, muss ich dir sagen, dass es auf dem ganzen Erdkreis keine besseren Gesetze gibt – auch bei uns Juden nicht. Die Römer haben es verstanden, ihr gemeinsames Leben so zu organisieren, dass eben nicht immer und überall der Starke gegen den Schwachen seinen Willen durchsetzen kann. Ich habe schon Fälle erlebt, dass ein Bettler gegen einen Senator einen Prozess angestrengt und ihn sogar gewonnen hat. Was hast du also auf dem Herzen?«

»Nun...« Daniel musste sich vorsichtig herantasten und meinte: »Dann weißt du wohl auch, was nach einem gewonnenen Krieg mit der Kriegsbeute geschieht.«

»Kriegsbeute?« Überrascht zog Abra'm die Augenbrauen hoch, so dass seine Augen noch größer wirkten. »Meinst du etwa den Krieg in Iudaea?«

»So ist es.«

»Nun ...« Er räusperte sich. »Die Kriegsbeute, ja ... Sie gehört dem Kaiser.«

»Alles?«

»Wie? Ja, alles. Der Kaiser nimmt sozusagen stellvertretend für das römische Volk Besitz davon.«

»Und was macht er damit?«

»Was er damit macht? Nun, ein Teil kommt als Gabe in die Tempel der verschiedenen Götter, von denen man annimmt, dass sie zum Sieg beigetragen haben.«

»Und das Übrige?«

»Mit einem weiteren Teil zeichnet der Kaiser Männer aus, die sich während des Krieges besondere Verdienste erworben haben.«

»Und der Rest?« Daniel ließ nicht locker.

»Nun, ich würde in diesem Zusammenhang nicht von einem Rest reden.« Abra'm lächelte kühl. »Immerhin handelt es sich dabei um den größeren Teil der Beute – in der Masse sogar um jenen, der ihm das meiste Geld bringt.«

»Ihm? Meinst du den Kaiser?«

»Ja, natürlich.«

»Und worum handelt es sich dabei?«

»Na, zum Beispiel um Immobilien, um große oder kleinere Ländereien, die man in Iudaea beschlagnahmt hat. Ich gehe davon aus, dass sich darunter wohl auch euer Familienbesitz befindet. Ferner all das, was an mobilen Dingen dazugehört wie Pferde, Wagen, Sklaven, Mobiliar, Teppiche und so weiter.«

»Und was geschieht damit?«

»Es wird zum Kauf angeboten.«

»Öffentlich?«

»Ja. Der Kaiser braucht Geld, viel Geld. Wie du vielleicht schon gehört hast, sind die Staatskassen nach der jahrelangen Misswirtschaft unter Nero leer. Vespasian hat sich vorgenommen hier einiges wieder gutzumachen. Außerdem verschlingt der Bau des Neuen Amphitheaters gewaltige Summen. Das meiste wird er aus der Beute nehmen.«

Daniel überdachte das Gehörte kurz, dann stellte er die entscheidende Frage: »Hältst du es für möglich, dass auch religiöse Gerätschaften aus Gold und Silber zum Kauf angeboten werden?«

»Nein.«

»Warum nicht?«

»Weil diese Dinge den Göttern dargebracht werden.«

»Alle?«

»Voraussetzung ist, dass diese Dinge aus unserem Tempel oder aus Synagogen stammen.«

»Und solche aus privatem Besitz?«

»Das ist etwas anderes. Sie waren ja kein öffentliches Eigentum. Sie werden mit anderen Objekten aus Gold und Silber wohl eingeschmolzen. Wie es heißt, will der Kaiser sogar einen neuen Tempel des Friedens bauen, in dem gerade solche Objekte ihren Platz finden sollen.« Abra'm räusperte sich wieder. »Aber nun sag mal, mein Junge, warum interessierst du dich überhaupt für diese Dinge?«

»Weil...« Daniel atmete einmal tief durch. »Weil ich den wertvollsten und heiligsten Gegenstand aus unserem Haus, den goldenen siebenarmigen Leuchter, in einer Lagerhalle entdeckt habe.«

»Unmöglich!«, rief Abra'm und starrte Daniel an. »In welcher Lagerhalle?«

Ohne zu zögern antwortete Daniel: »In der meines Herrn Acilius Rufus.«

»Oh!« Es klang höchst überrascht. Der Alte fuhr sich über den Bart und erklärte: »Da ist etwas faul an der Sache!«

Und Daniel, verwirrt: »Aber Acilius ist kein Halunke!«

»Das wollen wir nicht hoffen«, meinte Abra'm. Dazu lächelte er wieder dieses kühle Lächeln. »Ich kenne ihn«, fuhr der Alte fort, »seit vielen Jahren. Ich habe verfolgt, wie er sich ganz allmählich hochgearbeitet hat. Ich kann mir nur sehr schwer vorstellen, dass er seine Lagerhallen am Tiber für solch schmutzige Machenschaften zur Verfügung stellt. Aber ...«

»Ja?«

»Nun, man kennt die Menschen nie ganz, nicht wahr.«

Als er aber sah, wie entsetzt ihn Daniel anblickte, ging Abra'm auf ihn zu, legte ihm die Hand auf die Schulter und fuhr in geradezu väterlichem Ton fort: »Ich hoffe, Daniel, dass dein Herr mit der Sache nichts zu tun hat.«

Daniel nickte und sagte leise: »Das war auch mein erster Gedanke.« Aber er war sich überhaupt nicht sicher.

Abra'm erhob sich mühsam und ging mit seinen kleinen Schritten zur Ladentür, legte die Riegel vor und sagte: »Die Sonne geht schon unter. Heute kommt keiner mehr. Meine Kunden erscheinen meist in der Frühe.«

Er trippelte in Richtung des Vorhangs, der den Verkaufsraum von seinem Kontor trennte, schob ihn zur Seite und gab Daniel mit der Hand ein Zeichen, ihm zu folgen.

Eigentlich drängte die Zeit, denn er war schon lange unterwegs, doch Daniels Neugier war größer als seine Skrupel. Er folgte Abra'm und schaute sich um. An einer Wand standen Regale, gefüllt mit Flaschen, Gläsern und Krügen verschiedener Größe und Farbe, alle mit Stöpseln aus Glas, Kork oder Holz verschlossen. An der Seite eines jeden Behältnisses hing ein säuberlich beschrifteter Papyruszettel, auf dem Name, Herkunft, Zusammensetzung und Menge der Inhaltsstoffe verzeichnet waren. Die Schrift war sehr fein und klein. Wahrscheinlich hatte Abra'm die Zettel selbst beschriftet.

Abra'm nahm umständlich hinter seinem Schreibtisch Platz, zeigte auf einen der beiden hochlehnigen Korbsessel, die versetzt davor standen, und forderte Daniel auf sich zu setzen.

Daniel ließ sich nieder und legte die Hände in den Schoß. Lange schaute ihn der alte Mann an, er nickte mehrmals vor sich hin und erklärte schließlich sehr ernst: »Was du mir eben berichtet hast, Daniel, ist für mich nichts Neues. Schon seit langem...«, er räusperte sich, »ja, eigentlich schon seit Beginn des Krieges in Iudaea beobachte ich, wie regelmäßig einige Wochen nach der Eroberung und Plünderung dieser oder jener Stadt wertvolle Dinge aus dem Besitz der vormaligen Eigentümer in den hiesigen Läden gewisser Gold- und Silberschmiede auftauchen.«

»Willst du damit sagen, dass sie einfach unter die übrigen Auslagen gelegt werden?«

»Nein, das nicht. Das wagen sie nicht. Aber ich habe, wie du dir denken kannst, meine Verbindungsleute, meist Sklaven, die zum Personal solcher Häuser gehören. Die Objekte werden, wie man so sagt, unter der Hand an potente Stammkunden verkauft.«

Daniel betrachtete das feine, kluge Gesicht des alten Mannes. Dann fragte er: »Gibt es denn keine Möglichkeit ... ich meine, wenn diese Dinge, wie du sagst, Eigentum des Kaisers sind, dann muss man die Diebe und ihre Hehler doch anzeigen können!«

»Das sollte man meinen, ja.« Abra'm strich sich über den Bart. »Aber so einfach ist das nicht.«

»Warum?«

»Weil ... Nun, du kannst das ja nicht wissen.« Er lächelte nachsichtig. »Vespasian, der Kaiser, ist erst seit zwei Jahren im Amt. Er ist gewiss ein redlicher Mann und er hat sich zum Ziel gesetzt, der beispiellosen Verschwendung, die in den letzten Jahren unter Nero eingerissen ist, nicht nur Einhalt zu gebieten, sondern denen, die von Nero skrupellos ausgeplündert wurden, Gerechtigkeit widerfahren zu lassen und sie wieder in den Besitz ihrer geraubten Güter zu bringen.«

»Dann muss es doch möglich sein«, rief Daniel, »die Diebe und Hehler zu finden und vor Gericht zu stellen!«

»Sollte man meinen, ja. Aber so einfach ist das eben nicht.«

»Warum?« Daniel spürte, dass er unruhig wurde. Worauf wollte der Alte hinaus?

»Weil in den Amtsstuben der städtischen und staatlichen Behörden immer noch Leute sitzen, die unter Nero Karriere gemacht haben. Dabei handelt es sich um Männer aus den verschiedensten Gesellschaftsschichten, um Angehörige des alten und neuen Adels, um reiche Ritter, aber auch um ehemalige Sklaven, die schon seit den Zeiten des Claudius als kaiserliche Freigelassene jeden Befehl des Herrschers ausführten, da sie vollkommen von ihm abhängig waren.

Damit hat Vespasian gründlich aufgeräumt und – übrigens mit energischer Unterstützung des Thronfolgers Titus – viele Amtsträger an der Spitze gegen Männer seines Vertrauens ausgetauscht. Aber das System verzweigt sich nach unten wie ein Wurzelwerk, so dass immer noch zahlreiche Kreaturen Neros auf der mittleren Ebene tätig sind. Ich hoffe, du verstehst, was ich meine...«

»Ja, natürlich.«

»Und unter diesen Leuten gibt es nach wie vor viele, denen die private Bereicherung wichtiger ist als das Wohl des Staates und aller Bürger. Darunter müssen sich auch jene befinden, die, weil sie über das nötige Herrschaftswissen verfügen, ihre alten Beziehungen spielen lassen und diese Schiebereien im großen Stil durchführen. Kannst du mir folgen?«

»Sicher.« Daniel nickte lebhaft.

»Mit einem Wort: Sie sind es, die mit irgendeinem gerissenen Trick wertvolle Teile der Beute beiseite geschafft haben und beim Verkauf in angemessener Weise am Gewinn beteiligt werden.«

Daniel überdachte das Gehörte und sagte entrüstet: »Aber Abra'm, es muss doch herauszufinden sein, um wen es sich dabei handelt!«

»Mein lieber Junge!« Der Alte hob die Hände.

»Das versuche ich doch schon seit zwei Jahren! Seit ich Kenntnis davon habe! Aber diese Verbrecher agieren im Verborgenen. Sie gehen äußerst gerissen vor. Einer deckt den anderen. Sie sind einfach nicht greifbar.«

Daniel sah den Alten an, aber vor seinem inneren Auge wanderte sein Blick noch einmal über die kostbaren Objekte im Lagerraum und blieb am siebenarmigen Leuchter haften.

»Nun könnte sich aber«, fuhr Abra'm leise fort, »eine neue, eine zwar gefährliche, aber Erfolg versprechende Möglichkeit ergeben, weil du . . .«

Er sah Daniel an und Daniel verstand: »Du meinst, unter dem Personal von Acilius Rufus befindet sich einer dieser Handlanger.«

»So ist es. Mindestens einer.«

»Und ich müsste . . .«

»Ja. Du hast doch, wie du mir sagtest, fast täglich im Lager am Tiber zu tun. Du solltest Augen und Ohren offen halten und jede verdächtige Kleinigkeit festhalten. Irgendwann wird sich der Täter verraten. Wie, das wissen wir nicht – noch nicht. Doch ich gehe davon aus, dass die Objekte, von denen du mir erzählt hast, irgendwann einen Interessenten finden. Die Leute, die dahinter stecken, wollen ja Geld mit ihnen verdienen. Das Zeug muss verschwinden! Du solltest also besonders darauf achten, ob Fremde, die nicht zum Personal gehören, im Lager auftauchen.«

Daniel nickte und malte sich schon aus, wie er das am besten anstellen sollte: Vielleicht sollte er doch Titus, den Sohn des Herrn, einweihen. Er müsste auch mit Haldavo reden. Haldavo war den ganzen

Tag über bis in den Abend in den Hallen. Ihm entging nichts.

»Auf keinen Fall«, fuhr Abra'm fort, »darfst du mit deinem Herrn darüber sprechen. Dafür ist es noch zu früh. Er vertraut seinen Leuten, weil er denkt, alle seien so rechtschaffen wie er selbst.«

Abra'm stand auf und auch Daniel erhob sich.

»Du musst gehen«, sagte Abra'm. »Deine Herrschaft wartet. Und das andere«, er machte eine wegwerfende Bewegung, »das geht schon in Ordnung.«

Er begleitete Daniel nach vorne, schob die Riegel zurück und öffnete die Tür. Draußen war es schon dunkel.

»Wir müssen Kontakt halten. Du kannst jederzeit zu mir kommen. Und sei vorsichtig!«

Daniel machte eine leichte Verbeugung und trat auf die Straße. Er hörte, wie Abra'm die Tür schloss und sorgsam beide Riegel vorlegte.

XXVII

Daniel fand die Herrin erst nach längerem Suchen in dem Raum neben der Küche. Er diente nicht nur als Wäschekammer, sondern auch als Arbeitsraum, denn hier stand der große Webstuhl, auf dem Domitia am Abend beim Licht mehrerer Öllampen das Weberschiffchen mit flinker Bewegung hin- und herschießen ließ. Doch diesmal war es Esther, die mit der Mechanik hantierte, während die Herrin jede ihrer Bewegungen aufmerksam verfolgte und ihr diesen und jenen Ratschlag gab, wie sie einen besseren Effekt erreichen konnte.

Daniel erkannte auf dem Webstuhl den Anfang eines gröberen weißen Leinengewebes. Esther sah nicht auf, als der Bruder den Raum betrat, so sehr war sie von den Vorgängen, die sie selbst geschickt in die Wege leitete, gefesselt.

Der Geruch dieses Raumes erinnerte Daniel lebhaft an die Kleiderkammer in ihrem Haus zu Jerusalem. Hier wie dort waren es die Aromen verschiedener Kräuter, die ihren Duft verströmten, worunter der des Lavendels am stärksten war.

Während Daniel mit den Augen den flinken Bewegungen des Schiffchens folgte, fragte Domitia ohne aufzuschauen, wie der Händler sich zu ihrem Anliegen geäußert habe. Daniel teilte ihr mit, dass Abra'm selbstverständlich einen großzügigen Rabatt gewähren werde, was sie so kommentierte: »Das habe ich nicht anders erwartet. Abra'm ist uns verpflichtet. Acilius hat ihm schon oft Sonderpreise gewährt.«

Überrascht registrierte Daniel, dass die Herrin zum ersten Mal eine persönliche Bemerkung machte, die über ihre sonst rein sachlichen Äußerungen weit hinausging. Es klang fast so, als ob sie mit einem Familienmitglied spräche.

In diesem Augenblick wurde die Tür aufgestoßen und Titus polterte herein. Er hatte den Mund voll und kaute.

»Ich geh noch mal raus«, teilte er seiner Mutter mit einer Selbstverständlichkeit mit, die jeden Einspruch überflüssig machen sollte.

»Meinetwegen«, sagte Domitia. »Aber in zwei Stunden bist du im Bett!«

»Wahrscheinlich.«

Diesmal überhörte seine Mutter das Wort.

Titus schluckte den Rest dessen, was er in der Küche zu sich genommen hatte, herunter, zeigte auf Daniel und fragte: »Kann er mit?«

»Wer?«

»Daniel.«

»Warum?«

»Will ihm was zeigen.«

»Was denn?«

»Das Licht vom Vestatempel.«

»Hast du Vater gefragt?«

»Ja. Er sagt, ich soll dich fragen.«

»Meinetwegen.«

»Danke!«

Er winkte Daniel zu und verließ die Kammer. Daniel folgte ihm überrascht.

Im unteren Gang blieb Titus stehen. »Hast du schon was gegessen?«

»Nein.«

»Solltest du aber.«

Titus ging voraus in die Küche, wies auf den Tisch, wo auf einem Holzbrett Weißbrotstücke und ein Brocken Käse lagen: »Iss!«

Daniel brach von beidem etwas ab, steckte es in den Mund und kaute. Dann holte er einen Zinnbecher vom Wandbord, goss aus dem Krug, der immer gefüllt auf dem Anrichtetisch stand, etwas Wasser ein und trank hastig und in großen Schlucken.

Titus, immer noch hungrig, nahm den Rest von

Brot und Käse zu sich und spülte ebenfalls mit Wasser nach.

»Fertig?«, fragte er immer noch kauend.

»Ja.«

»Dann komm!« Er hatte es aus einem unerklärlichen Grund sehr eilig, das Haus zu verlassen.

Daniel konnte sich kaum vorstellen, dass Titus ihm das Feuer des Vestatempels zeigen wollte. Er kannte es selbst seit langem.

Auf der Straße wandte sich Titus auch nicht nach links in Richtung Innenstadt, sondern bog nach rechts ab, ins Argiletum.

»Du willst also gar nicht zum Vestatempel«, stellte Daniel fest.

»Nee.«

»Wohin dann?«

»Weiß ich noch nicht.«

Im hellen Mondlicht konnte Daniel sehen, dass Titus grinste. Was hatte er vor?

Titus meinte lässig: »Vielleicht geh'n wir zu Atto.«

»So spät?«

»Wahrscheinlich. Abends hat er am ehesten Zeit.«

Da blieb Daniel stehen. Das war eine einmalig günstige Gelegenheit, um auf die Dinge im Lager zu sprechen zu kommen.

»Ist was?«, fragte Titus, der ebenfalls Halt machte und sich nach Daniel umblickte.

»Ja. Ich muss mit dir reden.«

»Kannst du doch!«

»Ja, aber bevor wir bei Atto sind.«

»Warum?«

»Weil es wichtig ist.«
»Hast du was ausgefressen?«
»Nein, wie kommst du denn darauf?«
»Kann doch sein – oder?«
Titus, der spürte, dass es um irgendeine ernste Sache ging, studierte forschend Daniels Gesicht.
»Also, schieß los!«
Daniel nickte und überlegte, wie er am besten anfangen sollte. Schließlich sagte er: »Du warst doch neulich mit mir im Lager.«
»Ja – und?«
»Und hast mir die Sachen in dem Raum gezeigt, der so gut verschlossen war.«
»Ja – und?«
Daniel wusste, dass es nun auf jedes Wort ankam. Nach einer kurzen Pause fragte er: »Weißt du eigentlich, woher die Sachen stammen?«
»Keine Ahnung.«
»Aber ich.«
»Du? Wieso du?«
»Weil ich einige davon kenne.«
»Wieso?«
»Sie stammen aus Jerusalem!«
»Na und?«
»Der siebenarmige Leuchter aus Gold: Er hat uns gehört!«
»Waaas?« Titus starrte ihn ungläubig an. »Das gibt's doch nicht! Woher willst du das so genau wissen?«
»Ich habe ihn wiedererkannt.« Mit wenigen Worten erzählte ihm Daniel die Geschichte aus seiner Kindheit.
Und Titus: »Fantastisch!«

»Was?«, fragte jetzt Daniel.
»Was du da erzählst.«
»Aber darum geht's doch gar nicht!«
»Worum dann?«

Daniel sah Titus an. Er konzentrierte sich. Jetzt kam es auf jedes Wort an: »Du weißt doch, dass alle Stücke aus der Kriegsbeute dem Kaiser gehören, oder?«

»Doch – doch, hab davon gehört. Warum fragst du?«

»Wie sind diese Dinge dann in den Lagerraum deines Vaters gekommen?«

Titus zwinkerte mehrmals. Er war vollkommen überrascht – nicht nur wegen der ungeheuren Verdächtigung, die unausgesprochen in der Äußerung Daniels steckte, sondern weil er damit fertig werden musste, dass es ein Sklave seines Vaters war, der in dieser unglaublich selbstsicheren, ja herausfordernden Art und Weise mit ihm sprach.

Daniel sah, wie es in Titus' Gesicht arbeitete. Er erwartete schon eine scharfe Zurechtweisung.

Doch Titus fragte: »Bist du sicher, dass dieser Leuchter aus eurem Haus stammt?«

»Vollkommen.«

Titus musste schlucken. Erst in diesem Augenblick schien ihm klar zu werden, was das Gehörte bedeutete. Daniel sah ihm an, wie er verschiedene Möglichkeiten überdachte, wobei die schlimmste war, dass Acilius, der Herr, selbst daran beteiligt sein könnte.

Schließlich stammelte Titus mit tonloser Stimme: »Beim ... beim Herkules! Das is'n Ding!«

Daniel bekam Skrupel: Titus konnte schnurstracks zu seinem Vater gehen, ihm davon berichten und ihn vielleicht zur Rede stellen. Acilius würde natürlich alles abstreiten, würde ihn, Daniel, kommen lassen, ihn in scharfem Ton zur Rede stellen, ihn beschimpfen und fürchterlich bestrafen, weil er die Ehre des ganzen Hauses in den Schmutz gezogen habe.

Doch Titus reagierte anders. Im Geheimen hatte Daniel darauf gehofft. Titus fragte leise: »Hast du schon mit jemandem darüber gesprochen?«

»Nein«, log Daniel. Das Gespräch mit Abra'm ging Titus nichts, aber auch gar nichts an. Im gleichen Augenblick schoss ihm durch den Kopf: ›Ich muss ihn provozieren! Von seiner Reaktion hängt alles Weitere ab.‹

Er reckte sich und sagte eindringlich: »Du solltest aber mit deinem Vater darüber reden.«

Da sah Titus ihn sehr ernst an. Er hatte die Augen zusammengekniffen. Daniel spürte, wie es in seinem Innern arbeitete. Nach einer Pause sagte er: »Nein.«

»Nein? Und warum nicht?«

»Wir werden das selbst klären.«

›Geschafft!‹, dachte Daniel. Er hatte den Sohn des Herrn an den Punkt gebracht, wo er ihn haben wollte. Er fragte: »Und wie?«

»Das wird sich zeigen. Du bist verdammt schlau, Daniel!«

Daniel schwieg über das unerwartete Lob, lächelte aber. Titus war auf seiner Seite. Das war die wichtigste Voraussetzung für alle weiteren Erkundigungen. Titus konnte sich frei im Lager bewegen. Er war unverdächtig. Jeden Raum konnte er betreten, wann immer er es wollte. Niemand durfte ihn daran hindern, auch Licinius nicht. Titus war der Sohn des Herrn!

Titus legte Daniel kurz die Hand auf die Schulter und sagte: »Komm!«

»Wohin?«

»Zu Atto.«

»Warum zu Atto?«

»Weil wir beide zu wenig sind. Wir brauchen mehr Leute. Atto ist stark und schnell.«

»Ja, aber ... Was willst du ihm denn sagen?«

»Lass mich nur machen.«

Zum ersten Mal sah Daniel ihn offen lachen, zwar lautlos, aber frei, und dieses Lachen sagte: Wir werden die Sache allein klären, ohne den Vater! Und am Ende werden wir ihm die Täter vorführen!

Daniel begriff, dass Titus das Ganze als ein Abenteuer betrachtete, das Bewegung, Abwechslung und Spannung in seinen Alltag brachte. Sollte er nur. Es war die sichere Voraussetzung dafür, dass alles, was sie von nun an gemeinsam unternahmen, ohne Wissen des Herrn geschah. Daniel atmete erleichtert auf.

Als sie das Siebengestirn erreichten, kletterte neben dem Eingang gerade jemand von einer Klappleiter. Im Schein der sieben Laternen, die das Gasthausschild beleuchteten, erkannten sie Atto. Er hatte gerade die Lampen entzündet und wollte nun zurück ins Haus.

»*Heus Atto!*«, begrüßte ihn Titus. »Hast du einen Augenblick Zeit?«

»Ich Zeit? – Ich nie Zeit! Ich arbeiten.«

»Na klar. Wir auch. Aber wir müssen mit dir reden. Jetzt.«

»Aber nur kurz. Herr warten.«

›Gaius Fabius, der Wirt, scheint jeden seiner Schritte zu kontrollieren‹, dachte Daniel.

»In Ordnung.« Titus trat zu ihm. »Du musst uns helfen.«

»Ich keine Zeit!«

»Schon gut. Nicht jetzt. Morgen. Wann hast du morgen Zeit?«

Atto überlegte und sagte: »Ich morgen mit Herr bis Sonnenuntergang weg.«

»Wo?«

»In Albaner Berge.«

»Was macht ihr da?«

»Holen Wein.«

»Aha. Aber am Abend hast du frei?«

»Vielleicht.«

»Gut. Dann treffen wir uns.«

»Wo?«

»Hier. Wir holen dich ab.«

»Was ihr machen?«

»Das erklären wir dir morgen Abend.«

»Gut. Ich jetzt rein!«

»Also dann.« Titus hob lässig die Hand, machte kehrt und ging mit Daniel den Weg zurück.

»Wie lange ist er schon in der Stadt?«, fragte Daniel.

»Ich weiß nicht. Vielleicht drei Jahre. Warum?«

»Er spricht so komisch.«

»Er hatte eben keinen so guten Lateinlehrer wie du.«

»Verstehe.«

Sie gingen weiter. Eine Wolke schob sich vor den Mond. Es wurde vollkommen dunkel. Nur die Laternen der verschiedenen Gaststätten wiesen ihnen den Weg. Die Straße war jetzt leer und still, während aus den Schankräumen der Wirtshäuser immer wieder lautes Gelächter zu hören war.

Plötzlich blieb Daniel stehen.

»Was ist?«, fragte Titus, sah ihn an, konnte aber kaum sein Gesicht erkennen.

Daniel beugte sich vor und sagte leise: »Ich hab eine Idee.«

»Was denn? Wegen der Sache?«

»Ja. Wir könnten doch noch heute Abend...«

»Bist du verrückt?« Titus starrte ihn an.

»Warum? Ich gehe davon aus, dass sie ihre Aktionen immer im Schutz der Dunkelheit durchführen, und dann könnten wir sie...«

»Beobachten!«

»Genau das.«

»Und vielleicht erkennen, wer alles dabei ist?«

»Eben.«

»Klasse! Also los!«

XXVIII

Im Viertel war es vollkommen ruhig. Sie bogen vom Argiletum in die nächste Straße nach Süden ein. Der Vicus Sandalarius verlief in gerader Linie direkt auf die Baustelle des Neuen Amphitheaters zu. Der große Platz war beinahe festlich illuminiert. Überall auf dem Gelände brannten Fackeln. Sie leuchteten das ganze Areal aus. Die provisorischen Holztore waren jetzt geschlossen. Vor und hinter dem Bauzaun patrouillierten Posten.

Titus blieb stehen und wies auf eine Fackel: »Das machen sie wegen der Diebe.«

»Was denn für Diebe?«

»Die klauen da nachts sonst Werkzeuge, Gerät und sogar Steine. Wir müssen uns beeilen. Ich muss in knapp zwei Stunden wieder zu Hause sein. Und du auch! Sonst gibt's Ärger!«

Wieder hatte Daniel das angenehme Gefühl, dass Titus ihn als gleichberechtigten Partner, ja fast als Freund betrachtete. Falls es Ärger gab, würde Titus daran den größeren Anteil haben, denn er, Daniel, hatte sich ja in allem nach dem Sohn des Herrn zu richten.

Bis zu den Hallen am Tiber war es noch etwa eine Meile. Sie gingen in einen zügigen Dauerlauf über und erreichten bald das Forum Boarium.

Von dort trabten sie weiter, am Kai des Tiberhafens entlang. Sie mussten aufpassen, nicht gegen einen Stapel Steine, Hölzer oder Säcke zu laufen. Dann kam die Abzweigung zu den Lagerhallen. Kein Mensch weit und breit. Nach etwa zweihundert Schritt machten sie Halt und lauschten. Doch außer ihrem eigenen Herzschlag war nichts zu hören. Sie gingen in Schritt über, blieben immer wieder stehen und beobachteten die Straße. Nichts. Also weiter!

So erreichten sie die Halle. Gegenüber der Toreinfahrt, auf der anderen Straßenseite, stand eine uralte Zypresse. Daniel gab Titus ein Zeichen. Sie huschten hinüber und tauchten im Schatten des dunklen Baumes unter. Niemand würde sie hier bemerken.

Sie warteten, spähten schweigend durch das Geäst und hielten den Eingang im Blick. Doch nichts rührte sich.

»*Malum!*«, schimpfte Titus.

Daniel hatte das Schimpfwort schon öfter von ihm gehört und wusste, dass es so viel wie »*Mist!*« oder »*Verdammt!*« bedeutete.

Eine halbe Stunde verging, ohne dass sich etwas rührte. Sie waren also umsonst hergekommen.

Daniel ließ den Blick noch einmal über die Außenfront wandern. Da! War da nicht ein Lichtschimmer in einem der hochgelegenen Fenster? Und war das nicht das Fenster des gesicherten Lagerraums, in dem er den Leuchter entdeckt hatte?

Er stieß Titus an und zeigte in die Richtung.

»Na endlich!«, flüsterte dieser.

Mit größter Aufmerksamkeit starrten sie auf das Fenster. Da erlosch das Licht.

Wieder zischte Titus: »*Malum!*«

Doch Daniel dachte weiter: »Hier vorne rührt sich nichts. Kein Wagen, nichts. Gibt es noch einen hinteren Eingang?«

»Ja. Ein kleines Tor in der Mauer.«

»Kommt man von da zum Fluss?«

»Eigentlich nicht.«

»Nicht?« Daniel spielte verschiedene Möglichkeiten durch und meinte: »Das ist seltsam.«

»Warum?«

»Weil . . . Dann holen sie die Sachen nicht von einem Schiff, sondern . . .«

»Du meinst«, fuhr Titus fort, »sie bringen sie mit Fahrzeugen her?«

»Ja.«

Titus sah ihn ungläubig an. »Aber woher denn?«

»Das weiß ich nicht. Aber das muss sich feststellen lassen.«

Daniel trat aus dem Schatten des Baumes und beobachtete die Straße nach beiden Seiten. Niemand war zu sehen, kein Geräusch zu hören. Er fragte: »Und wie kommen wir auf die andere Seite?«

Titus flüsterte: »Ich zeig dir's. Komm!«

Sie huschten auf die andere Straßenseite und schlichen an der Außenmauer entlang bis zu ihrem Ende. Die Halle war von der folgenden durch eine schmale Gasse getrennt. Sie war so eng, dass gerade ein Mensch hindurchgehen konnte. Unmöglich konnte hier ein Wagen passieren. Es handelte sich offenbar nur um eine Abkürzung, um auf schnellstem Wege zu einer Parallelstraße weiter im Osten zu gelangen.

Am Ende der Gasse hielten sie an, beugten sich vor und spähten um die Ecke. Sie hörten das harte Poltern von Rädern und das Trappeln von Hufen auf dem Pflaster, das sich schnell entfernte. Zu sehen war nichts.

»Zweigt da vorne ein Fahrweg ab?«, flüsterte Daniel.

»Ja. Eine Verbindung zur Via Ostiensis.«

»Bist du sicher?«

»Na hör mal!«

Titus wollte schon vorpreschen, um dem Wagen zu folgen, als Daniel ihn zurückhielt.

»Was ist denn?«, rief Titus leise, aber ungehalten.

»Da!«

Daniel wies nach rechts. Im fahlen Mondlicht sahen sie, wie ein Mann in leicht gebückter Haltung den gleichen Weg nahm, auf dem sich der Wagen entfernt hatte. Er bewegte sich wie jemand, der selbst nicht gesehen und noch weniger erkannt werden wollte. Als Daniel genauer hinsah, meinte er, diesen Mann zu kennen. Gestalt, Größe und Bewegung erinnerten ihn an ... Nein, das war doch nicht möglich! War das etwa Pilesar? Was hatte der hier mitten in der Nacht zu suchen?

»Verstehst du das?«, fragte Titus.

»Nein.« Daniel schüttelte den Kopf. »Und was machen wir jetzt?«

»Abwarten.«

»Wie bitte?«

»Wir warten, bis er weg ist.«

»Warum?«

»Damit uns niemand stört.«

»Wo?«

»Beim Lager.«

»Was hast du denn vor?«

»Ich will nachsehen, ob noch jemand im Lager ist.«

»Ohne Schlüssel?«

»Brauchen wir nicht.«

»Wieso?«

»Wirst du sehen. Komm!«

Erstaunt nahm Daniel zur Kenntnis, dass Titus ihn, den Sklaven, wie einen Freund behandelte.

Sie warteten noch eine Weile, bis sich die Geräusche entfernt hatten und nichts mehr zu hören war. Dann traten sie aus der Gasse und gingen vorsichtig auf den hinteren Eingang zu. Das Tor war geschlossen. Titus steckte die Hand zwischen den Hölzern hindurch und schob den inneren Riegel zurück. Das Tor ließ sich öffnen. Sie schlüpften durch den Spalt, schlossen das Tor, verriegelten es aber nicht, um sich nicht selbst den Rückweg bei einer schnellen Flucht abzuschneiden.

Sie befanden sich auf dem Hinterhof der Anlage. Gerümpel lag herum, Hölzer, lädierte Regale, alte Fässer, Kisten und Latten. Titus blickte zum eigentlichen Eingang, einer Tür auf der Rückseite des Gebäudes. Er ging hinüber und betätigte den Griff. Die Tür ließ sich nicht öffnen.

»Verdammter Mist!«, schimpfte er leise.

Daniel bemühte sich den Grundriss des gesamten Gebäudes zu rekonstruieren, ließ seinen Blick über die sechs großen Fenster wandern und überlegte, durch welches man am besten in die Halle spähen konnte. Die Fenstersimse lagen allerdings außerhalb seiner Reichweite. Er schaute sich suchend um, ging zu den gestapelten Kisten, holte zwei heran und setzte sie aufeinander.

»Hilf mir!«

Titus half ihm auf die oberste Kiste zu klettern. Daniel beugte sich vor und kniff die Augen zusammen. Er konnte den größten Teil der Halle überblicken.

»Und?«, fragte Titus leise von unten.

»Nichts. Kein Mensch drin.«

»Bist du sicher?«

»Absolut.«

»Lass mich mal!«

Unter erheblichem Keuchen gelangte der

schwergewichtige Titus auf die Kiste, doch auch er konnte nicht mehr erkennen als Daniel. Er ließ sich zurück auf den Boden gleiten und fragte: »Und was machen wir jetzt?«

»Nach Hause gehen.«

»Hm...« Titus nickte langsam, dachte aber weiter: »Wir müssen herausfinden, ob sie was aus dem gesicherten Raum geholt haben.«

Daniel nickte und meinte: »Wahrscheinlich schickt dein Vater mich morgen wieder ins Lager.«

»Wahrscheinlich. Und dann?«

»Du solltest mitgehen. Allein komme ich nicht in den Raum.«

»Hm...«

»Aber ich hätte noch eine bessere Idee«, fuhr Daniel fort. »Du hast dich doch für morgen Abend mit Atto verabredet.«

»Ja – und?«

»Atto muss mitkommen! Zu dritt sehen wir mehr, sind sicherer und können uns auf verschiedene Stellen verteilen.«

»Was hast du vor?«

Daniel zögerte einen Augenblick, denn wenn Titus auf das, was er im Sinn hatte, einging, war er auf Biegen und Brechen sein Partner. Er fragte: »Kannst du dir Schlüssel besorgen? Ich meine solche, die uns hier alle Türen öffnen?«

Titus überlegte. Daniel sah ihm an, dass die Sache ihm nicht ganz geheuer war. Darum versuchte er einzulenken: »Na ja, das muss nicht sein. Du könntest Ärger kriegen.«

Doch Titus hatte sich schon entschieden. Sei es, dass er vor Daniel nicht als Feigling dastehen wollte, sei es, dass ihn die Sache immer mehr faszinierte – Titus gab sich einen Ruck und sagte: »Ich will's versuchen. Ich weiß, wo die Ersatzschlüssel hängen.«

»Du musst das nicht machen, Titus! Es kann auffallen.«

»Glaub ich nicht. Die Zweitschlüssel braucht mein Vater nie. Und ich bring sie danach sofort zurück.« Er lachte fröhlich. »Aber jetzt nichts wie weg! Sonst gibt's *heute* Ärger. Kennst doch meine Mutter!«

Eine halbe Stunde später erreichten sie ziemlich außer Atem – sie waren fast die ganze Strecke gelaufen – den Innenhof. Keinen Augenblick zu früh, denn eine weibliche Stimme rief aus dem Haus nach Titus.

»Hier, Mama! Was is'?«

»Dein Vater will dich sprechen.«

»Ich komme.«

Titus zwinkerte Daniel zu. Sie gingen beide ins Haus.

XXIX

Vor dem Zubettgehen berichtete Daniel der Schwester ausführlich, was er und Titus bei der Lagerhalle beobachtet hatten und was sie vorhatten.

Spontan rief Esther: »Ich will auch mit!«

»Du?« Daniel zwinkerte.

»Ja, warum denn nicht? Meinst du, weil ich ein Mädchen bin, könnte ich euch nicht nützlich sein?«

»Unsinn!« Er sah sie an. »Schwesterlein, das geht nicht.«

»Sag nicht Schwesterlein zu mir! Ich bin eine halbe Stunde älter als du, Brüderchen! Also, warum geht es nicht?«

»Weil ... Wie willst du denn aus dem Haus kommen?«

»Mir wird schon was einfallen. Sag mal ... Ist es nicht so, dass Titus sich voll auf deine Seite geschlagen hat?«

»Wie meinst du das?«

»Nun – du hast ihm doch von deiner Entdeckung erzählt ...«

»Ja.«

»Da hätte er als Erstes zu seinem Vater gehen und ihm alles berichten müssen! Aber das hat er nicht getan – oder?«

Daniel nickte.

»Aha! Und jetzt kann er nicht mehr zurück. Hab ich Recht?«

»Ja.«

»Dann lasst euch was einfallen. Ich kann euch von Nutzen sein. Bestimmt mehr als dieser ... dieser Aton!«

»Atto!«

»Ist doch egal. Der versteht doch kaum Latein!«

»Braucht er auch nicht.«

»Das sehe ich aber anders. Und lesen und schreiben kann er auch nicht. Ich aber!«

»Hm.«

»Wie, hm? Jetzt will ich dir mal was sagen ...«

Sie reckte sich und ihre blauen Augen schossen Blitze. »Das ist nicht nur dein Leuchter, das ist auch meiner! Und ich will ihn wieder haben!«

»Ich auch.«

»Na also! Dann wirst du mit Titus darüber reden.«

Seine Antwort kam zögernd: »Wenn du meinst.«

»Ich meine es!« Sie reckte sich. »Am besten gleich morgen früh. Musst du morgen ins Lager?«

»Möglich.«

»Kannst du mich nicht mal mitnehmen?«

»Vollkommen unmöglich. Ich bitte dich!«

»Schon gut. Aber am Abend, da komme ich mit.«

»Vielleicht.«

»Nein, sicher. Titus wird das schon schaffen.«

Als sie sein verdutztes Gesicht sah, musste sie lächeln. Auseinandersetzungen dieser Art hatte es schon früher oft zwischen ihnen gegeben.

Daniel ging zur Tür, drehte sich noch einmal um und sagte: »Ich habe noch was Wichtiges vergessen.«

»Was denn?«

»Pilesar war da!«

»Nein!«, rief sie überrascht. »Pilesar? Was hat er dort zu suchen? Das hätte ich von ihm niemals gedacht.«

»Musst du auch nicht. Damit ist nicht bewiesen, dass er mit der Bande zusammenarbeitet.«

»Das sehe ich aber ganz anders.«

»Langsam!« Er schilderte ihr sehr genau, was er beobachtet hatte.

Darauf Esther, erstaunt: »Aber Daniel, damit macht er sich doch mehr als verdächtig!«

»Ich weiß nicht. Vielleicht hat er überhaupt nichts mit der Sache zu tun.«

»Na hör mal! Du sagst, er hat sich wie jemand bewegt, der nicht gesehen werden will! War es so?«

»Ja.«

»Aha! Das tut doch nur jemand, der etwas zu verbergen hat!«

»Ja, ja, aber ... ich kann mir einfach nicht vorstellen, dass er ...«

»Aber ich. Was wissen wir denn über ihn? Eigentlich gar nichts. Du bist zwar täglich mit ihm zusammen gewesen, aber was er außerhalb des Hauses treibt, weißt du auch nicht.«

Daniel schwieg, während Esther weiterdachte. »Warum seid ihr ihm nicht gefolgt? Dann hättet ihr doch erfahren, was er im Schilde führt.«

»Es war zu spät. Wir mussten hierher zurück, sonst hätte Titus Ärger bekommen.« Er atmete tief durch. »Ich bleibe dabei, es sieht ganz so aus, als ob auch Pilesar den Gaunern auf die Spur ...« Er hielt inne und rief: »Moment mal! Das könnte doch bedeuten, dass es sich bei den Gaunern um Leute aus dem Personal von Rutilius Varus handelt!«

»Vorsicht, Daniel! Du ziehst voreilige Schlüsse. Das muss es keineswegs bedeuten.«

»Was dann?«

»Wenn Pilesar diese Leute heimlich beobachtet und ihnen folgt, spricht einiges dafür, dass es sich um Fremde handelt. Warum sollte er Leuten des Rutilius heimlich folgen, wenn er selbst zu der Bande gehört?«

»Das ist richtig.«

»Er versuchte vielleicht herauszufinden, um wen es sich dabei handelt.«
»Möglich.«
»Waren die Männer übrigens maskiert?«
»Das konnten wir nicht sehen.«
»Habt ihr sie überhaupt gesehen?«
»Nein.«
»Schade. Wenn ich dabei gewesen wäre, dann...«
»Was dann?«
»Ich wäre ihnen gefolgt.«
»Aber ich sagte doch, dass Titus wieder nach Hause musste.«
»Na und? Dann hätten wir eben einen kleinen Umweg gemacht.«
Er lenkte ein: »Ich werde morgen mit Titus reden. Vielleicht kannst du mit.«
Er wünschte ihr eine gute Nacht und ging in sein Zimmer.
Noch lange lag er wach und grübelte darüber nach, was Pilesar veranlasst haben könnte, den Männern nachzuschleichen. Er fand keine Lösung. Endlich fiel er in einen unruhigen Schlaf.

Tatsächlich schickte Acilius ihn schon am Morgen mit neuen Listen ins Lager. Als er auf den Hof trat, kam Titus gerade aus der Werkstatt.
»Hast du einen Moment Zeit?«, rief Daniel ihm zu.
Titus kam näher: »Musst du ins Lager?«
»Ja.«
»Ich kann nicht mit. Muss zwei Leute beaufsichtigen, die den Reisewagen säubern und das Leder wachsen.«

»Will dein Vater weg?«
»Ja. Nach Tusculum. Freunde besuchen.«
»Und deine Mutter?«
»Fährt mit.«
»Wann fahren sie?«
»Heute Nachmittag.«
»Musst du mit?«
»Nee.« Er grinste.
»Dann kannst du ja . . .«
»Genau. Klasse, nicht!?«
»Allerdings.«
»Und sie kommen erst morgen zurück.«
»Toll! Und wer kontrolliert, ob du noch weggehst am Abend?«
»Acilia.«
»Deine Schwester?«
»Ja.«
»Ist sie streng?«
»Nee. Bei ihr kann ich immer machen, was ich will. Außerdem ist sie schwanger.«
»Hm.« Daniel hatte Acilia noch nicht kennen gelernt. »Wie alt ist sie?«
»Siebzehn.«
Daniel ging in den Schatten des Torbogens und schaute sich um, ob Lauscher in der Nähe waren. Titus war ihm gefolgt und fragte: »Was is'n noch?«
Daniel sah ihn an: »Du kennst doch meine Schwester . . .«
»Allerdings. Warum fragst du?«
»Ich will, dass sie mitkommt heute Abend.«
»Ja, sag mal!« Titus sperrte den Mund auf. »Bist du verrückt geworden?«
»Keineswegs. Außer uns beiden steckt sie jeden

in den Sack! Und sie kann lesen und schreiben. Auch Latein! Und gerade weil sie ein Mädchen ist, macht sie sich nicht verdächtig.«

»Hm.« Titus überlegte. »Und was soll ich meiner Schwester sagen?«

»Sag ihr, wir müssten noch mal zu Abra'm. Was abholen.«

»Und was soll ich dabei?«

»Uns beschützen.« Daniel grinste.

»In Ordnung.«

»Vergiss die Schlüssel nicht!«

»Wahrscheinlich.«

Titus ging ins Haus. Daniel machte sich auf den Weg zum Hauptlager.

XXX

Alles war wie immer. Die Sklaven waren mit ihren Stapelarbeiten beschäftigt. Haldavo beaufsichtigte sie und gab seine knappen Anweisungen. Sie wurden strikt befolgt. Haldavo hatte große Autorität.

Licinius war nicht dabei. Er schien in seinem Kontor zu arbeiten.

Daniel ging zu Haldavo, grüßte kurz und teilte ihm den Auftrag des Herrn mit. Es ging wieder einmal um Gewürzlieferungen aus dem Orient. Sie sollten in kleine Säckchen und Beutel umgefüllt und noch heute ins Geschäft gebracht werden. Die Beschriftung würde er, Daniel, später anbringen.

»Kein Problem«, sagte Haldavo. Er rief zwei Sklaven und gab den entsprechenden Auftrag an sie weiter.

Daniel war drauf und dran, Haldavo von seinen Beobachtungen zu erzählen. Doch nach kurzer Überlegung kam er zu dem Schluss, dass es dafür noch zu früh sei. Er musste erst hieb- und stichfeste Beweise haben. Vor allem Namen und Herkunft der beteiligten Leute. Das konnte in den nächsten Tagen schon der Fall sein. Dann war es immer noch früh genug, den Ubier einzuweihen. Er konnte die Angelegenheit dann in Zusammenhang bringen mit den verschwundenen Säcken, über die er noch vor kurzem mit Haldavo gesprochen hatte.

Doch Daniel wollte Haldavo auf die Probe stellen, um herauszufinden, wie der Ubier reagieren würde, wenn er ihn scheinbar belanglos nach den Schätzen im gesicherten Lagerraum fragte.

Sie befanden sich keine zehn Schritt von der Tür entfernt. Daniel blickte in die Richtung und meinte: »Ist ja toll, was für Schätze da hinter der Tür sind!«

Haldavo sah ihn erstaunt an und fragte: »Toll? Wie meinst du das?«

Wusste Haldavo etwa nicht, welche Dinge sich hinter der Tür in den Regalen befanden? Vorsichtig fragte Daniel : »Du kennst die Objekte?«

»Nein.« Die Antwort kam ohne Zögern. »Die Kammer untersteht nicht meiner Aufsicht.«

»Wem denn?«

»Licinius.«

»Also weißt du auch nichts von den Leuchtern?«

»Was für Leuchter?«

Daniel staunte: Haldavo schien wirklich nichts

vom Inhalt der Schatzkammer zu wissen. Er fragte nach: »Warst du schon mal drinnen?«

»Ja, aber der Inhalt hat mich nie interessiert. Warum stellst du so bohrende Fragen?«

Daniel spürte, dass er genau an dem Punkt war, um die entscheidende Frage zu stellen. Die Gelegenheit war einmalig günstig. So schnell würde sie sich nicht wieder bieten. Ob Haldavo letztlich doch etwas mit den schmutzigen Geschäften zu tun hatte, war zwar immer noch unklar, doch aus der Art, wie er reagieren würde, konnte man bestimmte Schlüsse ziehen.

Daniel blickte sich in der Halle um. Die Sklaven waren mit ihrer Arbeit beschäftigt. Trotzdem war diese Normalität Daniel nicht ganz geheuer, denn jederzeit konnte Licinius dazu kommen.

»Haldavo«, sagte er leise, »ich habe mit dir etwas sehr Wichtiges zu besprechen. Aber nicht hier! Draußen, auf dem Hinterhof.«

Haldavo sah ihn ernst an, stellte aber keine Frage und folgte Daniel nach draußen.

Daniel ging einige Schritte nach links, hielt sich unterhalb der Fenster. So konnte man sie von drinnen nicht beobachten.

»Du machst es aber spannend«, meinte Haldavo. »Was willst du mir sagen?«

Und Daniel, nach einem sichernden Rundblick: »Es geht um die Leuchter und die anderen Schätze, die in dem gesicherten Lagerraum liegen – oder besser: lagen.«

»Lagen?« Haldavo hob verwundert den Blick. »Was soll das heißen?«

»Dass sie nicht mehr dort sind!«

»Ja aber... Wie kommst du zu dieser Annahme?«

»Das kann ich dir sagen!«

Daniel berichtete, was er und Titus am Abend zuvor beobachtet hatten. Er sei fest überzeugt, dass Diebe Teile aus dem Lagerraum entfernt hätten, um sie zu verkaufen. Dass sie dies außerhalb der normalen Öffnungszeiten im Schutze der Dunkelheit durchführten, spreche für seine Annahme und sei doch wohl ein Beweis dafür, dass hier verbrecherische Transaktionen durchgeführt würden.

Haldavo hatte aufmerksam zugehört. Dann fragte er ernst: »Habt ihr darüber mit Acilius gesprochen?«

»Nein.«

»Hm...«

Dieses ›Hm‹ konnte bedeuten: Wenn Haldavo an den betrügerischen Unternehmungen beteiligt war, drückte es seine Erleichterung darüber aus, dass er, Daniel, und Titus nicht mit Acilius gesprochen hatten; war er nicht beteiligt, überlegte er wohl, warum Titus als der Sohn des Herrn nicht sofort zu seinem Vater gegangen war und ihm darüber berichtet hatte.

Prompt fragte Haldavo: »Warum habt ihr den Herrn nicht in Kenntnis gesetzt?«

Und Daniel: »Ich bin Sklave und kann es mir nicht erlauben, unbewiesene Anschuldigungen vor den Herrn zu bringen.«

»Warum nicht?«

»Weil – es kann für mich und meine Schwester die schlimmsten Folgen haben.«

»Verstehe. Aber Titus! Was ist mit Titus?«

»Bei ihm ist das anders.«

»Warum?«

»Ich nehme an, für ihn ist das alles nur eine spannende Sache. Ein Abenteuer. Ich glaube nicht, dass ihm überhaupt klar geworden ist, was da eigentlich passiert. Er will den Fall selbst lösen, um dann zu seinem Vater zu gehen und zu erklären: ›Ich, dein Sohn, habe die Sache aufgeklärt.‹«

Haldavo nickte langsam und strich sich übers Kinn. Er schaute Daniel lange an und fragte leise: »Und was erwartest du jetzt von mir?«

Daniel gab eine Antwort, die Haldavo zwingen würde Stellung zu nehmen: »Dass du uns hilfst.«

»Hm...« Haldavo blickte zu Boden und überlegte. Schließlich sagte er: »Ich kann es einfach nicht fassen! Aber du könntest mit deinen Vermutungen Recht haben.«

Ihre Blicke trafen sich. Daniels Zweifel blieben. Haldavos Kommentar konnte alles und nichts bedeuten.

»Bis wann warst du gestern hier?«, fragte Daniel.

»Bis kurz nach Sonnenuntergang.«

»War Licinius noch in der Halle?«

»Nein. Er ging schon am frühen Nachmittag.«

»Warst du der Letzte, der die Halle verlassen hat?«

»Ja. Ich habe wie immer alles sorgfältig verschlossen.« Er schaute Daniel an. »Und du! Was hast du jetzt vor?«

»Wir wollen heute Abend in den Lagerraum.«

»Aber er ist gesichert. Ihr kommt da nicht rein. Nur Licinius hat die Schlüssel.«

»Titus auch.«

Hastig erklärte Daniel dem Ubier, dass Titus sich die Schlüssel besorgen werde und dass es gerade heute so günstig sei, weil Acilius und Domitia bis morgen bei Freunden in Tusculum seien. Im gleichen Augenblick wurde ihm bewusst, dass er sich mit diesem Geständnis voll und ganz Haldavo ausgeliefert hatte. Haldavo konnte nun einfach zu Acilius gehen und ihm alles erzählen. Doch Daniel war überzeugt, dass Haldavo dies nicht tun würde. Wahrscheinlich kam er jetzt zu dem gleichen Schluss wie er, Daniel, denn die entscheidende Frage lautete nun auch für Haldavo: Wusste Acilius von der Sache? War er vielleicht selbst darin verwickelt?

»Ich werde da sein. Wann kommt ihr?«

»Nach Sonnenuntergang.«

»Kommt später! Es könnte sein, dass Licinius ausgerechnet heute Abend noch über seinen Büchern sitzt. Ich werde in jedem Fall beim Tor sein und euch warnen, falls er da sein sollte.«

XXXI

Daniel konnte es kaum erwarten, dass die Sonne sich dem westlichen Horizont näherte. Die Dunstschleier, die sich am Morgen gebildet hatten, verflüchtigten sich allmählich, der Himmel klarte auf. Das war gut. Der Mond würde scheinen.

Acilius und Domitia wollten das Haus schon gegen Mittag im großen Reisewagen verlassen. Kurz vor ihrer Abfahrt waren Acilia und ihr Mann Cornelius Fuscus angekommen. Daniel und Esther begegneten ihnen auf dem Hof und grüßten freundlich. Acilia grüßte sehr freundlich zurück, während Fuscus von den Geschwistern keine Notiz nahm. Es war nicht zu übersehen, dass Acilia unmittelbar vor ihrer Niederkunft stand. Sie bewegte sich mit kleinen, vorsichtigen Schritten, wie man es bei Schwangeren oft beobachten konnte.

Esther blickte den beiden nach und flüsterte: »Hast du schon mit Titus gesprochen?«

»Ja.«

»Und was hat er gesagt?«

»Du kannst mitkommen!«

»Ehrlich? Das hat er gesagt?«

»Ja. Warum?«

»Was will er denn seiner Schwester sagen?«

»Weiß ich nicht. Ihm wird schon was einfallen. Also, bis nachher. Wo treffe ich dich?«

»In der Küche oder in der Wäschekammer.«

Daniel ging in seinen Arbeitsraum, der unmittelbar neben dem Kontor des Herrn im Erdgeschoss lag, und machte sich an die Bearbeitung einer Warenliste. Doch er wurde unterbrochen, Acilius stapfte herein. Er war schon reisefertig gekleidet und trug einen eleganten mantelartigen Überwurf. Sein Gesicht war gerötet. Er duftete sogar nach Rosenöl.

Wie es seine Art war, begann er forsch: »Titus sagt, ihr wollt... äh, also ihr wollt heute Abend noch in die Stadt. Gut, gut, ich habe nichts dagegen einzuwenden.« Er hob die rechte Augenbraue.

»Aber dass ihr euch, äh, dass ihr euch anständig benehmt!«

Also hatte Titus doch Skrupel gehabt, ohne Erlaubnis der Eltern mit ihm das Haus am Abend zu verlassen. Hoffentlich hatte er auch Esther erwähnt!

Die folgenden Ermahnungen stellten auch das klar: »Also, wenn ihr schon unbedingt das, äh, das zarte Mädchen mitnehmen wollt, dann, äh, dann kann man sich ja wohl darauf verlassen, dass ihr euch um, äh, um ihre Sicherheit kümmert. Klar?!«

»Selbstverständlich.«

Daniel atmete erleichtert auf.

Acilius holte umständlich seinen Brustbeutel hervor, öffnete ihn, entnahm ihm einige Münzen und reichte sie Daniel. »Hier! Für dich und deine Schwester.« Es waren zwei Sesterzen. »Aber seid sparsam! Von nichts, äh... von nichts kommt nichts!«

»Danke!« Daniel war gerührt. Das hatte er nicht erwartet.

Acilius warf noch einen Blick auf die Listen und nickte zufrieden.

»Also dann, bis morgen!«

Er verließ den Raum.

Kurz darauf hörte Daniel, wie sich der Wagen rumpelnd über das Pflaster des Hofes entfernte. Er erledigte konzentriert seine Arbeit. Da er nun nicht mehr gestört wurde, ging sie ihm schnell von der Hand. Zuletzt übersetzte er noch ein Schreiben an einen Händler in Gaza* ins Hebräische, anschließend

---

* Hafenstadt im südlichen Palaestina

ins Griechische und schrieb die übertragenen Texte schließlich säuberlich unter die lateinische Fassung. Das war eine Neuerung, die er dem Herrn unlängst vorgeschlagen hatte. Seine Begründung: Auf diese Weise könne man beim Empfänger Irrtümer und Fehler vermeiden, da man nicht wisse, welche Sprache derjenige, in dessen Händen der Brief landete, beherrschte. Acilius hatte den Vorschlag sofort aufgegriffen, hatte Daniel vor den beiden Schreibern gelobt und ihnen in seiner weit ausholenden Art mit vielen Worten erklärt, sie sollten sich, äh ... diesen Daniel zum Vorbild nehmen. Philon und Theokritos hatten dazu genickt und – geschwiegen.

Daniel war die Sache unangenehm. Er musste befürchten, dass die beiden ihn nun mit eifersüchtigem Neid betrachten und ihm in gehässiger Weise Steine in den Weg legen würden.

Doch es kam anders.

Etwa eine Stunde vor Sonnenuntergang hatte Daniel seine Schreibarbeiten erledigt. Er verließ den Vorraum des Kontors und schaute noch bei den beiden Schreibern herein. Theokritos – mit fünfundvierzig Jahren der älteste der Schreibsklaven – schaute hoch, zwinkerte und sprach Daniel unerwartet an: »Ah, Daniel! Also, ich muss es dir einmal sagen!« Er machte ein ernstes Gesicht.

Daniel erschrak. Jetzt würde er ihn zurechtweisen. Doch ruhig fuhr Theokritos fort: »Seit du in diesem Laden bist, ist die ... also die Stimmung ist besser. Nicht wahr, Philon?«

»So ist es«, kam eine belegte Stimme vom zweiten Stehpult herüber.

»Sag ich doch! Sag ich doch!«, fuhr Theokritos

fort und wies auf Daniel: »Er hat einen beruhigenden Einfluss auf den Herrn. Nicht wahr, Philon?«

»Sicher.« Philon nickte dreimal bedächtig ohne von seiner Schreibarbeit aufzublicken.

»Wirklich?« Daniel war vollkommen überrascht.

»Wenn ich's doch sage! Der Alte meckert nicht mehr so viel wie früher an allem herum. Nicht wahr, Philon?«

»Nicht mehr, nein.«

»Sag ich doch!« Und wieder zu Daniel: »Tja, als Grieche kann ich zwar ganz gut Latein, aber kein Hebräisch. Furchtbare Sprache! – Philon!«

»Furchtbar, ja«, nickte der Angesprochene ohne eine Miene zu verziehen. Was er ohnehin selten tat, denn er redete eigentlich nur, wenn man eine direkte Frage an ihn richtete. Und weil diese immer nur von Theokritos kam, fungierte er sozusagen als dessen Echo, denn Theokritos wollte nur eine Bestätigung seiner Behauptung hören. Philon, etwa zehn Jahre jünger als Theokritos, sah älter aus als dieser. Er war sehr still und in sich gekehrt. Daniel kam er wie ein vertrockneter Fisch vor: Spindeldürr war er, hatte kaum noch Haare auf dem Kopf, seine Stimme wirkte tonlos und immer etwas heiser. Wenn überhaupt, sprach er sehr leise, so dass man genau hinhören musste, um ihn zu verstehen. Er hatte einen Zug im Gesicht, als ob er alles Leid des Erdkreises zu tragen hätte.

Daniel feixte fröhlich. Er hatte dieses Urteil über seine Muttersprache schon oft gehört.

»Schrecklich, dieses Hebräisch!«, ereiferte sich Theokritos weiter. »Ist noch viel schwieriger als Punisch! – Philon!«

»Hier!«

»Ist es?«

»Wer?« Philon schaute hoch.

»Wieso wer? Ich meine das Hebräisch!«

»Kannst du Hebräisch?«

»Eben nicht!«

»Was ist dann mit ihm?«

»Mit wem?« Nun schien Theokritos nicht ganz bei der Sache zu sein.

»Dem Hebräisch!«

»Wie? Ja, das Hebräisch. Wie denn nun: Ist es schwieriger?«

»Als was?«

»Als was? Als Punisch natürlich!«

»Es ist. O ja!« Das Echo nickte dreimal.

»Sag ich doch!« Theokritos strich sich über den Bauch.

Daniel schaute Theokritos fragend an: »Punisch? Wieso Punisch? Ich war immer der Meinung...«

Punisch war die Sprache der Karthager gewesen, die die Römer Punier nannten. Er hatte immer angenommen, dass Punisch nach dem Untergang Karthagos im letzten Krieg gegen Rom ebenfalls verschwunden war. Doch Theokritos klärte ihn auf: Überall im westlichen Nordafrica werde die Sprache noch gesprochen. Sogar in Rom gebe es einige Händler aus der Region. Sie würden hin und wieder auch Acilius beliefern. Er, Daniel, werde sie wohl irgendwann persönlich kennen lernen.

So ging das noch eine Weile fort, bis Daniel erklärte, er habe noch einiges zu erledigen. Er verließ den Schreibraum.

Als er Esthers Zimmer im Dachgeschoss betrat,

schaute sie ihn fragend an. Daniel lachte fröhlich und erklärte, dass sie beide mit ausdrücklicher Erlaubnis des Herrn am Abend das Haus verlassen dürften.

»Hast du ihn etwa darum gebeten?«

»Nein, Titus.«

»Titus?« Das hatte sie nicht erwartet.

Daniel sah, wie sehr sie sich freute. Er wusste, wie sehr sie unter der Begrenzung ihrer Bewegungsfreiheit litt. Sie hatte das Haus in den letzten Wochen kaum verlassen. In Jerusalem waren sie oft am Abend gemeinsam durch die Stadt gestreunt. Eine kurze Mitteilung an Vater oder Mutter hatte genügt. Doch hier war das anders. Jeder Schritt außer Hauses musste ganz offiziell genehmigt werden. Meist von der Herrin. Sie waren eben Sklaven und gehörten erst wenige Wochen zum Hausstand. Domitia war immer noch misstrauisch.

Daniel holte den Brustbeutel hervor, entnahm ihm das Geld, das Acilius ihm gegeben hatte, und reichte die Münzen der Schwester – mit der Bemerkung, bei ihr sei es besser aufgehoben, heute Abend brauchten sie sowieso keins.

»Wenn du meinst«, sagte sie.

»Ich meine es.«

»He? Wie redest du denn?«

»Wie Philon.« Er grinste. »Gehen wir. Titus wird schon warten.«

XXXII

Auf halbem Wege zum Siebengestirn kam ihnen Atto entgegen. Noch ehe er sie erreicht hatte, rief er: »Ich frei!«

»Sehr gut!«, sagte Daniel. »Und bis wann?«

»Egal. Herr nichts sagen.« Er strahlte und zeigte seine makellos weißen Zähne. »Ich nur morgen pünktlich zur Arbeit.«

»So gut möchte ich's auch mal haben«, seufzte Daniel.

Darauf Titus: »Hast du doch! Geh'n wir!«

»Wohin? Ich wissen wollen, wohin«, meldete sich Atto.

»Du gleich merken.« Titus verfiel in den einfachen Satzbau, den Atto stets benutzte. »Wir dir erklären, wenn wir da. Klar?«

»Klar.« Atto warf einen Blick auf Esther und fragte: »Mädchen auch?«

»Ja. Mädchen auch. Warum?«

»Weil . . .« Atto schwieg, aber alle wussten, was er meinte: Ein Mädchen! Was sollte ein Mädchen bei diesem Unternehmen?

Titus zeigte auf Esther und erklärte: »Das ist Esther, Daniels Schwester.«

»Oh! Das . . .« Atto sah Esther scheu an.

»Das ist gut – oder?« Esther maß ihn mit einem strengen Blick und wiederholte: »Oder?«

»Ja, das gut«, beeilte er sich festzustellen.

»Na also«, meinte Titus. »Nun komm! Wir dürfen keine Zeit verlieren.«

Sie eilten mit schnellen Schritten weiter und wollten gerade in die nächste Gasse zum Theatrum Novum einbiegen, als von der anderen Straßenseite jemand laut rief: »He! Wartet!«

Alle drehten sich um. Askalis, der Sohn des Tierhändlers Maurus, näherte sich.

Daniel und Esther wechselten einen Blick: Askalis, den sie Niger, den Schwarzen, nannten, radebrechte zwar nicht so fürchterlich wie Atto, aber dafür wirkten seine Formulierungen umso drolliger.

Er kam herüber und fragte: »Was ihr vorhabt?«

»Wahrscheinlich sehr geheim«, meinte Titus lässig und spuckte auf die Straße.

»Geheim? Was geheim?«

»Das geht dich wahrscheinlich nichts an.«

»Mich viel, sehr viel angehen!«

»Quatsch! Und wieso?«

»Ich dir neulich Gefallen großen! Ich deiner Mutter sagen: Titus bei mir war! Aber Titus nicht bei mir! Ich gelogen. Sonst du großen Ärger! Mich viel gehen an! Du mir jetzt gutmachen!«

»Hm.«

»Nicht *hm*! Du gutmachen!«

»Hm.« Titus überlegte und schien zu dem Schluss zu kommen, dass er wohl noch öfters in die Lage kommen könnte, die Dienste Nigers in Anspruch zu nehmen. Er sagte: »Du hast doch nie Zeit.«

»Ich viel Zeit. Ich mitkommen?«

Als Titus immer noch zögerte, nahm Daniel ihn beiseite und fragte leise: »Vertraust du ihm nicht?«

»Ich weiß nicht. Immerhin geht es um eine Sache, die sehr riskant ist. Viele Köche verderben den Brei.«

»Sicher. Aber fünf sehen mehr als vier. Es kann doch sein, dass wir die Zufahrtswege zum Lager von verschiedenen Seiten beobachten müssen.«

»Hm.«

»Außerdem ist er kräftig.«

»Hm.«

»Also, was ist?«

Titus überlegte noch einmal, dann hieß es: »Meinetwegen.«

Sie gingen zurück zu den Übrigen und Titus sagte: »Wahrscheinlich wird die Sache gefährlich.«

»Viel gut das. Ich lieben gefährlich.«

»Das werden wir ja sehen.«

»Ich mitkommen?«

»Wahrscheinlich. Wenn du willst.« Titus ging schon weiter.

Niger folgte ihm auf den Fersen und beteuerte: »Ich willen!«

»Wollen!«, verbesserte ihn Esther.

Niger starrte sie überrascht an. Dann fragte er: »Worum es gehen?«

»Also, pass auf!«

Und dann erklärte Titus ihm mit einfachen Worten, worum es ging. Mehrmals kommentierte Niger das Gehörte mit zornigen Ausrufen wie »Halunken große! Räuber elende! Spitze Buben!« Diesmal verbesserte Esther ihn nicht.

»Alles verstanden?«, fragte Titus am Ende.

»Sicher, alles!« Niger nickte dreimal sehr ernst.

»Dann los!«

Mit großen Schritten stapften sie weiter.

Obwohl die Dämmerung schon einsetzte, herrschte an der Baustelle des Neuen Amphitheaters immer noch reger Betrieb. Im Schein von Fackeln waren Zimmerleute dabei, Gerüste für weitere Stützbogen zu errichten. Wahrscheinlich sollten sie gleich am nächsten Morgen mit Beton gefüllt werden.

Da sie ihr Tempo beibehielten, erreichten sie schon eine gute Viertelstunde später die Lagerhalle. Aus dem Schatten des Haupttors trat ein Mann. Das konnte nur Haldavo sein.

Daniel ging auf ihn zu. »Ist Licinius noch da?«
»Nein. Ich bin allein.«
»Das ist gut.« Dann fragte er geradeheraus: »Haldavo...«
»Ja?«
»Warum machst du das eigentlich?«
»Was?«
»Na, du stellst dich auf meine, auf unsere Seite.«
»Es ist die richtige!«
»Gut. Aber du könntest doch zum Herrn gehen und ihm berichten...«
»Zu früh.«
»Verstehe.«

Dennoch blieb ein Rest von Zweifel bestehen: Falls Haldavo doch auf der anderen Seite stand, konnte er von nun an genau verfolgen, was er, Daniel, und die andern unternahmen und wie sie weiter vorgehen wollten. Wie auch immer, es gab jetzt kein Zurück mehr.

Sie schlüpften hintereinander durch die kleine Seitenpforte in die große Halle. Drinnen war es stockfinster, doch schnell gewöhnten sich ihre Augen an die Dunkelheit, zumal auf einigen Tischen Öllampen brannten.

»Atto!« Daniel winkte ihn zu sich. »Du gehst wieder nach draußen und hältst die Straße im Auge! Du meldest sofort, wenn sich jemand nähert.«

»Ich gehen.« Atto entfernte sich.

»Niger!«

»Hier!«

»Du gehst nach hinten! Durch die Tür da!« Daniel zeigte in die Richtung. »Sofort Meldung, wenn sich jemand dem Außentor nähert!«

»Jawohl!« Niger war ganz bei der Sache.

Haldavo aber nahm erstaunt zur Kenntnis, dass Daniel hier ganz offensichtlich das Kommando übernommen hatte – ohne dass Titus dagegen Einspruch erhob.

Haldavo wandte sich an Titus: »Hast du die Schlüssel? Ich meine die zur Kammer.«

»Ich habe sie«, kam es stolz zurück.

»Gut. Wir sollten keine Zeit verlieren, für den Fall, dass doch noch jemand hier auftaucht.«

Er griff sich vom nächsten Tisch eine Lampe. Sie gingen hinüber zu der Tür, die mit drei Schlössern gesichert war. Titus zog sich den Riemen über den Kopf, an dem er den Schlüsselbund seines Vaters befestigt hatte. Verwirrt starrte er auf die etwa zwölf großen Schlüssel. Welche waren es?

Haldavo trat neben ihn. »Lass mich mal, ich kenne sie.«

Zielsicher suchte er die richtigen Schlüssel aus. Sie lagen alle nebeneinander. Zum Öffnen der Schlösser mussten die Bärte zweimal gedreht werden. Jedes Mal knackte es metallisch. Esther, die unmittelbar neben Haldavo stand, betätigte den Griff. Die Tür öffnete sich. Sie traten ein.

Haldavo ging mit der Lampe an den Regalen entlang und schüttelte den Kopf. Die Bretter waren fast alle leer. Nur vereinzelt fanden sich darauf noch Schalen, Becher und andere offenbar wertlose Gegenstände.

»Wo ist denn nun der Leuchter?«, fragte Esther und sah ihren Bruder enttäuscht an.

Daniel blickte sich suchend um. Schließlich sagte er tonlos: »Da ... direkt vor dir, da hat er gelegen.«

»Nicht zu fassen!«, stellte Titus fest und starrte ungläubig die Regale entlang. »Das gibt's doch nicht!«, rief er. »Weg! Einfach weg! Da ... da lag alles!«

Auch Daniel war wie vor den Kopf gestoßen. Alle wertvollen Gegenstände, darunter »sein« siebenarmiger Leuchter, waren verschwunden.

Er sah Haldavo an und fragte leise: »Haldavo, meinst du, dass Licinius von der Sache weiß?«

»Mein lieber Junge, ich hoffe für ihn, dass er nicht daran beteiligt ist. Er würde einen gewaltigen Ärger ...«

Da stürmte Atto in den Raum und stieß atemlos hervor: »Da ... da draußen ... auf Straße ... da einer kommen!«

Daniel reagierte blitzschnell: »Atto!«

»Herr!«

»Wie?!«

Daniel war so überrascht, dass er für einen Augenblick das Atmen vergaß. Dann gab er sich einen Ruck und fuhr fort: »Du gehst hinten raus! Zu Niger! Versteckt euch irgendwo hinter dem Gerümpel im Schatten der Dächer ... falls er auf den Hinterhof geht, klar?«

»Klar.«

»Und haltet das Gelände und die Straße im Auge!«

Atto eilte davon und verschwand in der Dunkelheit der Halle.

»Und wir?«, fragte Titus wie auf dem Sprung und sah Haldavo ängstlich an.

»Kommt mit!«

Sie verließen den Raum, Titus verriegelte die Schlösser, Haldavo wies zu der Leiter, die gleich neben ihnen auf den Speicher über dem Lagerraum führte. Sie verstanden, kletterten so schnell wie möglich nach oben und legten sich flach auf den Boden. Es roch nach altem, harzigem Holz und Staub. ›Hoffentlich muss ich jetzt nicht niesen‹, dachte Esther. Sie lag auf dem Bauch und hörte das Blut in ihren Ohren hämmern.

Esther, Daniel und Titus verfolgten, wie Haldavo die Lampe zurück an ihren Platz auf dem Tisch brachte. Von hier oben hatte man alles gut ihm Blick.

Draußen näherten sich Schritte. Die kleine Tür neben dem Haupttor wurde geöffnet. Ein Mann trat ein.

»Was? Du bist immer noch hier?« Das war die Stimme von Licinius. Und sie klang ungehalten.

»So ist es«, erklärte Haldavo betont ruhig. »Habe noch was aufgeräumt. Die Leute sind da in letzter Zeit etwas nachlässig geworden.«

»So? Dann müssen wir sie strenger anfassen.«

»Durchaus, ja. – Hast du ... hast du was vergessen?«

»Wie? Ja, ich ...«

Die drei hoben die Köpfe und sahen, wie Licinius stehen blieb und einen Augenblick nachdachte. Offensichtlich hatte er nicht erwartet in der Halle noch jemanden anzutreffen. Jetzt musste er eine glaubhafte Erklärung abgeben.

»Ich habe eine wichtige Liste vergessen, die ich heute Abend noch durchgehen wollte. Und du?«

»Ich wollte gerade gehen«, sagte Haldavo und tat, als ob er ein Gähnen unterdrücken müsste.

»Also dann, Gute Nacht und bis morgen!« Es war unverkennbar, dass Licinius Haldavo loswerden wollte.

Haldavo nickte und ging zur Tür. Bevor er die Halle verließ, warf er einen Blick zum Speicher hinauf. Daniel, Esther und Titus verstanden. Er würde irgendwo draußen auf sie warten.

Plötzlich hatte Esther Mühe, ein Niesen zu unterdrücken. Daniel warf ihr einen warnenden Blick zu. Sie nickte und knetete verzweifelt ihre Nase, bis der Niesreiz endlich nachließ.

Sie hatte Angst. Auch Titus und Daniel beschlich ein ungutes Gefühl: Nun waren sie ganz auf sich allein gestellt. Was war, wenn der Lagerverwalter sie hier oben entdeckte?

Gespannt beobachteten sie, was Licinius vorhatte. Vorsichtig hoben sie die Köpfe, um alles mitzubekommen. Licinius ging zurück zur Außentür, öffnete sie, beugte sich vor und lauschte. Wenn Haldavo noch in der Nähe war, dann verhielt er sich jetzt vollkommen still. Licinius schloss die Tür und verriegelte sie sorgfältig. Dabei murmelte er etwas vor sich hin und schüttelte ungehalten den Kopf. Er blickte sich um, ging zu dem Tisch, auf dem Haldavo die Öllampe abgestellt hatte, ergriff sie und eilte mit schnellen Schritten zum Eingang des Lagerraums. Sehen konnten die drei nichts, doch sie hörten, wie Licinius nervös mit den Schlüsseln herumstocherte, bis die Tür sich endlich öffnete. Er verschwand im Raum und machte sich an den Geräten zu schaffen. Es klang, als ob Metall an Metall stieß.

Schon nach wenigen Augenblicken kehrte er zurück. Er murmelte Unverständliches und fluchte derb. Er schien ganz außer sich zu sein, denn plötzlich schrie er: »Elende Halunken! Betrüger! Aber ich hätte es mir denken können.« Seine Stimme hallte in dem großen Raum wider.

Als er aus dem Schatten des Speichers trat, hielt er in der rechten Hand einen Gegenstand, der in ein Tuch gewickelt war. Worum es sich dabei handelte, war nicht zu erkennen. Fahrig stellte er die Lampe zurück auf die Tischplatte, betrachtete sie und murmelte: »Die geht sowieso gleich aus.«

Also wollte er wieder weg.

Worüber war er so wütend?

»Nicht mit mir!«, rief er. »Verbrecher!«

Er steigerte sich in immer größeren Zorn, hob die Faust und drohte unsichtbaren Feinden: »Aber wartet! Das werdet ihr noch bereuen. Alle! Ihr werdet vor mir auf den Knien liegen und winseln, ihr werdet heulen und betteln und mich um Gnade bitten.«

Wütend verließ er die Halle, donnerte draußen die Tür gegen den Rahmen und verriegelte sorgsam die drei Schlösser. Dann entfernten sich seine Schritte. Alles war wieder ruhig.

Daniel, Esther und Titus blieben noch eine Weile

still liegen. Schließlich richtete Titus sich auf und sagte leise: »So hab ich ihn noch nie erlebt.«

Was sollten Esther und Daniel dazu sagen? Sie warteten eine Weile, bis sie meinten, nun müsste Licinius außer Reichweite sein.

Da hörten sie wieder Geräusche. Jemand hantierte an den Schlössern der Außentür.

»Kommt runter!«

Es war Haldavo. Erleichtert atmeten sie auf und kletterten herunter. Haldavo kam ihnen entgegen und flüsterte: »Und jetzt nichts wie weg! Es könnte ihm vielleicht einfallen umzukehren. Wir nehmen den Hinterausgang!«

Draußen fragte Daniel den Ubier: »Verstehst du das?«

»Was? Was hat er denn da drinnen gemacht?«

Daniel erklärte es ihm kurz.

»Wir werden der Sache auf den Grund gehen«, war alles, was Haldavo ihm erwiderte.

Niger und Atto kamen aus ihren Verstecken hervor. Aufgeregt begann Atto: »Ich...ich...da...«

»Was?«, fragte Titus.

»Da war Mann!«

»Was für ein Mann?«

»Ich nicht kennen.«

»Wie sah er aus? Beschreibe ihn!«

Atto versuchte es. Heraus kam ein abstruses Kauderwelsch. Aber Atto hatte genau beobachtet, er machte sogar den federnden, leichten Gang des Mannes nach, so dass Titus aus den wenigen Worten erkannte, dass es sich um denselben Mann handelte, den er und Daniel am Abend zuvor beobachtet hatten.

»Pilesar?«, rief Daniel, als hätte er Titus' Gedanken erraten.

»Ich nicht kennen Pilesar«, sagte Atto.

»Beschreibe ihn genauer!« sagte Daniel. »Wie sah er aus?«

Aus den halben Sätzen, die Atto von sich gab, schlossen Daniel und Esther, dass es sich sehr wohl um Pilesar handeln könnte. Als Titus sie fragend ansah, erklärten sie ihm, wer der Bibliothekar war und woher sie ihn kannten. Doch bevor sie aus all dem ihre Schlussfolgerungen ziehen konnten, machte Haldavo mit der Hand das Zeichen zu schweigen.

Sie versteckten sich hinter den Kisten und lauschten. Am hinteren Tor machte sich jemand zu schaffen und versuchte es zu öffnen. Doch es war verschlossen. Sie beugten sich vor und sahen, wie eine Gestalt an den Querverstrebungen hinaufkletterte und mit Schwung über die Brüstung setzte.

Esther stieß Daniel an. Kein Zweifel! Das war Pilesar!

Pilesar blieb stehen, blickte sich vorsichtig um und ging zur Hintertür der Halle. Er versuchte sie zu öffnen – doch Haldavo hatte sie bereits verriegelt. Pilesar schaute zu den Fenstern hoch und wartete eine Weile, um festzustellen, ob sich drinnen ein Licht bewegte. Da es dunkel blieb, murmelte er etwas vor sich hin, was sie nicht verstanden, und zog sich auf dem gleichen Weg, auf dem er sich Zutritt zum Gelände verschafft hatte, zurück. Sie hörten, wie er sich eilig entfernte.

Haldavo, Titus, Daniel, Esther, Niger und Atto kamen aus ihren Verstecken.

»Ich verstehe das nicht.« Esther schüttelte den Kopf. »Was hat Pilesar mit diesen Leuten zu tun?«

»Wahrscheinlich gar nichts«, meinte Daniel. »Er ist ihnen wie wir durch irgendeinen Zufall auf die Spur gekommen. Was meinst du, Haldavo?«

»Ich bin mir nicht sicher.«

Esther dachte weiter: »Vielleicht sind tatsächlich Leute von Rutilius Varus an der Sache beteiligt. Warum dann nicht auch Pilesar?«

»Wieso?«, fragte Titus.

Und Esther: »Er ist von allen der Intelligenteste. Er könnte im Auftrag des Rutilius unterwegs sein, um die andern zu kontrollieren. Da traut keiner dem andern. Wäre doch denkbar – oder? Und nun will er selbst herausfinden, was dahinter steckt.«

Haldavo reckte sich, blickte in die Runde und sagte ganz ruhig: »Vielleicht hat Esther Recht. Heute werden wir das nicht mehr klären können. Es ist schon spät. Wir gehen jetzt alle nach Hause. Ich werde den Betrieb im Auge behalten. Ihr auch. Über Daniel und Titus können wir miteinander Kontakt halten.«

»Wo wohnst du denn?«, wollte Daniel wissen.

»Ganz in der Nähe. Auf dem Aventin. Titus weiß, wo.«

Titus nickte. Haldavo ging zur Halle, entriegelte die Tür, ließ alle eintreten und legte die Riegel sorgfältig vor. Im Dunkeln tasteten sie sich weiter bis zum vorderen Haupteingang. Draußen warteten sie, bis sie sicher waren, dass niemand in der Nähe war.

»Also dann ... Gute Nacht!«, sagte Haldavo und gähnte.

Sie trennten sich. Haldavo hinkte davon.

Auf dem Heimweg stellten die fünf immer neue Vermutungen über das wiederholte Auftauchen Pilesars an, kamen aber zu keiner klaren Lösung. Als sie das Argiletum erreichten, trennten auch sie sich. Sie würden Kontakt halten.

XXXIII

In den nächsten Tagen machte Daniel wie gewohnt seine Botengänge zum Lager, doch Haldavo hatte nichts Neues zu berichten. An den Abenden sprach Daniel immer wieder mit Esther über die unklare Lage, aber ihre Überlegungen drehten sich im Kreis. Es war ein Spiel mit zu vielen Unbekannten: Wer hatte die Schätze in die Kammer gebracht? Was hatte Licinius mit der Sache zu tun? Warum schlich Pilesar nachts um das Lager? Wer war noch an der Sache beteiligt? Am Ende sogar Acilius selbst?

Daniel, der darauf brannte, möglichst bald weitere abendliche Exkursionen zu unternehmen, redete auf Titus ein und forderte weitere Aktionen, doch Titus machte ihm klar, dass sie jetzt nichts überstürzen dürften; sie könnten in eine unangenehme Lage kommen, wenn jemand Verdacht schöpfte; dann würde man als Erstes seinen Vater informieren – und dann wäre es sowieso vorbei mit den Gängen zum Lager. »Und vergiss nicht Haldavo! Er hat den ganzen Betrieb im Auge, wenn wir nicht da sind!«

›Hoffentlich hast du Recht‹, dachte Daniel. Wie nie zuvor bedauerte er, dass er als Sklave nicht Herr seiner Entschlüsse war. Von Esther ganz zu schweigen. Wütend stieß er hervor: »*Mein* Leuchter ist weg! Verschwunden auf Nimmerwiedersehen! Und da soll ich abwarten?«

»Wahrscheinlich.« Titus suchte ihn zu beruhigen: »Der Leuchter bleibt verschwunden, egal ob du abends Runden um das Lager drehst oder ins Bett gehst und schläfst. Wir müssen abwarten. Irgendwann werden die Kerle sich wieder rühren. Licinius könnte sich auf irgendeine Weise verraten. Ich glaube, dass er es sein wird, der uns am Ende auf die richtige Spur führt.«

Manchmal spielte Daniel mit dem Gedanken, auf eigene Faust Erkundigungen über Licinius einzuziehen. Aber wie sollte er das machen? Er konnte sich nicht frei bewegen. Auf keinen Fall durfte er sich zum jetzigen Zeitpunkt die Gunst des Herrn verscherzen, mit der Folge, am Ende mit strengem Hausarrest bestraft zu werden. Dann überlegte er, ob er mit Pilesar Kontakt aufnehmen sollte. Pilesar wusste von der Sache. Das war ganz offensichtlich. Aber auf welcher Seite stand er?

Als Daniel an einem der nächsten Tage die große Halle betrat, spürte er sofort, dass irgendetwas vorgefallen sein musste. Haldavo und Licinius redeten erregt aufeinander ein. Licinius hatte einen roten Kopf und fuchtelte unkontrolliert mit den Händen. Sein Auge zuckte ununterbrochen. Haldavo hatte eine steile Falte zwischen den Augen und schüttelte immer wieder den Kopf.

Als Daniel in ihre Nähe kam, verstummten beide.

Haldavo wandte sich an Daniel, sein Ton war geradezu herrisch: »Daniel!«

»Ja?« Er erschrak.

»Ich habe mit dir zu reden!« Es klang wie ein Befehl. »Komm mit! In mein Kontor! Sofort!«

Mit wütendem Gesicht hinkte Haldavo davon und Daniel folgte ihm. Im Vorbeigehen sah er, wie Licinius ihm grimmig nachblickte.

Kaum waren sie in Haldavos Arbeitsraum, änderten sich Haltung und Mimik des Ubiers. Die Zornesfalten verschwanden, der wütend verkniffene Mund ließ ein feines Lächeln frei, seine Stimme war wie immer, als er begann: »Setz dich, mein Junge!«

Doch Daniel blieb stehen und fragte erstaunt: »Was ist denn passiert?«

»Er – ich meine Licinius – er scheint nun endgültig durchzudrehen.«

»Wegen der verschwundenen Sachen?«

»Ja.«

»Wieso?« Daniel dachte nach. »Dann hätte er ja zugegeben, dass er davon weiß.«

»Ja. Er spielt Theater. Sehr dramatisch.«

»Du meinst: Er tut so, als ob er auf der Seite des Herrn steht?«

»Genau.«

»Ja, aber...« Daniel zwinkerte. »Dann müsste er doch dem Herrn gegenüber eingestehen, dass er Kenntnis von unterschlagenen Stücken aus der Kriegsbeute hat!«

»Genau das ist seine Taktik.«

»Aber er ist doch offensichtlich selbst beteiligt!«

»Eben! Er tritt die Flucht nach vorn an. Nur wir

wissen, dass er von seinen Kumpanen übers Ohr gehauen worden ist. Aber davon hat er keine Ahnung und fühlt sich in diesem Punkt vollkommen sicher.«

Daniel grinste: »Eine ziemlich vertrackte Situation.«

»Sicher. Für ihn. Aber für uns sehr günstig. Ich gehe davon aus, dass er noch heute in irgendeiner Weise aktiv werden wird.«

»Du meinst...« Daniel ging ein paar Schritte auf und ab, blieb stehen und sah Haldavo an. »Wenn du Recht hast, dann... dann sollten wir ihn beobachten?«

»So ist es.«

»Aber ich kann doch abends nicht so einfach aus dem Haus.«

»Das sollst du auch nicht.«

»Dann verstehe ich nicht, was du...«

»Pass auf!« Haldavo legte ihm die Hand auf die Schulter. »Ich gehe jede Wette ein, dass er gleich das Lager verlässt, um etwas in die Wege zu leiten.«

»Und du meinst, wir sollten ihm folgen?«

»Genau das, denn nur so bleiben wir ihm...«

Haldavo verstummte, denn die Tür wurde aufgerissen und Licinius trat ein. Geistesgegenwärtig schlüpfte Haldavo wieder in die Rolle des wütenden Vorgesetzten und brüllte Daniel an: »Das eine kann ich dir versichern, mein Junge: Ich werde Nachlässigkeiten dieser Art auf keinen Fall mehr hinnehmen! Ist das klar?«

Daniel machte ein zerknirschtes Gesicht und antwortete leise: »Ja.«

»Lauter!«

»Ja!!!«

»Na also!« Haldavo rieb sich die Hände und wandte sich erklärend an den Verwalter: »Hab ihm mal ordentlich die Meinung gesagt.«

Licinius warf einen grimmigen Blick auf Daniel und brummte: »Recht so!« Er hob die Stimme: »Was der Kerl sich nur einbildet! Meint, weil er aus einem adligen Hause stammt, brauche er keine dreckigen Arbeiten zu verrichten. Aber das wirst du ihm schon austreiben!«

»Mit Vergnügen!« Haldavo rieb sich erneut die Hände.

Und Licinius: »Solltest gleich damit anfangen, wenn ich weg bin.«

»Du musst noch fort?«

»Wie? Ja, ja ... Eine ... eine Beschwerde ... wegen schadhafter Ware ... Ärgerlich ... Sehr ärgerlich.«

»Verstehe.«

»Ich kann mich ja auf dich verlassen.«

»Na klar.«

»Also dann, bis morgen. Vale!«

»Vale!«

Um sicherzugehen, dass Licinius wirklich das Gebäude verließ, begleitete Haldavo ihn bis auf die Straße. Dabei stellte er detaillierte Fragen zum Inhalt der Ladung, die am Vormittag eingetroffen war. Licinius gab nur kurze Antworten und brach das Gespräch draußen abrupt ab: »Tut mir leid, Haldavo. Wir reden morgen darüber. Ich muss jetzt weg.«

»In Ordnung.«

Haldavo ging in die Knie und tat, als ob er die Riemen einer Sandale neu binden müsste. Dabei ließ er Licinius nicht aus den Augen und murmelte: »Interessant! Er geht nicht zum Hafen, sondern in die entgegengesetzte Richtung.«

Dort erreichte man nach einer halben Meile die Via Ostiensis.

Haldavo ging zurück in die Halle, wo ihm Daniel schon entgegenkam.

»So!«, rief der Ubier laut, damit alle es mitbekamen. »Und du gehst jetzt mit zu dem Kunden, damit du endlich kapierst, was du zu machen hast!«

Er blickte sich suchend um und rief: »Demetrios!«

»Hier, Herr! Hier!«

Ein schmächtiges kleines Männchen näherte sich dienstfertig. Demetrios war zwar ein Schreiber des Licinius, fungierte aber auch als Mädchen für alles. Da er schwerhörig war, hielt er, wenn man mit ihm redete, eine Hand hinters Ohr. So auch jetzt.

»Hör zu!«, fuhr Haldavo fort. »Ich bin eine Weile weg.«

»Du hast einen weiten Weg, ja.«

»Nein!« Haldavo blickte zur Decke. Dann wiederholte er sehr laut: »Ich ... bin ... für ... eine ... Weile ... weg!«

»Wie?« Die Hand fuhr zum Ohr. »Du bist weg? Aha ... Aber du bist doch hier!«

»Ja! Aber ich muss jetzt weg!«

»Du musst weg, aha.«

»Na endlich. Du lässt in der Zwischenzeit die Halle kehren und die Regale aufräumen. Ich schau mir das später genau an. Und wehe, ich bin nicht zufrieden!«

»Zufrieden, ja. Wird gemacht, Herr!«

»Dann fangt an!«

XXXIV

Einige Stunden später war Esther damit beschäftigt, in den Wohnräumen die Öllampen anzuzünden. Sie erledigte das inzwischen sehr routiniert, doch mit ihren Gedanken war sie nicht bei der Sache und stieß aus Versehen einen Teller vom Tisch. Er fiel auf den Boden und zerbrach in mehrere Stücke.

Im gleichen Augenblick kam Martha in den Raum – es war das Tablinum, in dem vornehme Gäste oder Besucher empfangen wurden – und fragte erstaunt: »Was ist los, Kind? Du zitterst ja!«

Esther wischte sich über die Stirn, die vor Schreck feucht geworden war, und fragte schuldbewusst: »War das ein teurer Teller?«

Martha warf einen Blick auf die Scherben. »Ach was. Alltagsgeschirr! Wir haben genug davon. Ich werde mit der Herrin darüber reden.«

»Wird sie mich bestrafen?«

»Das glaube ich nicht. Sie ist mit dir sehr zufrieden.«

»Hat sie das gesagt?«

»Ja, einmal. Gestern noch meinte sie, ich sollte in den nächsten Tagen neue Teller kaufen. Also kein Grund sich aufzuregen.«

Esther hob die Bruchstücke auf, kehrte den Rest zusammen und brachte alles in die Küche. Dort standen neben dem Herd zwei hölzerne Abfalleimer. In einem wurden Glas- und Tonscherben, in dem anderen Speisereste entsorgt. Die Scherben wurden später in ein großes Fass in der Ecke des Hofs gekippt. Wenn es voll war, brachte man es auf den Mons Testacaeus, den Scherbenberg am Tiber.

»Sag mal«, fuhr Martha besorgt fort, »ist dir nicht gut?«

»Es ist alles in Ordnung, Martha.«

»Wirklich?« Ihr Blick wurde immer besorgter. »Kind, du hast doch was!«

Esther zögerte. Dann ging sie zur Doppeltür und schloss beide Flügel. »Ich mache mir Sorgen.«

»Warum?«

»Wegen Daniel.«

»Wegen Daniel? Ich verstehe nicht.«

»Er müsste längst zurück sein.«

»Wo ist er denn hin?«

»Ins Lager.«

»Aber Kind! Das macht er doch nicht zum ersten Mal. Haldavo oder Licinius werden ihn aufgehalten haben. Er hat immer viel zu tun. Vielleicht ist er anschließend noch zu Abra'm ...«

»Nein, das glaube ich nicht. Das hätte er mir gesagt. Er sagt mir immer, wohin er geht und wann er zurück ist.«

»Ja, aber ...«, Martha zwinkerte lebhaft, »ich verstehe wirklich nicht, Kind, was daran so aufregend sein soll. In Rom geht man nicht so einfach verloren!«

Da Esther darauf nichts entgegnete, sondern nur laut seufzte, ahnte Martha, dass irgendetwas vorgefallen sein musste, das Esther sehr beunruhigte. Und als sie sah, wie das Mädchen nervös an ihren Fingern nestelte, griff sie nach ihrem Arm und nötigte sie auf dem nächsten Stuhl am runden Tisch Platz zu nehmen. Sie ließ sich daneben nieder.

»So. Und nun wirst du mir sagen, was vorgefallen ist. Es ist doch was vorgefallen – oder? Ich kenne dich zu gut, Kind, und sehe dir sofort an, wenn dich etwas sehr bedrückt. Du hast Angst. Stimmt's?«

»Ja«, kam es leise als Antwort.

»Wegen Daniel?«

»Auch.«

»Auch? Was denn noch?«

Esther atmete tief ein und seufzte erneut. Sie wusste nur zu gut, Martha würde nicht lockerlassen, bis sie den Grund ihrer Sorge erfahren hatte. Dabei hatte Esther ein schlechtes Gewissen. Sie missbrauchte das Vertrauen der anderen – aber sie wollte unbedingt dabei sein! Ihr und Daniels Leuchter hatte sich im Lager befunden! Der einzige Gegenstand, der von ihrem Besitz übrig geblieben war! Von Anfang an war ihr klar gewesen, dass es unmöglich sein würde, die Vorgänge so lange zu verheimlichen, bis die Betrügereien ans Tageslicht gebracht würden. Darum hatte sie in den letzten Tagen häufiger mit dem Gedanken gespielt, Martha ins Vertrauen zu ziehen. Jetzt war der Augenblick gekommen.

»Ja, es ist etwas passiert, Martha«, begann Esther vorsichtig. »Etwas Unglaubliches!«

»Etwas Un...? Ja, aber... Wo denn?«

»Im Hauptlager, am Tiber.«

Und dann berichtete sie sehr genau und ausführlich über alles, was sich in den letzten Tagen dort abgespielt hatte.

Martha hörte mit wachsendem Staunen, ja Erschrecken, zu. Als Esther endete, hielt sie eine Weile die Hand an den geöffneten Mund, denn sie musste sich erst einmal über die Konsequenzen klar werden, die sich aus der verzwickten Situation ergaben. Dann entschied sie schnell. Mit ihrem nüchternen Verstand und ihrer zupackenden Art pickte sie sich sofort die Schwachpunkte heraus: »Wer außer dir und Daniel weiß noch von der Sache?«

»Haldavo.«

»Haldavo?«

»Ja, Daniel vertraut ihm.«

»Weiter! Wer noch?«

»Vielleicht Abra'm. Ich vermute es jedenfalls, obwohl mir Daniel nichts davon gesagt hat.«

»Abra'm ... Das wäre gut. Sogar sehr gut!«

»Ja, das denke ich auch. Abra'm wird nicht zulassen, dass Daniel Schaden zugefügt wird.«

»Hoffen wir es. Weiter! Wer noch?«

»Titus.«

»Titus? Ich verstehe nicht.« Martha staunte erneut. »Aber er wird doch seinen Vater davon unterrichten!«

»Nein.«

»Nein? Und warum nicht?«

»Weil er die Sache als spannendes Abenteuer betrachtet. Er will mit Daniel und seinen Freunden den Fall allein aufklären und seinen Vater dann mit der Lösung überraschen.«

»So, so.« Martha sah Esther gedankenvoll an. »Freunde ... Was sind das für Freunde?«

Esther nannte die Namen. Sie erwartete, dass Martha nun energisch Widerspruch einlegen würde, doch diese dachte nur kurz nach und sagte: »Na, jedenfalls können sie sich gegenseitig helfen, wenn es brenzlig wird. Sind die Freunde heute dabei?«

»Nein. Daniel ist allein. Und darum mache ich mir Sorgen. Er müsste längst zurück sein.«

»Jetzt verstehe ich.« Martha lehnte sich zurück und blickte konzentriert auf einen imaginären Punkt auf der Tischplatte. Dann stand sie auf und sah Esther an.

»Was hast du vor?«, fragte Esther.

»Die Herrin! Wir müssen mit der Herrin darüber reden.«

»Nein!« Esther sprang auf. »Das gibt großen Ärger! Sie wird Daniel bestrafen!«

»Das glaube ich nicht, Kind. Immerhin ist ihr Sohn Titus daran beteiligt. Das macht die Sache für sie ganz anders. Lass mich nur machen. Komm!«

»Zur Herrin?«

»Ja. Ich werde mit ihr von Frau zu Frau sprechen.«

»Aber Martha! Du bist ihre Sklavin!«

»Mag sein. Doch das spielt in diesem Fall keine Rolle. Wir sind beide Mütter!«

Martha lächelte Esther aufmunternd zu und ging voraus. Esther folgte ihr mit gemischten Gefühlen.

XXXV

Haldavo und Daniel traten auf die Straße. Haldavo zeigte nach Osten, in Richtung der Via Ostiensis: »Er ist nach da! Los! Wir müssen uns beeilen!«

Er humpelte mit einer Geschmeidigkeit los, die

Daniel überraschte. Nach kurzer Zeit erreichten sie eine Gabelung. Haldavo bog in die rechte Straße ein und schon zweihundert Schritte weiter stießen sie auf die Via Ostiensis.

Um diese Zeit hatte der Verkehr schon nachgelassen. Sie konnten die Straße nach beiden Seiten gut überblicken.

»Da! Da ist er!«, rief Daniel. »Jetzt ist er links abgebogen!«

Daniel wollte losspurten, als ihm einfiel, dass Haldavo wegen seines lädierten Beins das Tempo nicht mithalten könnte. Also richtete er sich nach ihm. Doch der Ubier machte so große Schritte, dass sie drei Ochsenkarren, einen Eseltreiber und mehrere Reisende überholten. Erst kurz vor der Abzweigung verlangsamte Haldavo das Tempo.

Hier standen große Geschäfts- und Mietshäuser, die erst vor kurzem errichtet worden waren. Einige waren noch im Bau. Die Stadt wucherte nach allen Seiten und griff nach jedem Quadratfuß freien Baulandes außerhalb der Mauer.

Vorsichtig lugten sie um die Ecke. Hunderte Menschen waren hier unterwegs. Es dauerte eine ganze Weile, bis sie Licinius endlich wieder im Getriebe ausgemacht hatten.

»Was will der nur in dieser Gegend?«, sagte Haldavo wie im Selbstgespräch und schüttelte den Kopf. »Er wohnt in einem anderen Viertel!«

Sie folgten Licinius im Schatten der Arkaden, die sich an den Häusern entlangzogen, immer bestrebt, ihn nicht aus den Augen zu verlieren. Dann endete die Straße.

Daniel kannte sich mittlerweile so gut in dieser

Region aus, dass er genau wusste, wo sie sich befanden. Die Querstraße, auf die sie gestoßen waren, kam von links direkt aus dem Zentrum der Stadt, vom Circus Maximus. Sie passierte die Stadtmauer bei der Porta Rausculana. Entsprechend hieß sie Vicus Portae Rausculanae, »Straße des Rausculanischen Tors«. Daniels Kenntnisse des Lateinischen waren mittlerweile so groß, dass er die Bedeutung des sonderbaren Namens verstand: »Straße des Gerölltors« hieß sie. Warum Tor und Straße diesen seltsamen Namen trugen, wusste er nicht, denn er hatte in der Gegend noch nie Geröll gesehen. Aber viele Straßen, Gassen und Gebäude in Rom hatten ausgefallene Namen. Meist steckte eine uralte Geschichte dahinter.

Licinius war nach links abgebogen. Wollte er in die Stadt? Das hätte er einfacher haben können, indem er vom Lager zum Hafen und von dort Richtung Forum gegangen wäre. Seltsam...

Doch unmittelbar hinter der Cestiuspyramide verließ er die Hauptstraße und wandte sich nach Osten. Daniel wusste, dass sie sich jetzt im Abstand von etwa einer halben Meile parallel zur alten Mauer bewegten. Da sie in freies Gelände kamen, mussten sie vorsichtiger sein und den Abstand zu Licinius vergrößern. Er behielt die Richtung im Großen und Ganzen bei, kreuzte mehrere Ausfallstraßen, darunter die Via Appia, und näherte sich so allmählich der Höhe des Esquilins.

Daniel blieb plötzlich stehen und starrte Haldavo an. »Weißt du, was ich glaube?«

»Sprich!«

»Er ist auf dem Wege zur Villa des Rutilius Varus!«

»Rutilius Varus?«

Daniel klärte ihn auf: »Rutilius ist Pilesars Herr!«

»Pilesar?«

»Pilesar, ja. Der Mann, der schon zweimal heimlich beim Lager ...«

»Verstehe.«

»Pilesar ist Sekretär des Rutilius!«

»Sehr interessant... sehr...« Haldavo pfiff durch die Zähne.

Die Abenddämmerung hatte eingesetzt. In einer halben Stunde würde es dunkel sein. Das hatte für sie den Vorteil, dass sie sich näher an Licinius heranpirschen konnten ohne von ihm erkannt zu werden.

Unbeirrt strebte der Mann weiter. Daniel überlegte: Wenn Licinius tatsächlich zum Haus des Rutilius wollte, musste er gleich, wenn sie die Via Tusculana erreichten, ein kurzes Stück stadteinwärts in Richtung Porta Caelimontana gehen und sie kurz vor dem Tor auf der dort abzweigenden Straße nach Norden verlassen.

Die Verfolger beschleunigten ihre Schritte wieder, denn sie durften den Mann jetzt nicht aus den Augen verlieren. Falls er durchs Tor ging, war Daniels Annahme falsch. In der Dunkelheit würde es sehr schwierig werden, Licinius in den finsteren Straßen und Gassen der Innenstadt im Auge zu behalten. Er konnte jederzeit den Eingang eines Hauses betreten, ohne dass sie es merkten. Wenn er aber, wie Daniel erwartete, nach Norden abbog, war es ein Leichtes, ihm zu folgen.

Sie blieben stehen und spähten nach vorn, zum Stadttor. Vereinzelte Reisende suchten noch Einlass, bevor die großen Flügel geschlossen wurden. Licinius machte Halt und schaute kurz zurück. Es war mehr ein Reflex, denn unmittelbar danach verließ er die Via Tusculana und bog auf die nach Norden führende Straße ab.

»Du hattest Recht!«, sagte Haldavo. »Kluger Junge!«

Jetzt war es leichter, Licinius zu folgen, denn in der beginnenden Dunkelheit würde er sie nicht mehr erkennen. Noch eine halbe Meile bis zur großen Straßengabelung vor der Porta Esquilina. Von dort waren es nur noch wenige Schritte bis zum Anwesen des Rutilius Varus. Doch sie mussten näher heran. Es bestand immer noch die Möglichkeit, dass Licinius an dieser Stelle in die Stadt wollte. Sie näherten sich ihm bis auf fünfzig Schritt. Blieben stehen. Spähten nach vorn und warteten. Licinius nahm den mittleren Weg!

Haldavo flüsterte: »Wenn er tatsächlich zu Rutilius will, wird er das Haupttor benutzen. Und was machen wir?«

Daran hatte Daniel nicht gedacht. Doch er sagte: »Ich weiß, wo wir über die Mauer können. – Entschuldige! Wirst du das schaffen? Ich meine, wegen deines Beins.«

»Ich glaub schon. Aber was anderes: Gibt es Hunde?«

»Ja. Zwei.«

»Große?«

»Molosser.«

»Oh, das ist aber ...«

Daniel wusste, was Haldavo meinte. Molosser galten als die gefährlichsten aller Rassen. Tapfer sagte er: »Sie kennen mich. Ich werde sie beruhigen.«

»Na, hoffentlich.«

Licinius hatte das Tor erreicht. Jetzt musste er läuten. Sie warteten, bis er das Anwesen betreten hatte. Die Hunde schlugen nicht an. Vielleicht waren sie im Haus.

Sie warteten noch eine Weile, dann schlichen sie zum Tor. Niemand war in der Nähe. Daniel betätigte den Griff, doch das Tor war verschlossen.

»Wir müssen nach hinten! Komm!«, sagte er und folgte der Außenmauer bis zum Ende des Grundstücks. Im rechten Winkel bog sie von der Straße ab. Das Nachbargrundstück war unbebaut. Uralte Ölbäume standen hier, die Äste von einigen reichten bis über die Mauer. Daniel wusste das so genau, weil er diesen Teil des Gartens oft vom Fenster seines Zimmers in Augenschein genommen hatte, wenn er mit dem Gedanken gespielt hatte, zusammen mit Esther über die Mauer zu klettern und zu fliehen.

Als er meinte die richtige Stelle erreicht zu haben, sagte er: »Wir müssen nur hochkommen! Auf der anderen Seite reichen die Äste bis an die Mauer.«

In der Nähe stand ein wilder Ölbaum. Einer seiner starken Äste lag auf der Mauerkrone auf. Daniel kletterte von einer Astgabel am Stamm zur nächsten hoch und half Haldavo ihm zu folgen. Es ging zwar langsam, doch der Ubier schaffte es. Vorsichtig hangelten sie sich auf dem dicken Ast zur Mauer hin, wobei sie sich an höheren Zweigen festhielten, um das Gleichgewicht nicht zu verlieren. So erreichten sie endlich die Mauer.

»Wo willst du überhaupt hin?«, flüsterte Haldavo. »Wir können in der Dunkelheit doch nicht das ganze Gelände absuchen.«

»Ich habe eine Vermutung.«

»Na, dann...«

Daniel lauschte in den Garten. Alles war still. Kein Mensch weit und breit. Selbst von den Hunden keine Spur.

Er ging, bei jedem Schritt mit dem Fuß tastend, auf der Mauerkrone nach links, bis er den Baum erreicht hatte, den er von seinem Zimmer aus immer sehnsüchtig betrachtet hatte. Von dort hangelte er sich auf den Boden.

Als Haldavo ihn erreichte, fragte er: »Und jetzt?«

»Zum Gesindehaus!«

»Na gut.«

Daniel ging voraus. Sie benutzten nicht den Kiesweg, sondern blieben auf dem Rasen, der die Geräusche schluckte. So näherten sie sich vorsichtig dem rechten Flügel der Gebäudegruppe.

Auf halber Strecke blieb Daniel stehen, lauschte angestrengt nach vorne und ließ den Blick über die vielen Fenster wandern. Dunkel hoben sie sich vom Gebäude ab, dessen Weiß selbst in der Dunkelheit noch hell schimmerte. Bei zwei Fenstern schimmerte Licht durch die Lamellen der Läden. Daniel überlegte und rief sich den Grundriss des Hauses in Erinnerung. Es waren kaum Zweifel möglich: Das war das Zimmer des Tiridates. Sollte der skrupellose Verwaltungschef mit der Sache zu tun haben? Daniel seufzte.

Haldavo blickte ihn fragend an.

»Es ist das Zimmer von Tiridates, dem Verwalter«, flüsterte Daniel.

Haldavo schien zu begreifen, was die Nachricht bedeutete. Seine Augen flackerten kurz auf.

Unendlich vorsichtig näherten sie sich dem Fenster, aus dem das Licht kam. Dann folgte die Enttäuschung. Die Fensterbank lag so hoch, dass man nicht hineinsehen konnte. Doch Haldavo wusste eine Lösung. Er bückte sich und flüsterte: »Los! Komm! Ich nehm dich auf die Schultern.«

»In Ordnung.«

Daniel saß auf und Haldavo erhob sich.

»Näher ran!«, flüsterte Daniel von oben und Haldavo trat schwankend einen halben Schritt vor.

Daniel stützte sich an der Fensterbank ab, damit er nicht aus Versehen mit dem Kopf gegen den Laden stieß. Dann probierte er verschiedene Blickwinkel aus und fand endlich eine Stelle, an der sich eine der Lamellen des Fensterladens nach oben verschoben hatte. So konnte er einen Teil des Raumes überblicken. Obwohl er ihn nicht sah, erkannte er klar die Stimme von Tiridates.

Dann sah er Licinius! Der Mann, der noch vor kurzem große Töne gespuckt hatte, dass er mit all den Burschen, die ihm in die Quere kämen, kurzen Prozess machen würde, machte nun selbst einen zerknirschten Eindruck, blickte vor sich auf den Boden und nestelte nervös an den Fingern.

»Ich komme noch mal auf den Anfang zurück...« Das war Tiridates und er sprach im Befehlston. »Es ist dafür gesorgt, dass die Sachen an einem sehr sicheren Ort gelagert sind. Also kein Grund für übertriebene Aufregung!«

Da raffte sich Licinius auf und erklärte: »Das will ich selbst sehen!«

»Wozu?«, kam es von Tiridates zurück.

»Weil ich dir nicht traue!«

»Soll das'n Witz sein?«

»Sehe ich so aus?«

Licinius presste die Lippen grimmig aufeinander und starrte nach links, wo Tiridates sitzen musste.

Eine Weile war es still. Dann hörte man Tiridates sagen: »Lassen wir das. Das führt zu nichts. Es bleibt dir sowieso nichts anderes übrig, als mir zu trauen.« Seine Stimme klang ruhig.

Wieder Schweigen. Dann hörte man Licinius: »In Ordnung. Aber das wird Folgen haben.«

»Gut. Später.«

Tiridates beherrschte die Situation völlig.

Licinius knetete wieder seine Finger.

»Ich fasse zusammen«, fuhr Tiridates fort. »Zwei Drittel aus dem Verkauf der Stücke gehören Rutilius Varus. So war es von vorneherein besprochen. Hab ich Recht?«

Beifälliges Gemurmel folgte, auch Licinius nickte. Offenbar waren noch mehr Männer im Raum.

»Das restliche Drittel wird unter uns aufgeteilt. Über die genauen Anteile reden wir später. Wir haben jetzt keine Zeit, uns mit solchen Dingen zu befassen. Das Lager muss vollständig geräumt werden.«

»Warum eigentlich?«, fragte jemand. An der Stimme erkannte Daniel, dass es einer der Sklaven aus dem Hauptlager war. Er würde ihn sofort erkennen.

»Warum?« Licinius wiederholte die Frage und sie klang geradezu belustigt. »Weil dieser vorwitzige

Knabe ...« Er wurde leise und Daniel verstand nicht, was er sagte, konnte sich aber den Inhalt denken: Licinius sprach über ihn! Einige Fetzen hörte er deutlicher: »... in einer ganz auffälligen Weise ... für die Dinge interessiert ... genau beobachtet ... ist nicht dumm!«

»Meinst du etwa Titus, den Sohn des Herrn?«, hörte man wieder die Stimme des Sklaven.

»Bist du verrückt?!«, kam es auf der Stelle zurück. »Dieser Daniel ... Titus als Mittel zum Zweck. Ohne ihn hätte er den gesicherten Raum niemals betreten können. Die Frage ist nur, was dieser jüdische Sklave dem Titus ...« – *erzählt hat*, ergänzte Daniel.

Und wieder Licinius: »Ich bin sehr in Sorge wegen diesem Daniel. Er wird keine Ruhe geben. Er ist, wie ich von einem unserer Sklaven weiß, mit Titus in dem gesicherten Raum gewesen. Er muss blitzschnell erkannt haben, dass sich unter den Objekten auch solche aus Jerusalem befanden. Er als Jude kennt diese Dinge. Es ist nur eine Frage der Zeit, dass er dem Herrn davon Meldung macht. Und dann sind wir alle geliefert.«

»Auch Rutilius Varus!«, ergänzte Tiridates. Er sagte das so grimmig, als ob er mit dem Tribunen noch eine Rechnung zu begleichen hätte.

»Ja, auch Rutilius Varus«, wiederholte Licinius wie zur Bestätigung. Und nach einer kurzen Pause: »Was sollen wir jetzt tun?«

»Spuren beseitigen!«

»Wie denn?«

»Das werden wir sehen, wenn wir da sind.«

»In Ordnung. Und wann?«

»So bald wie möglich! Am besten noch heute Nacht!«

»Heute Nacht?« Licinius machte ein erstauntes Gesicht. »Und wohin damit?«

»An den Ort, wo auch das andere lagert.«

Licinius dachte nach. »Einverstanden. Wann treffen wir uns?«

»Zu Beginn der ersten Nachtwache. Ich habe vorher noch was zu erledigen.«

»In Ordnung. Dann sollten wir jetzt doch noch über die gerechte Verteilung der Anteile reden.«

»Wenn du darauf bestehst...?«

»Ich bestehe darauf.«

Daniel hörte, wie Tiridates tief einatmete und seufzte. Dann sagte er: »Also gut, aber kein langes Palaver. Fang an! Wie stellst du dir das vor?«

Daniel hatte erfahren, was er wissen wollte. Er gab Haldavo ein Zeichen, ihn auf den Boden zu lassen.

»Wir müssen hier weg!«, flüsterte er. »Sie haben ihre Besprechung beendet.«

Haldavo nickte und folgte Daniel mit seinen weit ausgreifenden Schritten, wobei er das lahme Bein immer nachzog.

›Jetzt kommt's drauf an!‹, dachte Daniel. ›Vielleicht haben sie doch Wachen postiert und wir haben bisher nur großes Glück gehabt, ihnen nicht über den Weg zu laufen.‹

Doch es blieb still. Als sie sich einige Schritte vom Haus entfernt hatten, hielt Daniel an. Er musste erst einmal tief durchatmen. Haldavo beugte sich zu ihm und fragte leise: »Und? Konntest du verstehen, worüber sie redeten?«

»Ja, alles, was für uns wichtig ist«, gab Daniel zurück. »Ich sag's dir, wenn wir draußen sind.«

Er wollte weiter, doch er konnte nicht, denn von hinten legte sich eine Hand schwer auf seine Schulter und hielt ihn fest. Zu Tode erschrocken wandte er sich um – und erkannte im fahlen Licht ein ihm höchst bekanntes Gesicht: Pilesar! Er stellte keine Fragen, grinste und sagte leise: »Folgt mir! Bitte!«

Nach dem ersten Schrecken fragte Daniel mit tonloser Stimme: »Und wohin? Zu Rutilius?«

»Aus welchem Grund? Ich meine, warum fragst du?«

»Weil ich dir misstraue.«

»Ach!«, rief Pilesar leise und es klang belustigt. »Er misstraut mir!« Er kicherte.

Daniel fand sein Verhalten höchst seltsam, ja rätselhaft.

»Und warum«, wollte Pilesar wissen, »warum tust du das? Ich meine, du musst gute Gründe dafür haben.«

»Allerdings. Dass sie gut sind, glaube ich freilich nicht.«

»Aha, glaubt er nicht«, wiederholte Pilesar. Auch er schien im Augenblick sehr verwirrt zu sein. »Was glaubst du denn?«

»Dass du dich abends öfters beim Lager eines gewissen Acilius Rufus herumtreibst!«

»Wie? Herumtreiben würde ich das nun aber nicht nennen, nicht wahr?«

»Und zwar heimlich!«

»Gewiss, gewiss.«

»Weil du nicht entdeckt werden willst!«

»Aber ja doch!« Und zu dem Ubier, erstaunt: »Haldavo, warum fragt er das alles?«

Daniel stutzte erneut: Woher kannte Pilesar Haldavos Namen?

Haldavo darauf, leise: »Das können wir dir jetzt nicht erklären. Vielleicht später. Wir müssen hier weg! Sie werden gleich rauskommen!« Und leise zu Daniel: »Woher kennt er meinen Namen?«

»Wie?«, fragte Pilesar.

»Ach, nichts.«

»Gut. Aber nun folgt mir!«

»Wohin?«, fragte Daniel noch einmal.

»Nach draußen! Beim Herkules! Nun kommt! Dann braucht ihr nicht über die Mauer.«

Damit gab Pilesar endgültig zu erkennen, auf welcher Seite er stand. Daniel atmete auf.

Pilesar ging voraus, in Richtung des Haupttors, holte dort einen großen Schlüssel hervor, öffnete, ließ sie vortreten und verriegelte das Tor wieder.

Doch schon kam die zweite Überraschung: Aus der Dunkelheit stürzte jemand auf ihn zu, rief seinen Namen und umarmte ihn.

»Esther?!« Er starrte sie an, als sei sie vom Himmel gefallen.

Sie hielt ihn noch fester. »Bist du in Ordnung? Ist dir was . . .?«

»Nein, nein, ich bin in Ordnung.« Er musste Luft holen. »Aber du! Wie kommst du hierher? Wieso wusstest du, dass ich hier bin?«

Pilesar schaltete sich ein: »Später, Daniel, es ist jetzt . . . Die Zeit, sie drängt, ja. Wir müssen erst fort von hier. Bitte!« Er vergaß seine Wohlerzogenheit auch jetzt nicht.

»Ja, aber wohin?« Daniel verstand überhaupt nichts mehr.

»Zu einem ... also einem guten Freund – nein! Zu zwei guten Freunden!«

»Kenne ich die?«

»Wie? Nun, ich denke, ja, weil ... Aber das wird sich ja gleich alles von selbst ... Du wirst sehen.«

Schon preschte Pilesar los. Daniel und Esther folgten ihm auf den Fersen, während Haldavo Mühe hatte, das Tempo durchzuhalten und die andern in der Dunkelheit nicht aus den Augen zu verlieren. Pilesar ging offenbar davon aus, dass alle bei seinen weit ausholenden Schritten mithalten konnten.

Die Wolken hatten sich an den östlichen Rand des Himmels verzogen. Über ihnen funkelten unzählige Sterne. Ihr geheimnisvoll silbernes Licht lag über den Gärten, Bäumen und Häusern. Der Weg, den Pilesar einschlug, war der gleiche, auf dem sie hergekommen waren. Wollte auch er zurück zur Lagerhalle?

Daniel, der darauf brannte zu erfahren, wieso Esther plötzlich zusammen mit Pilesar auf dem Gelände des Rutilius Varus aufgetaucht war, wollte Fragen dazu stellen, doch das Tempo, das Pilesar vorlegte – mal lief er, mal eilte er mit riesigen Schritten weiter –, machte es unmöglich, sich zu unterhalten.

So erreichten sie schon sehr bald die Lagerhallen am Tiber. Als sie sich dem Tor näherten, traten drei Gestalten aus seinem Schatten. Zwei erkannte Daniel sofort: Titus und Abra'm. Der dritte fiel Daniel durch seine ungemein straffe Körperhaltung auf. Er hielt sich sehr aufrecht und hatte etwas Soldatisches an sich. Das war doch der Mann, mit dem Pilesar während ihrer Flucht nach dem Gottesdienst der Christen gesprochen und der sie auf dem Speicher bei den alten Mühlen am Tiber versteckt hatte: Aurelius Clemens.

Pilesar ging auf ihn zu, wies auf Daniel und sagte: »Ihr kennt euch ja.«

»Sicher«, sagte Clemens. »Tolle Sache, die ihr da entdeckt habt!« Er nickte bedächtig. »Aber sie hat sich in einer Weise entwickelt, die für euch gefährlich, ja lebensgefährlich geworden ist. Pilesar hat mir und Abra'm berichtet, was sich hier abgespielt hat – und noch immer abspielt.«

»So ist es.« Abra'm strich sich über den Bart. »Ich bin sehr froh, dass sich Clemens bereit erklärt hat, uns zu helfen die Sache an den Tag zu bringen. Der Herr ist gütig und hält seine Hand über euch.«

»Ganz meiner Meinung«, fügte Clemens hinzu.

Daniel kam aus dem Staunen nicht mehr heraus. Clemens und Abra'm mussten sich gut kennen – und das, obwohl der eine Jude und der andere Christ war. Daniel erinnerte sich: In Jerusalem war es zwischen den Angehörigen der beiden Religionen schon oft zu Streitigkeiten gekommen, weil jede sich für die einzig rechtmäßige hielt. Hatten die beiden sich etwa in Iudaea kennen gelernt, als Clemens dort stationiert war? Abra'm hatte allerdings nie erwähnt, ob er je selbst in Judaea gewesen war. Daniel war sich vollkommen sicher, dass Clemens Angehöriger der römischen Armee war. Wahrscheinlich im Offiziersrang. Sein Auftreten, seine Sprache, die straffe Haltung, seine Selbstsicherheit sprachen dafür. Dass Clemens und Pilesar sich kannten, vielleicht sogar befreundet waren, war damit zu erklären, dass sie wohl regelmäßig die nächtlichen Gottesdienste an der Via Appia besuchten. Und Abra'm? Es musste Verbindungen zwischen den dreien geben, die weit zurück in die Vergangenheit reichten.

Daniel wurde aus seinen Gedanken gerissen, denn Titus ging zu ihm und fragte: »Bist du in Ordnung?« Er schien ehrlich besorgt zu sein.

»Vollkommen. Aber sag mal ...« Daniel nahm Titus beiseite und fuhr leiser fort: »Was hat denn dein Vater dazu gesagt? Ich meine, er wird doch ...«

»Mein Vater?« Titus grinste. »Er weiß davon überhaupt noch nichts.«

»Wie bitte? Ist das dein Ernst?«

»Und wie!«

»Ja aber ... Du musst doch mit jemandem darüber ...«

»Meine Mutter.«

»Nein!«

»Doch.«

»Hast du mit ihr gesprochen?«

»Wahrscheinlich. Martha hat sie vorher schon über die Sache aufgeklärt.«

»Martha?« Daniel warf Esther einen fragenden Blick zu. Esther nickte und lächelte verschmitzt. Er verstand. Und zu Titus: »Dann hat deine Mutter mit dir gesprochen?«

»Ja.«

»Aber es ging zunächst nur darum, mich zu finden?«

»Wahrscheinlich.«

»Aber warum hat sie deinen Vater nicht informiert?«

Titus grinste wieder breit: »Sie will ihn nicht unnötig aufregen. Sein Herz, weißt du?«

»Verstehe.« Er verstand gar nichts. Ausgerechnet Domitia Calvena, die er bisher nur als äußerst strenge, unbestechliche Herrin kannte, ausgerechnet sie hielt die fatale Sache vor ihrem Mann geheim. Und dann hatte sie auch noch Esther erlaubt mitzukommen!

Das musste Daniel noch wissen: »Wie seid ihr auf Pilesar gestoßen?«

»Wir trafen ihn, als wir hier ankamen. Das heißt, eigentlich traf er auf uns.«

»Und da hast du ihm reinen Wein eingeschenkt?«

»Ja. Übrigens wusste er schon, dass wir einige Male hier waren.«

»Oh!« Warum hatte Pilesar sich dann nicht zu erkennen gegeben?

»Ja. Er ist dann sofort weiter und hat Abra'm und diesen, diesen ...«

»Aurelius Clemens!«

»Ja, er hat beide hergeholt.«

Damit war geklärt, wieso Aurelius hier war – aber nicht, warum.

Da Aurelius in diesem Augenblick zu ihnen trat, fragte ihn Daniel geradeheraus: »Warum bist du hier?«

Aurelius sah ihn und Esther abwechselnd an. Schließlich erklärte er: »Ich kann jetzt keine langen Erklärungen abgeben, die Zeit drängt. Wir müssen hier weg. Du und deine Schwester ... Ihr werdet es noch erfahren.«

Ein kurzes, geradezu spitzbübisches Lächeln huschte über sein Gesicht. Daniel schloss daraus, dass es Aurelius großen Spaß machte, die korrupten Unternehmungen der Bande offen zu legen. Dennoch: Der Mann verbarg etwas, er hatte ein Geheimnis.

Aurelius wollte nun von Daniel und Haldavo wissen, was sie gesehen und gehört hatten.

Haldavo zeigte auf Daniel. »Das weiß er am besten.«

Daniel berichtete von der für die Nacht geplanten Aktion der Bande. Aurelius hörte aufmerksam zu, dann nickte er mehrmals, als ob er genau das erwartet hätte.

Er blickte zum Himmel. »Dann haben wir also noch etwa zwei Stunden Zeit. Das müsste reichen.«

»Wozu?«, fragte Esther, die das Gespräch mit größter Aufmerksamkeit verfolgt hatte.

Und Aurelius: »Wir brauchen weitere Leute. Es kann durchaus sein, dass sie sich trennen und verschiedene Ziele ansteuern. Wir dürfen keinen von ihnen aus den Augen verlieren.«

Abra'm, der bisher geschwiegen hatte, meldete sich zu Wort. Er räusperte sich und sagte: »Ich könnte meinen Joël holen, er . . .«

»Lieber Freund!«, unterbrach ihn Aurelius. »Lass den guten Jungen, wo er ist – wahrscheinlich im Bett!« Aurelius legte ihm die Hand auf die Schulter. »Ich bitte dich! Er ist zu alt und, wie ich gesehen habe, erheblich gehbehindert. – Nein! Jetzt sind junge Leute gefragt mit schnellen Füßen und guten Augen!«

»Kein Problem!«, ließ Titus sich hören.

Alle sahen ihn erwartungsvoll an.

Titus sagte zu Daniel: »Wir holen Atto und Niger.«

»Atto und Niger?«, fragte Aurelius. »Wer sind die?«

Daniel erklärte: »Eigentlich heißt er Askalis. Wir nennen ihn Niger, wegen seiner dunklen Haut. Er ist der Sohn von Bocchus Maurus, dem Tierhändler.«

»Ah, den kenne ich.« Aurelius nickte. »Nun gut. Und Atto?«

»Steht bei Fabius in Diensten«, sagte nun Titus. »Im Siebengestirn!«

»Germane?«

»So ist es.«

Aurelius dachte kurz nach und erklärte: »Gut gemeint, Titus und Daniel. Aber das geht nicht.«

»Warum nicht?«, fragten beide wie aus einem Munde.

»Weil es zu spät ist. Außerdem: Dieser Atto ist Sklave.«

»Ja – und?«

»Da brauchten wir die Erlaubnis seines Herrn. Wie ich schon sagte: Es ist zu spät. Im Übrigen . . .« Aurelius nickte ihnen ernst zu. »Auch ihr macht euch gleich auf den Heimweg. Die Herrin Domitia wird um euch in allergrößter Sorge sein.«

»Aber sie weiß doch«, rief Titus, »dass wir hier sind!«

»Woher soll sie das denn wissen?« Aurelius schüttelte den Kopf. »Nein, ihr geht jetzt nach Hause! Das hier ist nichts für Kinder in eurem Alter.« Er betonte jedes Wort.

»Schade.« Titus ließ den Kopf hängen.

Auch Daniel war enttäuscht. Immerhin war er es gewesen, der als Erster Verdacht geschöpft und den Stein ins Rollen gebracht hatte.

Esther wollte nicht so schnell aufgeben und wandte sich an Aurelius: »Wir könnten euch nützlich sein, Aurelius! Du, Pilesar und Abra'm – wie wollt ihr gegen diese Bande allein vorgehen? Abra'm ist alt und schwach!«

Aurelius setzte schon zu einer Antwort an, als Pilesar heranpreschte und leise hervorstieß: »Wir müssen von der Straße! Und uns verstecken! Man darf uns hier nicht entdecken!«

Daniel, Esther und Titus sahen sich an: Bis auf weiteres blieben sie also!

XXXVI

Aurelius Clemens übernahm wie selbstverständlich das Kommando, teilte sie in Gruppen ein und postierte sie so: Daniel, Esther und Haldavo würden den vorderen Haupteingang im Auge behalten und sich hinter dem Gesträuch verbergen, das schon Daniel und Titus benutzt hatten; Abra'm, Pilesar und Titus sollten die hintere Toreinfahrt beobachten. Auch hier standen am Rande der Straße verwilderte Büsche und Sträucher, hinter denen sie in der Dunkelheit nicht gesehen werden konnten. Schon Pilesar hatte sich hier unsichtbar gemacht.

»Und du?« Die Frage Haldavos ging an Aurelius Clemens.

»Ich pendele zwischen euch hin und her, für den Fall, dass wir uns trennen müssen. Das glaube ich zwar nicht, aber wir sollten alle Möglichkeiten ins Auge fassen. Nehmt jetzt eure Plätze ein! Und absolute Ruhe!«

Alle zogen sich in ihre Deckung zurück. Niemand, der hier vorbeikam, hätte vermutet, dass sieben Menschen jeden seiner Schritte beobachteten.

Die erste Viertelstunde verrann. Nichts rührte sich.

»Es kann sich nur noch um Stunden handeln«, stöhnte Haldavo und gähnte. Wie Daniel und Esther hatte er einen harten Arbeitstag hinter sich. Doch die beiden waren so aufgeregt, dass keine Müdigkeit aufkam. Es sprach für die gewohnte Gelassenheit Haldavos, dass er sich selbst von den außergewöhnlichen Ereignissen nicht aus der Ruhe bringen ließ. Daniel traute ihm zu im Sitzen einzuschlafen.

Doch nach einer halben Stunde zeigten sich auch bei den Geschwistern erste Ermüdungserscheinungen. Ihre Augen wurden schwer und schwerer. Sie atmeten langsamer. Daniel gähnte und steckte Esther an. Haldavo rührte sich nicht. War er eingeschlafen? Sie konnten sein Gesicht nicht sehen, denn im Schatten des Gebüschs war es stockdunkel.

Da! Schritte!

Daniel stieß Esther an. Doch sie hatte das Geräusch schon gehört. Angestrengt lauschten beide. Der Rhythmus dieser Schritte war unregelmäßig. Jetzt verstummten sie, setzten erneut ein, kamen näher und stockten wieder. Das wiederholte sich mehrmals. Die Person kam von links, also von der Via Ostiensis. Schickte die Bande etwa einen Späher voraus, der das Gelände erkunden sollte?

»Beim Herkules! Bewegt euch nicht!«, beschwor sie Haldavo leise. Also hatte er nicht geschlafen, sondern die Schritte ebenfalls bemerkt.

Sie hörten, wie die Gestalt etwas vor sich hin lallte, verstanden aber nichts, weil sie noch zu weit weg war. Der Stimme nach musste es ein Mann sein. Er redete in einem fort mit sich selbst. Und plötzlich ging ihnen ein Licht auf: Er torkelte, weil er betrunken war.

»Der Knabe fehlt uns gerade noch!«, schimpfte Haldavo und er sprach nun lauter, da er davon ausging, dass der Betrunkene es nicht hören würde.

Daniel wollte gerade fragen, was sie machen sollten, wenn die Bande in diesem Augenblick ebenfalls auftauchte – als er stutzte: Die Stimme! Er kannte sie! Das war die Stimme von Licinius! Haldavo musste sie doch auch erkannt haben, denn er arbeitete täglich mit Licinius zusammen!

Licinius kam näher und sie konnten jetzt deutlich hören, was er von sich gab: »Das ... das kann der ... das kann der nicht mit mir machen! Nicht mit mir!« Er blieb stehen, wandte sich um, drohte mit erhobener Faust und brüllte außer sich: »Nicht mit mir!«

Er torkelte wieder, denn die schwungvolle Armbewegung hatte ihn aus dem Gleichgewicht gebracht. Nur mit Mühe gelang es ihm, das Gleichgewicht wiederzufinden und auf den Beinen zu bleiben.

»Schei... Scheißkerl! Verdamm... verdammter Betrüger! Verbrecher!«, rief er. »Was wär' der ohne mei... mil... ohne meine Mihil... ohne meine Mithilfe, he?! Nichts! Ein ganss a'mes, ganss kleines Wü'stchen!«

So erreichte er das Haupttor, blieb schwankend davor stehen und nuschelte weiter vor sich hin. Es gelang ihm nicht, das Schloss auf Anhieb zu öffnen. Zwar fingerte er mit dem Schlüssel nach dem Loch, doch er traf nicht.

»Schnell! Zieh deinen Gürtel aus!« Haldavo stieß Daniel an.

»Warum?«

»Wir müssen ihn aus dem Verkehr ziehen. Mach schon!«

Daniel verstand. Er löste den Gürtel von der Tunika.

»Es muss schnell gehen! Kommt!«

Haldavo verließ die Deckung. Daniel und Esther folgten ihm. Ehe Licinius begriff, wie ihm geschah, versetzte Haldavo ihm einen so harten Kinnhaken, dass er wie ein leerer Sack lautlos zu Boden ging.

»Den Gürtel!«

»Hier!«

Haldavo legte Licinius' Hände auf den Rücken und fesselte sie.

»Packt unten an!«

Daniel und Esther griffen nach den Beinen, Haldavo umfasste den Oberkörper.

»Hinter den Busch! Schnell!«

Sie hoben den schweren, bewegungslosen Körper an und schleiften ihn in ihr Versteck. Keinen Augenblick zu früh, denn vom oberen Ende der Straße näherte sich das Poltern schwerer, eisenbeschlagener Räder.

»Sie kommen!«, flüsterte Daniel.

»Verdammt!«, fluchte Haldavo. »Wir brauchen einen Knebel...«

Esther fragte den Ubier: »Hast du ein Messer?«

»Ja.«

»Gib es mir!«

»Hier!«

Ohne zu zögern schnitt sie sich damit einen Streifen vom Saum ihrer Tunika und reichte ihn Haldavo. Flink drehte dieser daraus einen Knebel und stopfte ihn dem immer noch ohnmächtigen Licinius in den Mund. Leise sagte er: »Das ist gut. Das ist sogar sehr gut!«

»Was meinst du?«, fragte Esther.

»Dass wir den da haben!«

»Wieso?«, fragte Daniel verwundert. »Er ist doch total betrunken!«

»Das macht nichts. Er wird wieder nüchtern.«

»Aber er behindert uns doch nur!«

»Keineswegs. Er wird uns zu dem Versteck führen.«

»Aber ich habe gehört, wie er sagte, er kenne es nicht.«

»Eine Finte. Ganz sicher kennt er den Ort. Und außerdem...«

»Ja?«

»Er will Rache nehmen.«

»Aber sie werden ihn vermissen!«

»Glaub ich auch nicht. Im Gegenteil. Sie wollen die Beute ohne ihn teilen.«

»Und was machen wir mit ihm?«

»Na was wohl? Ihn ausquetschen nach allen Regeln der Kunst! – Jetzt Ruhe! Sie kommen!«

Das Gespann kam näher. Schemenhaft erkannten sie die Umrisse der Maultiere und des Wagens. Er war mit einem hohen Verdeck versehen. Mehrere Männer gingen schweigend nebenher. Offenbar wollten sie nicht den Hinterausgang, sondern das große Hauptportal benutzen.

›Das muss einen Grund haben‹, dachte Daniel. ›Tiridates hat für alles, was er tut, einen Grund.‹ Er dachte weiter: ›Von hier – vom vorderen, nicht vom hinteren Eingang – führte der schnellste Weg zum Tiber. Wollten sie die Schätze etwa auf ein Schiff bringen?‹

Der Wagen hielt. Einer der Männer ging zum großen Tor. War es Tiridates? Man hörte, wie er den großen Schlüssel ins Schloss steckte und aufsperrte.

›Er hat sogar einen eigenen Schlüssel!‹, dachte Esther und verfolgte atemlos, was sich nun abspielte. Beide Flügel wurden geöffnet. Jemand führte die Maultiere mit dem Wagen in die Halle. Dabei scheuerte das Verdeck des Wagens am Torbogen entlang. Sofort rief der Mann am Tor: »Idiot! Pass doch auf!«

Das war Tiridates! Diese Sprache passte zu ihm.

Daniel näherte sich dem Ohr Haldavos und flüsterte: »Wieso haben sie einen Wagen? Die Schatzkammer ist doch fast leer!«

Haldavos Antwort kam leise zurück: »Sie wollen wohl Nägel mit Köpfen machen und gleich die besten Stücke aus den übrigen Regalen in der Halle mitnehmen. Sie machen *tabula rasa.*«

»Was machen sie?«, fragte Esther.

»Reinen Tisch«, übersetzte ihr Daniel. Auch im Hebräischen gab es diese Wendung.

Und Esther: »Das ist ja unglaublich!«

Die Beobachter warteten. Das Tor wurde geschlossen und von innen verriegelt. Ein Lichtschimmer wurde sichtbar, er bewegte sich zwischen den hohen Fenstern hin und her, verschwand und leuchtete schließlich im Fenster der Schatzkammer auf. Aber nur kurz. Dann erlosch es und bewegte sich nicht mehr.

›Sie müssen in einem anderen Raum sein!‹, dachte Daniel. ›Vielleicht haben sie ein weiteres Versteck, das wir nicht kennen ...‹

Weil sie nicht sicher waren, ob beim Tor ein Beobachtungsposten auf der Lauer lag, vermieden Haldavo, Daniel und Esther jeden Laut, schwiegen und atmeten vorsichtig. Da bewegte sich Licinius, er stöhnte auf und wollte etwas sagen, doch wegen des Knebels kam nur ein leises Gurgeln aus seinem Mund. Es war so leise, dass man es in zehn Schritt Entfernung hoffentlich nicht hören konnte.

Licinius war also wieder bei Bewusstsein. Seine Augen waren weit geöffnet und starrten entsetzt nach oben. Er musste Daniel, Esther und Haldavo erkannt haben. Die Geschwister warfen einen kurzen Blick auf ihn. Er hatte Angst. Sollte er nur!

Es war noch keine halbe Stunde vergangen, als das Licht drinnen erlosch. Das Tor öffnete sich, der Wagen wurde vorsichtig auf die Straße geschoben. Tiridates schloss die Torflügel und verriegelte sie. Der Wagen machte eine Vierteldrehung, die Maultiere standen nach Nordwesten.

»Also doch!«, flüsterte Daniel kaum hörbar. »Sie wollen zum Tiber!«

Haldavo nickte nur.

Tiridates verfolgte vom Tor aus das Manöver und spornte die Leute an: »Beeilung, ihr Lahmärsche! Es kommt auf jede Viertelstunde an!«

Die Tiere zogen an, der Wagen setzte sich rumpelnd in Bewegung und verschwand schnell in der Dunkelheit. Gleich musste er rechts abbiegen. Sie lauschten und warteten, bis die Fahrgeräusche sich in der Ferne verloren.

Haldavo atmete auf, erhob sich und trat auf die Straße. Daniel und Esther folgten ihm.

Daniel wies zurück zum Buschwerk und fragte: »Und was machen wir mit ihm?«

»Wir werden sehen. Wir müssen erst mit Clemens, Pilesar und Abra'm reden.«

Schon näherten sich die drei.

»Sie sind zum Tiber!«, meldete Esther aufgeregt.

»Ich weiß.« Clemens strich sich übers Kinn. »Sie entkommen uns nicht.«

»Ja, aber...« Daniel war auf dem Sprung, wollte sofort hinter ihnen her.

Doch Clemens hielt ihn zurück und erklärte lächelnd: »Immer mit der Ruhe, mein Junge. Wir haben doch Licinius!«

Also hatte er beobachtet, wie sie den Verwalter außer Gefecht gesetzt hatten. Er bat Haldavo den Nebeneingang zu öffnen; zusammen mit Pilesar schleppte er den Gefesselten in die Halle. Haldavo entzündete eine Lampe, Clemens stellte einen Hocker in die Mitte, auf dem sie Licinius absetzten. Der Knebel wurde entfernt, die Hände blieben gefesselt.

Die Überrumpelung hatte Licinius schlagartig ernüchtert. Er atmete mehrmals tief durch. Man sah, wie es in ihm arbeitete. Die Wangen röteten sich im Zorn. Wütend blickte er von einem zum andern und stieß hervor: »Das werdet ihr büßen! Das ist Freiheitsberaubung! Ich bin freier römischer Bürger! Ich werde euch alle vor Gericht bringen! Alle!«

»Selbstverständlich.« Clemens grinste. »Damit würdest du uns nämlich diese Mühe abnehmen.«

Daniel und Esther wechselten einen Blick. Sie dachten das Gleiche: Clemens sprach wie jemand, der Befehlsgewalt hatte. Alle Anwesenden, auch Haldavo und Abra'm, ordneten sich ihm unter.

Clemens ging einige Schritte vor dem Gefesselten auf und ab, blieb stehen und dachte einen Augenblick nach. Dann zog er einen zweiten Hocker heran und ließ sich unmittelbar vor Licinius darauf nieder.

»Zur Sache!« Er fixierte Licinius. »Wobei ich dir dringend rate meine Fragen korrekt zu beantworten. Es könnte sonst leicht der Fall eintreten, dass ich zu schärferen Mitteln greife. Wie schon einmal... Ich hoffe, du verstehst.«

Licinius hob den Blick. Alle sahen, wie es darin kurz aufblitzte. Sie mussten sich kennen! Aber woher? Clemens wurde Daniel immer rätselhafter.

»Also...«, fuhr Clemens fort. »Wohin werden die Objekte gebracht?«

Licinius hatte genügend Zeit gehabt, darüber nachzudenken, ob es besser sei, alles offen zu sagen oder sich in einem Gestrüpp von Lügen zu verheddern. Er entschied sich für die Wahrheit: »Auf ein Schiff.«

»Das wissen wir. Wohin fährt das Schiff?«
»Richtung Ostia.«
»Du sagst ›Richtung Ostia‹ – also nicht bis dorthin?«
»Nein.«
»Lass dir nicht jeden Satz aus der Nase ziehen!«
»Jawohl!« Licinius schluckte, während Daniel durch den Kopf schoss, dass der Verwalter sich Aurelius Clemens gegenüber verhielt wie ein einfacher Soldat, der von seinem Vorgesetzten wegen eines schweren Vergehens zur Verantwortung gezogen wird.

»Es wird...«, fuhr er leise fort, »es wird nach etwa zehn Meilen an einem Steg anlegen.«
»Am linken oder rechten Ufer?«
»Am rechten.«
»Hm. Weiter!«
»Etwa hundert Schritt vom Fluss entfernt steht eine alte Fischerhütte... mitten im Schilf... darum sieht man sie nicht gleich.«

Clemens blickte in die Runde. »Na, das ist doch was!«

Nun war er wie auf dem Sprung, stand auf und fragte kurz: »Sonst noch was?«
»Nein.«
»Gut. Ich mache dich darauf aufmerksam, dass du vor Zeugen gesprochen hast.«

Licinius reagierte mit einem erneuten »Jawohl!«
Dann hieß es: »Haldavo!«
Der Ubier merkte auf.
»Lass ihn nicht aus den Augen! Kommt alle mit!«
Haldavo zog seine Waffe und stieß Licinius an. Licinius erhob sich und folgte Aurelius Clemens

und den Übrigen ins Kontor. Er entzündete eine zweite Lampe und stellte das Licht auf dem Tisch ab.

Esther, die nicht begriff, warum Clemens sich unter den gegebenen Umständen so viel Zeit ließ, rief: »Aber wir müssen doch hinter ihnen her! Sie haben einen großen Vorsprung!«

Clemens lächelte ihr langmütig zu: »Das macht nichts, Esther. Sie werden uns nicht entkommen.«

Als er sah, wie nicht nur Esther, sondern auch Abra'm, Pilesar, Daniel und Titus ihn erstaunt ansahen, fügte er hinzu: »Wegen der starken Strömung können sie nicht mit dem Boot zurück. Sie werden bis zum Morgengrauen in der Hütte bleiben. Im Übrigen können sie uns auch danach nicht entkommen. Licinius wird uns Namen, Herkunft und Stand aller Beteiligten nennen. Die einzige Chance für ihn, mildernde Umstände zu erhalten. Und da die andern nicht wissen, dass er in unserer Hand ist, fühlen sie sich sicher. Nicht wahr, Licinius?«

Licinius starrte wortlos zu Boden.

Aurelius griff nach einem Papyrusblatt und entnahm der Schale einen Silberstift: »Also, Licinius, fang an! Die Namen!«

Licinius, der längst begriffen hatte, dass er seine Lage von nun an nur noch durch offene, ehrliche Antworten verbessern konnte, zögerte keinen Augenblick und nannte sie. Nach jedem zweiten Namen hob Pilesar die Augenbrauen und kommentierte mit »Oh, das ist sehr interessant!« oder »Ach! Von dem hätte ich es freilich nicht gedacht!«

Daraus schlossen Daniel und Esther, dass es sich um Angehörige aus dem Personal von Rutilius Varus handeln musste, die sie nicht kannten.

Aurelius notierte alle Namen und fragte: »Sind das alle?«

»Soviel ich weiß, ja.«

»Gut. Du wirst jetzt mit uns kommen!«

»Wohin?«

»Das wirst du noch sehen.« Und zu Abra'm: »Ich muss dich sprechen – unter vier Augen!«

»Mich? Aber bitte!«

Aurelius ging mit Abra'm in eine Ecke und flüsterte ihm längere Zeit ins Ohr. Erstaunt verfolgten Daniel, Esther, Titus, Pilesar, Haldavo und auch Licinius die Szene: Abra'm hob mehrmals erstaunt die Brauen. Dazu nickte er energisch. Das Gehörte kommentierte er so: »Aber ja doch!... Sicher, wenn du meinst... Das ist ja unglaub-... Doch, das müsste möglich... Aha! Aha! Ich verstehe... Aber um diese Zeit?... Nun, wenn du meinst... Aber bist du sicher, dass er...? Selbstverständlich! Ich tue, was ich... Ich hoffe allerdings, dass er... Einverstanden. Möge der Herr uns alle beschützen!«

Daniel wunderte sich über nichts mehr. Mehr und mehr war er überzeugt, dass dieser geheimnisvolle Marcus Aurelius Clemens einen höheren Rang einnahm und eine wichtigere Rolle spielte, als er bisher angenommen hatte.

Aurelius und Abra'm kehrten zum Tisch zurück und Abra'm meinte: »Wenn du erlaubst, Clemens, nehme ich von einem nächtlichen Gang über Stock und Stein Abstand. Mein gebrechliches Alter steht dem entgegen. Du kannst die Sache gewiss auch ohne mich zu Ende bringen.«

Die Geschwister wechselten einen Blick: Was hatte das alles zu bedeuten?

Aurelius lächelte Abra'm zu und erklärte: »Kommt nicht infrage, Abra'm! Gerade dein Wort hat Gewicht. Ich habe beim Hafen meinen Wagen stehen. Pilesar und Haldavo werden uns begleiten.« Er wies auf Licinius: »Und den nehmen wir selbstverständlich mit!«

»Und wir?«, fragte Esther.

Aurelius Clemens wandte sich ihr und den beiden Jungen zu: »Das hatten wir schon geklärt. Ihr geht auf dem schnellsten Weg nach Hause!«

»Ja, aber...« Titus versuchte es ein letztes Mal, doch Aurelius ließ sich nicht erweichen.

Nachdem Haldavo das Tor verschlossen hatte, trennten sie sich. Aurelius, Abra'm, Pilesar und Haldavo entfernten sich mit Licinius in Richtung Hafen, Daniel, Esther und Titus gingen zur anderen Seite, zur Via Ostiensis.

XXXVII

Sie hatten die Straße noch nicht erreicht, als Titus stehen blieb.

»Was ist?«, fragte Esther.

Titus kniff die Augen zusammen und blickte zurück in die Dunkelheit.

»Was hast du?«, fragte nun auch Daniel.

Titus reckte sich und erklärte: »Wir gehen nicht zurück.«

»Was?«, rief Daniel. »Und warum nicht?«

»Weil wir sie verfolgen werden!«

»Wen? Aurelius Clemens und die andern?«

»Quatsch! Die Bande! Sie können am Morgen schon verschwunden sein – mit der Beute.«

Daran hatte Daniel auch schon gedacht, aber er gab zu bedenken: »Weißt du, wie spät es ist?«

»Wahrscheinlich.« Titus blickte zum Mond. »Die erste Nachtwache hat noch nicht begonnen.«

Esther warf ein: »Das wird Ärger geben. Für dich und erst recht für uns. Deine Eltern werden in großer Sorge sein.«

»Egal. Wir verfolgen die Bande. Wenn alles klappt, sind wir hinterher die Größten!«

»Und wenn nicht?«, fragte Daniel.

»Dann sind sie froh, wenn sie uns heil wieder haben.«

»Dich vielleicht.« Esther schüttelte den Kopf. »Aber wir werden bestraft werden.«

Daniel sah es genauso. Nicht, dass er und Esther dazu keine Lust hätten – das Problem war, dass sie als Sklaven jeden Schritt außer Hauses dem Herrn oder der Herrin gegenüber zu rechtfertigen hatten.

Doch Titus, fest entschlossen: »Ich nehme alles auf meine Kappe. Ich habe euch befohlen mitzumachen, klar?!«

Daniel überlegte: »Hm, aber wir sind zu wenig.«

»Weiß ich. Darum holen wir jetzt Niger.«

»Um die Zeit? Wie willst du das machen?«

»Abwarten. Also, was ist? Macht ihr mit?«

Sie sahen sich an. Daniel und Esther waren sicher, dass er sich auch ohne sie auf den Weg machen würde. Sie sagten zu.

»Dann los!«

Sie wussten, dass es nicht einfach sein würde, Niger zu dieser späten Stunde zu veranlassen mitzukommen. Doch es kam auf den Versuch an.

Er ging gerade mit einer Laterne über den Innenhof. Sofort eilte Titus auf ihn zu und erklärte ihm, worum es ging. Wie sie befürchtet hatten, machte Niger Schwierigkeiten. Er druckste herum, seufzte und zögerte. Dabei machte er ein so kummervolles Gesicht, dass Daniel direkt fragte: »Darfst du nicht weg?«

Niger nickte traurig.

»Hast du was ausgefressen?«

Niger nickte.

»Schlimm?«

Erneutes Nicken.

»Was denn?«

»Prudens falsch rechnen!«

»Nicht möglich!« Daniel wechselte mit Titus und Esther einen Blick.

»Doch!«

»Wieso denn?«

»Er rechnen: Zwei plus zwei gleich fünf.«

»Ach!«

»Ja.«

»Wann?«

»Heute Nachmittag.«

»Wo?«

»Bei Circus.«

»Beim Circus?!«

Niger nickte, seufzte herzerweichend und strich sich über seinen Bauch, der an stattlicher Fülle dem seines Vaters kaum nachstand.

Daniel fiel ein, dass Bocchus Maurus seinen rechnenden Esel und den sprechenden Papagei auch bei den Eingängen und Tavernen des Circus Maximus agieren ließ, wenn keine privaten Einladungen vorlagen. Das ergab immer einen hübschen Nebenverdienst. Auf diesem Gelände zeigten auch Akrobaten, Seiltänzer, Magier, Schwert- und Feuerschlucker ihre Kunststücke und lockten besonders Touristen in großer Zahl an, die eigentlich gekommen waren, um die Rennanlage zu besichtigen.

»Wo ist dein Vater?«, fragte Titus.

»Vater in Küche.«

»Allein?«

»Allein.«

»Dann komm!«

Sie gingen zusammen hinüber. Bocchus Maurus saß neben dem Herd am Tisch und stützte den Kopf mit einer Hand ab. Vor ihm stand ein Weinkrug und ein leerer Becher. Er schien eingenickt zu sein, war aber sofort wach, als die vier hereinstürmten.

Ohne nach dem Grund ihres Erscheinens zu fragen donnerte er los: »Nichts da! Askalis hier bleibt! Askalis schlafen!«

Daniel blickte Titus fragend an, Titus holte tief Luft und begann: »Er muss aber mitkommen, Onkel Bocchus!«

Daniel konnte sich nicht entsinnen, dass Titus jemals *Onkel* zu Bocchus Maurus gesagt hätte.

Entsprechend überrascht war auch der Händler. Er wischte sich mit dem Handrücken über den Mund, hob den Blick, schaute erst Titus, dann Daniel und Askalis erstaunt an und wiederholte: »Mitkommen. Aha! Beim Herkules! Wisst ihr, wie spät es ist?!«

»Sicher«, nickte Titus. Und dann tischte er Bocchus Maurus eine abenteuerliche Geschichte auf: »Bei uns ist eingebrochen worden. Es gab Verletzte!«

»Wo? In Haus?«

»Nein. Im Lager. Aber wir haben die Spur der Verbrecher. Askalis muss uns helfen sie zu verfolgen! Askalis ist sehr flink!«

Maurus erhob sich mühsam. Er schwankte leicht, woraus Daniel schloss, dass er reichlich dem Wein zugesprochen hatte. Dieser Tatsache war auch zu verdanken, dass Maurus die größte Schwachstelle von Titus' Bericht überhaupt nicht erkannte: Wie wollten sie jetzt noch die Diebe verfolgen, wenn diese doch schon über alle Berge waren?

Maurus dachte nach, murmelte Unverständliches vor sich hin, stapfte mit schwerem Schritt aus dem Raum und kam nach wenigen Augenblicken mit einem länglichen Gegenstand zurück.

»Hier! Für alle Fälle!«

Er reichte seinem Sohn einen Dolch, der in einer ledernen Scheide steckte, hob mahnend den Zeigefinger und brummte: »Viel gefährlich! Du aufpassen!«

»Na klar!« Askalis blickte stolz in die Runde und befestigte die Waffe an seinem Gürtel.

»Ich nicht können mitkommen«, fuhr Maurus fort. »Ich viel müde.« Er gähnte. »Schade. Ihr mir aber genau erzählen. Später.«

»Na klar.« Titus hatte es plötzlich sehr eilig wegzukommen, ehe Maurus es sich anders überlegte.

Als sie alle draußen waren, meinte Daniel: »Beim Hercules! Das hätte ins Auge gehen können.«

»Wahrscheinlich.« Titus grinste. Zugleich stellte er fest, dass Daniel zum ersten Mal die urrömische Wendung »Beim Hercules!« benutzt hatte.

XXXVIII

Als sie draußen waren, wandte sich Daniel an Titus: »Sag mal, wie willst du eigentlich mitten in der Nacht zu der Hütte kommen? Doch nicht zu Fuß, oder?«

»Natürlich nicht. Auf dem Fluss.«

»Auf dem Fluss? – Und mit welchem Schiff?«

»Das leihen wir uns aus.«

»Ausleihen?«, fragte Esther. »Wo denn?«

»Werdet ihr sehen. Es ist keine Zeit zu verlieren! Los!«

Sie nahmen den kürzesten Weg zum Hafen: vom westlichen Ende des Argiletums übers Forum Romanum, dann an der Schmalseite der Basilika Iulia vorbei in den Vicus Iugarius, der in der Senke zwischen Palatin und Capitol direkt zum Tiber führte. Beim Pons Aemilius liefen sie flussabwärts und erreichten den lang gezogenen Kai des Binnenhafens. Kein Mensch weit und breit. Selbst die Laternen waren erloschen.

»Und jetzt?«, fragte Daniel.

»Noch ein Stück!«, zischte Titus und folgte weiter der Kaimauer. Nach etwa hundert Schritt blieb er stehen und warf einen Blick auf die Frachter, die an den Ufersteinen vertäut waren. Esther begriff, was er suchte, sie ging noch ein Stück weiter, den Blick immer auf die Schiffe gerichtet.

»Kommt hierher!«, rief sie leise. »Das nehmen wir!« Und als die Übrigen heran waren, zu Titus: »Ist doch gut – oder?«

»Wahrscheinlich«, murmelte Titus. Er machte ein Handzeichen. Alle schwiegen. Mit kritisch wachem Blick schaute er sich um. Alles war hier still. Kein Mensch zu sehen oder zu hören. Das Boot, das Esther entdeckt hatte, war am Heck eines Frachters festgebunden und lag in unmittelbarer Nähe der Kaimauer. Im Mondlicht erkannte man zwei Ruder, die parallel nebeneinander lagen.

Hier war keine Treppe, die nach unten führte. Der Höhenunterschied mochte sechs Fuß betragen. Doch Daniel zögerte nicht, sprang und federte den Aufprall ab. Die andern folgten seinem Beispiel. Esther lehnte jede Hilfe ab und erreichte als Letzte den Boden des Kahns.

Niger holte sein Messer hervor, stellte sich auf den Bug, reckte sich so weit wie möglich nach oben und durchtrennte das Seil, mit dem das Boot auf dem Achterdeck des Frachters verbunden war. Titus und Daniel griffen nach den Rudern, legten sie rechts und links zwischen die armdicken Hölzer, die als Führung dienten, während Niger das Boot von der Kaimauer abstieß.

Schon nach wenigen Augenblicken wurden sie von der starken Strömung ergriffen, die sie in die Mitte des Flusses drückte.

»Wir müssen uns mehr rechts halten«, meinte Esther. »Die Hütte liegt doch am rechten Ufer!«

»Wahrscheinlich. Aber das dauert noch eine Weile. So kommen wir schneller vorwärts.«

Da das Boot kein Steuerruder besaß, gab Esther den beiden Ruderern durch leise Hinweise zu verstehen, wenn sie links oder rechts stärker anziehen sollten. Alle waren sie erstaunt über das Tempo, mit dem sie flussabwärts schossen.

Esther schaute zum rechten Ufer. Sie kannte diese Gegend nicht. Hier sollten die großen Parkanlagen liegen, die einst dem Diktator Iulius Caesar gehört hatten. In seinem Testament hatte er sie dem römischen Volk vermacht. Außer den düsteren Schatten großer Bäume war jetzt nicht viel zu erkennen.

Plötzlich bekam sie Angst: Wie wollten sie, drei Jungen und ein Mädchen, mit skrupellosen Verbrechern fertig werden? Falls es zu einem Kampf kommen würde, hatten sie doch nicht die geringste Chance, sich gegen erwachsene, starke Männer zu behaupten. Es passte ihr auch nicht, dass sie und Daniel sich nur wegen des unreifen Ehrgeizes von Titus das Wohlwollen der Herrin und des Herrn verscherzen sollten. Das aber würde der Fall sein, wenn das Unternehmen fehlschlug – und es würde mit Sicherheit fehlschlagen. Zugleich wusste sie, dass weder sie noch Daniel Titus von dem Plan abbringen konnten. Titus hatte sich offenbar in den Kopf gesetzt, als Held vor seinen Vater treten zu können und zu tönen: »Das habe ich geschafft!«

Die Strömung war weiterhin stark und sie kamen schnell voran. Nach einer guten Viertelstunde zeigte Titus nach rechts und sagte: »Da muss es sein!«

Daniel, Esther und Niger schauten in die Richtung. Von einer Hütte war nichts zu sehen. Nur Schilf.

Leise instruierte Titus die andern: »Die Hütte liegt in dieser Richtung, hinter dem Schilf. Entfernung etwa fünfhundert Schritt. Da gibt es einen künstlichen Wasserarm, der sie mit dem Tiber verbindet. Ein ziemlich verschlammter Graben. Der müsste gleich auftauchen.«

Niger meldete sich zu Wort: »Du kennen also ... Ich meine, du schon mal hier?«

»Wahrscheinlich.«

»Wann?«, wollte Daniel wissen.

»Vor einem Vierteljahr.«

»Allein?«, fragte Esther.

»Nein, mit meinem Schwager. Wir haben Aale gefangen ... in dem Graben. Da! Da ist er! Scharf nach rechts! Wir müssen da rein!«

Daniel, der links saß, ruderte mit aller Kraft und das Boot näherte sich dem rechten Ufer. Schemenhaft konnte man erkennen, dass die Schilfwand sich teilte. Dort musste der abzweigende Wasserlauf sein. Das Boot glitt hinein. Keinen Augenblick zu früh, die starke Strömung wirkte wie ein Sog, der das Boot nicht freigeben wollte.

»Haltet euch am Schilf fest!«, rief Titus leise und Niger griff vorne nach den nächsten Stängeln. Sie bogen sich herunter, hielten aber den Zug aus. Esther packte hinten zu und mit vereinten Kräften gelang es ihnen, das Boot ins ruhige Wasser des Verbindungsgrabens zu bringen.

Nach zwei Bootslängen hielten sie an und lauschten nach vorn. Der Kahn schaukelte leicht im ruhigen Wasser. Es war still. Nur links und rechts regte sich nächtliches Getier im Schilf und huschte aufgeschreckt davon. Also war der Boden an dieser Stelle trocken und wurde nur bei Hochwasser überflutet.

»Wo ist die Hütte?«, fragte Daniel leise.

»Da vorne!« Titus zeigte in die Richtung. Zu sehen war nichts. Der Wasserlauf machte einen großen Bogen nach rechts. Sie sahen nur Schilf.

»Wir müssen weiter. Bis zu einem Steg. Da binden wir das Boot fest. Los!«

Vorsichtig tauchten sie die Ruder ein, lautlos glitt das Boot zwischen den Schilfwänden dahin. Dann tauchte der Steg auf. Sie griffen nach einem der Pfähle und hielten an.

Titus flüsterte: »Prägt euch die Stelle hier gut ein! Falls wir uns zurückziehen müssen: Hier ist die einzige Möglichkeit, um zum Fluss zu entkommen.«

Alle nickten.

»Wir bleiben so nah zusammen, dass wir uns leise verständigen können. Keiner unternimmt etwas auf eigene Faust. Alles klar?«

»Ja, ich ... äh ...«

Das kam von Niger. Was wollte er denn noch?

»Bitte!« Titus presste ungeduldig die Lippen aufeinander.

»Ich ... äh ... ich können Eule nachmachen, ihr nicht unterscheiden von richtiger.«

»Und wozu das?«

»Ich euch so warnen, wenn gefährlich in Nähe.«

»Aha. Na, dann mach's mal vor!«

Niger tat es, doch der Ruf, den er ausstieß, erinnerte eher an den Balzgesang einer Turteltaube als an den nächtlichen Schrei einer Eule.

»Um Gottes willen!«, flüsterte Esther. »Damit hetzt du uns noch die Bande auf den Hals!«

Und Daniel meinte grinsend: »Du musst das noch ein bisschen üben.«

Niger nickte enttäuscht.

Sie überquerten das wacklige Brückchen und folgten weiter einem Pfad, der sich vom Wasser entfernte. Das Schilf trat zurück. Offenes Gelände lag vor ihnen. Hinter ihnen rauschte der Fluss. Etwa dreißig Schritt voraus erkannten sie die Umrisse einer Hütte. Durch drei Fensterläden drang Licht.

Sie legten sich flach auf den Boden und lauschten nach vorne. Wahrscheinlich fühlten Tiridates und seine Leute sich hier so sicher, dass sie es nicht für nötig gehalten hatten, Posten aufzustellen.

So verging eine Viertelstunde. Nichts regte sich. Sie erhoben sich und schlichen in gebückter Haltung zur Hütte. Die drei Fenster lagen an einer Längsseite, die Eingangstür an der Giebelseite. Da die alten Läden verzogen und rissig waren, konnte man durch die Ritzen gut ins Innere blicken.

»Das ist ja nicht zu fassen!«, murmelte Daniel. Überall glitzerte es von Gold und Silber.

Nur drei Männer waren im Raum. Sie waren damit beschäftigt, die kostbaren Gegenstände zu sortieren und sie in Kisten, Beuteln und Säcken zu verstauen. Tiridates schien nicht im Raum zu sein. Das gab Daniel zu denken. Schlief er? Er konnte sich auch außerhalb seines Blickwinkels befinden. Oder war er etwa draußen? Ein Schauer lief Daniel über den Rücken. Doch er beobachtete weiter. Einer der Leute studierte eine Liste und gab genaue Anweisungen, in welches Behältnis die Objekte kamen, die ihm die anderen zur Begutachtung entgegenhielten. Dabei war keine bestimmte Ordnung zu erkennen, denn die Leuchter, Schalen, Trinkbecher und Krüge wurden nicht nach Gattungen getrennt, sondern scheinbar willkürlich gemischt verpackt.

»Sieht so aus, als ob sie die Beute aufteilen«, flüsterte Esther, doch Daniel und die andern waren sich nicht sicher.

Plötzlich unterbrach der mit der Liste seine Anweisungen und rief laut: »Idiot! Nicht da rein! Rutilius, hab ich gesagt! Der Leuchter kommt zu Rutilius! So pass doch auf, Mann!«

Daniel stieß Esther an und sagte leise: »Das ist unser Leuchter!«

»O Gott!«, stieß Esther leise hervor. »Ja, er ist es!«

Nach einer langen Pause flüsterte Daniel: »Weißt du, was das heißt?«

»Na, was heißt es denn?«

Alle fuhren herum. Breit grinsend stand Tiridates vor ihnen. Er war nicht allein. Rechts und links neben ihm tauchten die übrigen Mitglieder der Bande aus der Dunkelheit auf. Daniel schätzte sie auf zwölf oder mehr. Alle standen da mit gezogenen Waffen. Daniel spürte plötzlich kalten Schweiß auf der Stirn. Sie waren in eine Falle getappt!

»Wohl vor Schreck die Sprache verloren, wie?«, höhnte Tiridates.

»Das würde ich nicht sagen«, erwiderte ihm Titus tapfer und riss Niger den Dolch aus dem Gürtel.

»Du musst total verrückt sein, Junge!« Tiridates schüttelte den Kopf, erstaunt über so viel Tollkühnheit. »Beim Hercules! Ihr habt nicht die geringste

Chance gegen mich und meine Leute. Wirf das Messer weg! Du könntest dich verletzen!« Er grinste wieder.

»Dann hol es dir!«, gab Titus zurück.

War Titus verrückt geworden? Das konnte doch nicht gut gehen! Daniel suchte Esthers Blick. Eine große Wut stieg in ihm hoch. Er sah die Szene vor sich, wie er mit der Schwester durch das brennende Jerusalem hastete. Sah die plündernden Legionäre, hörte die Schreie der Frauen und Kinder, sah die Angst und den Schrecken in Esthers Augen. Er war bereit, seine Haut so teuer wie möglich zu verkaufen.

»Zum letzten Mal!«, rief Tiridates. »Waffe weg!«

»Hol sie dir!«, wiederholte Titus.

»Wie du willst...«

Daniel, Esther und Niger wussten, jetzt ging es auf Leben oder Tod. Tiridates würde nicht zögern sie mit brutaler Gewalt kampfunfähig zu machen. Schon hob er sein Schwert und wollte auf Titus losstürmen, als er mitten in der Bewegung innehielt. Sein Arm wurde von hinten gepackt, sein Kopf von einem gewaltigen Schlag getroffen, er sackte lautlos zu Boden.

Im gleichen Augenblick befahl eine scharfe Stimme aus dem Hintergrund: »Waffen weg! Ihr seid umstellt! Wer sich wehrt, ist des Todes!«

Von allen Seiten sprangen Gestalten hervor. Alle mit Schwert und Schild bewaffnet. Soldaten! Mindestens zwanzig! Gegen diese Übermacht hatte die Bande keine Chance. Die Soldaten schlugen Tiridates' Leuten die Waffen aus den Händen und trieben sie an der Längsseite der Hütte zusammen. Keiner von ihnen wehrte sich.

Fünf Soldaten stürmten das Innere und kamen schon wenige Augenblicke später mit den drei Packern heraus.

»Zu den anderen!«, befahl der Anführer. »Alle fesseln! In der Bruchbude wird es wohl Stricke geben.«

Einige machten sich drinnen auf die Suche und fanden brauchbares Material.

Völlig verstört, ja vom vorausgegangenen Schrecken versteinert betrachteten Daniel, Esther, Niger und Titus den Offizier. Er mochte Mitte dreißig sein, wirkte sehr drahtig und bewegte sich wie jemand, der täglich seinen Körper trainiert: flink, leicht und federnd. Panzer, Helm, Schwertscheide und Beinschienen schimmerten golden im Mondlicht. Elegant federte der Helmbusch aus schneeweißem Rosshaar bei jeder Bewegung.

Da stieß Titus Daniel an und flüsterte: »Mensch, Daniel! Weißt du, wer die sind?!«

Als Daniel schwieg, fuhr er fort, und jetzt klang es ehrfurchtsvoll, ja bewundernd: »Das sind Prätorianer! Und der Anführer ist ein Tribun!«

Jeder in Rom, der ihren Namen erwähnte, tat dies mit großem Respekt. Die Prätorianer bildeten die Leibgarde des Kaisers und begleiteten ihn bei öffentlichen Auftritten in Rom oder auf seinen Reisen in Italien oder den Provinzen. Man erkannte sie an ihrer prunkvolleren Ausrüstung: Selbst die einfachen Soldaten trugen Helme mit kurzem rotem Federbusch; auch das Wams, der kurze Rock und der lederne Schildüberzug leuchteten rot. Um Mitglied dieser Elitetruppe zu werden, musste man über herausragende Qualitäten verfügen und sich schon in der regulären Armee hervorgetan haben. Ihre Kaserne, die Castra Praetoria, lag im Nordwesten Roms, an der Straße nach Tibur*.

»Aber ... wieso tauchen die plötzlich hier auf?«, fragte Esther.

»Keine Ahnung«, murmelte Titus.

Der schneidige Offizier teilte Posten ein. Mit gezogener Waffe nahmen sie vor den Gefangenen Aufstellung. Niemand kümmerte sich um die vier Kinder.

Tiridates war wieder zu sich gekommen. Als er begriff, was mit ihm und seinen Spießgesellen geschehen war, begann er mit seinem Nachbarn zu flüstern. Prompt griff ein Posten ein und brüllte: »Ruhe! Hier wird nicht gesprochen!«

»Ich wollte ja nur ...«

»Maul halten!«

Das saß. Tiridates versank in Schweigen.

Erst jetzt musterte der Offizier Daniel und die anderen, die ihn stumm anstarrten. Mit einer Handbewegung gab er ihnen zu verstehen, dass sie ihm in die Hütte folgen sollten. Drinnen ging er von Kiste zu Kiste, betrachtete kopfschüttelnd die angehäuften Schätze und meinte: »Damit könnte man einen königlichen Palast ausstatten.«

Nach einem langen Blick über die glänzenden Objekte fragte der Offizier: »Und all das Zeug war im Lager des ... Wie heißt er?«

»Acilius Rufus!«, meldete sich Titus und fügte stolz hinzu: »Ich bin sein Sohn, Titus.«

»Ah ja.«

---

* Heute Tivoli

Der Tribun musterte Titus ohne eine Miene zu verziehen. Daniel und Esther entging das Misstrauen in seinen Augen nicht. Dann schaute er in die Runde, sein Blick machte bei den Geschwistern Halt. »Du bist Daniel ben Nathan, nicht wahr?«

»Ja, ich...« Überrascht hielt Daniel den Mund offen. Wieso kannte er seinen Namen?

»Und du bist seine Schwester Esther?«

»Ja.«

Der Tribun nickte und betrachtete das schöne Gesicht des Mädchens. Er lächelte – zum ersten Mal – und fuhr fort: »Ich habe Befehl, euch mitzunehmen.«

»Uns mitnehmen?«, fragte Esther. Ihre Wangen waren gerötet. »Wohin denn?«

»Das darf ich nicht sagen. Ihr werdet es sehen. Könnt ihr reiten?«

»Ja«, nickten sie, immer noch verwirrt von dieser Eröffnung.

»Gut. Dann sollten wir keine Zeit verlieren. Kommt mit!« Der Offizier wandte sich zum Gehen.

Ein Soldat fragte, was mit den Gefangenen geschehen sollte.

»Werden mitgenommen. Wir haben doch den Wagen dabei.«

Es war also an alles gedacht worden.

Ein Teil der Truppe würde zur Bewachung der Schätze am Ort bleiben.

Der Offizier wandte sich an Titus: »Du wirst deinem Vater mitteilen, dass Daniel und Esther mich begleiten. Damit er sich keine Sorgen macht.« Er schaute Niger fragend an. »Und wer ist das?«

»Mein Freund Askalis, Sohn des Händlers Bocchus Maurus«, erklärte Titus.

»Ah, den kenne ich. Übrigens – wessen Idee war es, mitten in der Nacht hierher zu kommen?«

Da reckte sich Titus und sagte nicht ohne Stolz: »Es war meine.«

»Ah ja. Und woher wusstest du, dass die Bande hier ist?«

»Wir wussten es alle«, bemerkte Esther, als ob es die selbstverständlichste Sache der Welt wäre.

»Ihr wusstet das? Von wem?«

»Von mir«, stellte Daniel klar. »Ich ... ich habe die Bande belauscht.«

»Nicht schlecht. Beim Hercules!« Der Tribun musterte alle vier der Reihe nach, schüttelte schließlich den Kopf und wandte sich an Titus: »Falls dein Vater danach fragen sollte: Ich heiße Asinius Gallus, Tribun der Vierten Kohorte. Gehen wir!«

An der Tür blieb er stehen und wandte sich an alle vier: »Ihr seid euch wohl im Klaren darüber, dass ihr euer tollkühnes Unternehmen mit dem Leben bezahlt hättet, wenn wir nicht im entscheidenden Augenblick aufgetaucht wären.«

»Wir wissen es.« Daniel reckte sich und fügte stolz hinzu: »Ich hätte es trotzdem gewagt.«

»Ach! Und warum?«

»Wegen des Leuchters.«

»Was für ein Leuchter?«

»Da in der Kiste haben sie unseren siebenarmigen Leuchter!«

»Euren siebenarmigen...?« Asinius kniff die Augen zusammen, studierte aufmerksam Daniels Gesicht und sagte nur: »Ich verstehe.«

Und Esther: »Wir möchten ihn zurückhaben.«
»Zurückhaben?« Der Offizier lachte kurz auf. »Darüber habe ich nicht zu entscheiden. Gehen wir!«

Daniel hätte den Tribun noch gern gefragt, ob er und seine Soldaten auf Veranlassung von Aurelius Clemens hier erschienen waren, doch Asinius hatte es plötzlich sehr eilig, den Ort zu verlassen.

XXXIX

Er werde sie »mitnehmen«, hatte der Tribun gesagt. Von »Abführen« oder »Abtransport« war keine Rede gewesen. Daraus leiteten die Geschwister ab, dass sie nicht wie Gefangene behandelt wurden. Warum auch?

Etwa fünfzig Schritt von der Hütte entfernt warteten die Pferde. Daniel und Esther, Titus und Niger bekamen jeweils zu zweit ein Tier. Sie gehörten zwei der acht Soldaten, die zurückbleiben mussten.

Zwölf Prätorianer würden den Zug eskortieren. Man half Esther und den drei Jungen aufs Pferd zu kommen. Esther saß hinter dem Bruder, Niger hinter Titus. Die gefesselten Mitglieder der Bande wurden auf den geschlossenen Wagen gebracht. Um zu verhindern, dass sie miteinander reden und heimliche Absprachen treffen konnten, wurden sie von vier Soldaten beaufsichtigt, die dies streng unterbanden.

Bevor sie aufbrachen, wollte der Tribun wissen: »Sagt mal, wie seid ihr eigentlich hierher gekommen?«

»Mit einem Boot«, sagte Daniel.

»Aha. Und wo ist das?«

Daniel erklärte es ihm und Asinius Gallus meinte grinsend: »Habt ihr euch wahrscheinlich in Rom ausgeliehen – oder?«

»*Ita'st*«, sagte Daniel und grinste zurück.

Der Tribun gab einem der zurückbleibenden Soldaten Befehl, sich um den Kahn zu kümmern und ihn an Land zu ziehen. Und zu den Jugendlichen: »Sonst haben wir in Kürze noch eine Klage wegen zweckentfremdeter Verwendung eines römischen Wasserfahrzeugs am Hals.«

Sie brachen auf.

Als der Zug den Pons Aemilius überquert hatte, ließ der Tribun beim Tempel des Portunus am Forum Boarium anhalten. Der Wagen wurde mit einem starken Begleitkommando zur Prätorianerkaserne geschickt, wo die Gefangenen in Arrest kommen würden.

Titus und Niger glitten von den Pferden, verabschiedeten sich und machten sich zu Fuß auf den Heimweg. Esther bekam das frei gewordene Pferd. Als sie sich umwandte, sah sie Titus winken.

Sieben Reiter bewegten sich durch die dunkle Innenstadt: Asinius Gallus, Daniel, Esther und vier Prätorianer. Obwohl die erste Nachtwache längst verstrichen war, spürten Daniel und Esther keine Müdigkeit. Zu aufregend waren die Ereignisse der letzten Stunden gewesen. Und es ging weiter: Wohin würde der Tribun sie bringen? Klar war nur, dass es nicht die Kaserne der Garde war. Aber wohin sonst? Daniel dachte nach: Das Eingreifen der Prätorianer setzte einen Befehl von hoher, vielleicht von allerhöchster Stelle voraus! Etwa vom Kaiser selbst? Das war undenkbar! Vielleicht von einem hohen Staatsbeamten? Aber warum? Je länger er darüber nachdachte, kam er wieder zu dem Schluss, dass es etwas zu tun haben musste mit dem geheimnisvollen Zwiegespräch zwischen Clemens und Abra'm im Kontor des Lagers. Was hatte Clemens ihm am Abend mitgeteilt? Und wo steckte Aurelius Clemens überhaupt?

Beim Neuen Amphitheater bogen sie in den Vicus Sandalarius ein, der nacheinander mehrere Straßen, darunter das Argiletum, kreuzte. Bald erreichten sie den Vicus Longus und folgten ihm. Wollte der Tribun die Stadt wieder verlassen? Die Lange Straße führte genau auf die Porta Collina zu, das nördlichste Stadttor. Doch schon bei der übernächsten Kreuzung bog Asinius nach links ab. Es ging aufwärts, auf die Höhe des Quirinalhügels. Hier waren Daniel und Esther noch nie gewesen; sie wussten aber, dass hier oben eines der vornehmsten und teuersten Wohnviertel Roms lag.

Asinius wechselte noch mehrmals die Richtung, so dass die Geschwister in der Dunkelheit jede Orientierung verloren. Sie folgten einer hohen Mauer, die wohl einen großen Garten begrenzte. Voraus tauchten Lichter auf. Ein großes, schmiedeeisernes Tor kam in den Blick. Es war hell erleuchtet. Auf den Pfeilern rechts und links steckten brennende Fackeln in eisernen Halterungen. Das Tor war geschlossen. Zwei Posten gingen davor auf und ab.

War hier etwa eine innerstädtische Dienststelle der Prätorianer? Unmöglich! Sie saßen in ihrem Lager am anderen Ende der Stadt.

Als die Reiter das Tor erreichten, nahmen die Posten Haltung an. Einer ging auf Asinius zu und machte Meldung, wobei er seinen und seines Kameraden Namen nannte und bellte: »Keine besonderen Vorkommnisse!«

»Gut! Weitermachen! Ist er noch wach?«

»Jawohl, Tribun!«

Alle saßen ab.

»Aufmachen!«, befahl Asinius.

Ein kleines Nebentor wurde geöffnet. Asinius betrat das innere Gelände und die Geschwister folgten ihm. Die vier Soldaten des Begleitkommandos blieben bei ihren Kameraden am Tor zurück.

Wer war *er*? Und wieso war *er* noch mitten in der Nacht wach?

Sie gingen auf hellem Kies durch den weiträumigen Garten. Süßlicher Duft exotischer Blüten lag in der Luft. Vor ihnen zeichneten sich die Umrisse eines großen, breiten Hauses ab. Selbst in der Dunkelheit schimmerte es hell. Auch hier helles Licht von Fackeln. Vor dem Eingang, einem von vier Säulen getragenen flachen Dreiecksgiebel, zwei weitere Posten, die sich beeilten ihre Meldung zu machen: »Keine besonderen Vorkommnisse!«

Asinius nahm forsch die drei Stufen der breiten Außentreppe, ging zum Eingang und betätigte den Bronzering des Türklopfers. Erst nach einer Weile wurde geöffnet. Ein alter, gebeugter Mann, dem man ansah, dass er aus dem Schlaf gerissen worden war, fragte unfreundlich nach dem Grund der Störung.

Asinius ging nicht darauf ein, sondern fragte scharf zurück: »Name?!«

Jetzt erst schien der Alte zu begreifen, wen er vor sich hatte, und reagierte angemessener: »Philon, Herr. Verzeih! Ich konnte ja nicht wissen, dass...«

»Nun weißt du's! Wo ist dein Herr?«

»Ich nehme an, in seinem Arbeitszimmer.«

»Um diese Zeit?«

»Ja, Herr, er pflegt bis tief in die Nacht zu arbeiten.«

»Gut, gut. Führe uns zu ihm.«

»Jawohl.«

Da nur wenige Öllampen an den Wänden und Säulen brannten, lag das Innere der großen Vorhalle in geheimnisvollem Dämmerlicht. Es war absolut still. Nur ein kleiner Springbrunnen plätscherte leise vor sich hin.

Der Alte machte eine einladende Handbewegung und ging voraus, zu einer seitlichen Treppe, die ins Obergeschoss führte, und folgte dort dem langen Gang in den rechten Flügel des Hauses. Vor der letzten Tür machte er Halt, klopfte an, öffnete und meldete: »Der Tribun der Prätorianer Gaius Asinius Gallus mit zwei Begleitern!«

Man hörte, wie drinnen ein Stuhl gerückt wurde, dann schnelle, fast hastige Schritte. Das Gesicht des Mannes, der im Türrahmen erschien, war sehr ernst, Wangen und Stirn von feinen Falten gezeichnet, so dass sein Alter schwer zu schätzen war. Im Gegensatz zu diesem Gesicht, das einen müden, ja strapazierten Eindruck machte, war die Art, wie er sich bewegte, flink, fast jugendlich. Schon die Schritte eben waren federnd. Seine Augen, groß, dunkel, fast schwarz, beherrschten das feine Gesicht, das in seinen Details wie im Ganzen gut proportioniert war: die Stirn hoch, die Nase schmal mit einem leichten Knick im oberen Drittel, der Mund nicht zu breit und scharf konturiert, im Kinn ein Grübchen.

Daniel und Esther starrten den Mann offenen Mundes an. Dann stießen sie wie aus einem Munde hervor: »Joseph...?! Du...?!«

Iosephus versuchte ein Lächeln, doch es wirkte leicht gequält. Auch er reagierte verwirrt, hob wie entschuldigend die Hände und begann: »Ja... ich... ich weiß gar nicht, wie ich...«

Da schaltete sich Asinius ein. Was er sagte, zeigte, dass er von den Hintergründen dieses Zusammentreffens keine Ahnung hatte: »Auf höheren Befehl übergebe ich dir diese beiden jüdischen Sklaven Daniel und Esther. Damit ist mein Auftrag ausgeführt. Alles Weitere liegt in deiner Verantwortung. Wenn du mir bitte die Übergabe der Sklaven schriftlich bestätigen würdest...«

»Wie?« Iosephus begriff erst allmählich, was der Offizier wollte. »Selbstverständlich!«

Asinius holte aus dem Halsausschnitt seines Kollers ein gefaltetes Blatt Papyrus hervor und reichte es Iosephus. Dieser ging damit zu seinem Arbeitstisch, überflog den Text, nickte mehrmals und griff nach einem Silberstift, um die Übergabe mit seinem Namenszug zu bestätigen. Dann händigte er das Blatt Asinius wieder aus.

»Habt ihr die Burschen?«, fragte Iosephus. Plötzlich klang seine Stimme fest wie die eines Mannes, der es gewohnt war, Befehle zu erteilen.

»Wir haben sie. Alle!«

»Gab es Schwierigkeiten?«
»Nicht die geringsten.«
»Sehr gut.« Iosephus nickte zweimal.
Der Tribun hob die Rechte und grüßte militärisch. Dann beugte er sich zu den Geschwistern und sagte sehr freundlich: »Alles Gute!«
Mit schnellen Schritten entfernte er sich.
Iosephus knetete aufgeregt seine Hände. »So kommt doch bitte herein! – Philon!«
»Herr?«
»Sie werden hungrig sein. Bereite etwas vor. Etwas Leichtes, aber Stärkendes, Kräftiges! Hühnersuppe! Haben wir noch von der Hühnersuppe, die du heute Abend . . .?«
»Ja, ich werde sie aufwärmen.«
»Gut. Was zögerst du? Beeile dich!«
Philon, der in diesem Hause offensichtlich den verschiedensten Tätigkeiten und Aufgaben nachging, eilte halb laufend, halb gehend davon.
Iosephus schloss die Tür und lud die beiden ein, auf den bequemen Sesseln Platz zu nehmen, die auf der linken Seite des großen Raumes um einen kleinen Rundtisch platziert waren. Er selbst nahm den dritten.
Die Geschwister schauten sich neugierig um. Alle Möbel waren aus kostbaren Materialien, Arbeitstisch, Stühle und Wandregale aus dunklem Ebenholz. Die Bezüge der Sessel- und Stuhlpolster zeigten komplizierte geometrische Muster in dunklem Rot und Grün. Die Fenster, von Streben unterteilt, waren durchgehend verglast. Überall Lichter: an jeder Wand drei Öllampen mit Spiegeln, auf dem Schreibtisch ein zierlicher Leuchter mit sieben Ker-

zen. Zwei von ihnen brannten. Der Raum war fast taghell erleuchtet.

Iosephus, der wusste, dass es nun an ihm war, das Gespräch zu eröffnen, legte die Hände auf die Knie und begann feierlich: »Lob und Dank sei dem Herrn! Groß ist der Herr und hoch zu loben, seine Größe ist unerforschlich. Der Herr ist gnädig und barmherzig, langmütig und reich an Gnade. Er stützt alle, die fallen, und richtet alle Gebeugten wieder auf. Die Wünsche derer, die ihn fürchten, erfüllt er, er hört ihr Schreien und rettet sie. Alles, was lebt, preise seinen heiligen Namen immer und ewig! Amen!«[*]

»Amen!«, schlossen Daniel und Esther automatisch.

Iosephus sah sie an und rief: »Daniel, Esther! Wie konnte ich denn ahnen, dass ihr hier in Rom seid! Hätte ich früher davon gewusst, wäre ich auf der Stelle aktiv geworden.«

Daniel fixierte ihn: »Seit wann weißt du's denn?«

»Seit gestern Abend.«

»Von wem?«

»Von Aurelius Clemens und Abra'm, die beide...«

»Sie waren also hier?«, rief Esther dazwischen.

»Ja. Warum fragst du?«

»Weil sie gestern Abend leise miteinander sprachen und sich dann zurückzogen. Wie lange kennst du Abra'm schon?«

»Oh, schon viele Jahre, seit meinem ersten Aufenthalt in Rom. Wir sind befreundet.«

---

[*] Aus Psalm 145

»Warst du denn schon mal hier?«

»Vor sieben Jahren. Eine komplizierte Geschichte. Die Einzelheiten erzähle ich euch ein andermal. Nur so viel: Es gab damals in Jerusalem einen Streit mit dem römischen Statthalter, den nur der Kaiser selbst klären konnte.«

»Das war doch noch Nero!«, rief Esther.

»Gewiss. Aber es war Poppaea, die Kaiserin, die Nero dazu brachte, den Fall zu unseren Gunsten zu entscheiden. Poppaea war eine sehr kluge Frau.« Er nickte gedankenvoll vor sich hin. »Aber zu euch! Wie lange seid ihr denn schon hier?«

»Seit dem Triumphzug des Kaisers«, sagte Esther und fügte hinzu: »Du müsstest uns gesehen haben!«

»Wie? – Aber Esther! Ich bitte dich! Ich war nicht dabei! Wie hätte ich die größte Demütigung unseres Volkes mit ansehen können!« Sein Blick ging forschend von einem zum andern. »Ihr habt euch sehr verändert ... Beide!«

»Ist das ein Wunder?«, fragte Esther und fixierte ihn, bis er den Blick senkte.

Nur zu deutlich spürte sie, dass Iosephus sich unbehaglich fühlte. Sicher machte er sich nun Vorwürfe, dass er nicht früher Erkundigungen über ihr Schicksal eingezogen hatte.

Doch er rief: »Berichtet! Erzählt mir alles, was ihr erlebt habt seit damals, seit dem Untergang unserer heiligen Stadt Jerusalem!«

Ein kurzer Blick zu Daniel verriet Esther, dass es dem Bruder nur mit größter Mühe gelang, einen Zornausbruch zu unterdrücken. Da zogen sich ihre Augen zusammen und schossen Blitze. Daniel verstand die Botschaft: *Heb dir das für später auf! Jetzt ist dafür nicht die Stunde!* Er schwieg.

Sie berichtete. Musste immer wieder Pausen einlegen, so dass Iosephus vorsichtig nachfragte, um Einzelheiten zu erfahren. Das Gehörte kommentierte er nicht, schüttelte nur immer wieder betroffen den Kopf und seufzte auf.

»Und seit damals«, fragte er vorsichtig, »habt ihr nichts mehr gehört von eurer Mutter, vom Vater, vom Bruder?«

»Nein. Weißt du vielleicht etwas?«

»Nein. Aber ich werde alle mir zur Verfügung stehenden Mittel benutzen, um über eure Eltern und Absalom etwas zu erfahren.«

Alle schwiegen eine Weile. Schließlich sagte Esther: »Du hast ein sehr schönes Haus!«

»Ja, gewiss. Aber natürlich ist es nicht mein Eigentum. Es gehört ...« Er zögerte einen Augenblick, ob er es sagen sollte, doch dann sprach er es aus – sie würden es ohnehin erfahren: »Es gehört dem Kaiser.«

»Dem Kaiser?«, rief Esther, während Daniel immer noch schwieg.

»Ja. Vespasian hat hier gewohnt, bevor er Kaiser wurde.«

»Und das alles hat er dir einfach überlassen?«, staunte Esther.

»Ja.«

»Erstaunlich!«

»So ist es. Manchmal kann ich es selbst nicht fassen. Er ist mir gegenüber sehr großherzig.«

»Und warum?« Erstmals schaltete Daniel sich in das Gespräch ein und seine Stimme klang kühl.

»Warum?« Iosephus reckte sich und sah den Neffen an. »Wahrscheinlich, weil ich ihm geweissagt habe, dass er in Kürze Kaiser werden würde.«

»Und das hat er dir einfach so geglaubt?«

»Das weiß ich nicht. Ich weiß nur, dass er es nicht vergessen hat.«

»Kann es nicht sein, dass noch etwas dabei eine Rolle gespielt hat?«

»Wie meinst du das?«

»Ich meine die Übergabe von Iotapata! Du hast die Stadt den Römern ausgeliefert!« Der Vorwurf war unüberhörbar.

Ihre Blicke trafen sich. Esther entging nicht, dass es nun Iosephus war, der Mühe hatte, seinen Zorn im Zaum zu halten.

Iosephus sprang auf: »Ja, ja!«, rief er. »Das werfen mir meine Feinde vor!«

»Römer?«

»Wieso Römer? Ich spreche von den eigenen Landsleuten! Von Juden! Ich bekomme alle paar Tage Briefe mit Anklagen! Mit Beleidigungen! Mit Drohungen – Todesdrohungen! Soll ich sie dir vorlesen? Da!« Er ging zum Schreibtisch, griff nach einigen Papyrusblättern und zitierte aus den Schreiben: »*... Du bist ein Verräter! Und was macht man mit Verrätern? Man hängt sie auf! Man steinigt sie! Man schlägt sie ans Kreuz! Man ersäuft sie! Warte nur, wir kriegen dich schon!* – Oder das hier: *Verkrieche dich nur hinter deinem Kaiser, es wird dir nichts nützen. Der Tag, an dem ich dir meinen Dolch ins Herz treibe, wird der schönste meines Lebens sein.*«

Er sah Daniel an, sein Gesicht hatte sich in der

Erregung gerötet: »Willst du noch mehr hören? Nein? Aber ich lese es täglich. Was meinst du wohl, warum dieses Haus von Angehörigen der Garde bewacht wird? Der Garde! Man trachtet mir täglich, ja stündlich nach dem Leben! Sie brauchen einen Sündenbock. Nun haben sie einen: *Ich* bin der Hauptschuldige der katastrophalen Niederlage! *Ich* hätte Iotapata halten können und müssen. *Ich* hätte die Römer zwingen können ihre Kräfte aufzuteilen. So hätten wir am Ende den Sieg davongetragen.«

»Ich kenne diese Vorwürfe«, sagte Daniel kühl.

»Von wem?«

»Von meinem Vater.«

»Ah ja, von deinem Vater.« Iosephus ging unruhig auf und ab. »Ja, Nathan war in diesen Dingen schon immer anderer Meinung als ich.«

Er blieb stehen und sah Daniel sehr ernst an: »Ich mache dir keinen Vorwurf, dass du die Argumentation deines Vaters übernimmst. So sind Söhne eben. Meine eigenen sind da nicht anders. Aber darauf kommt es in diesem Zusammenhang nicht an.«

Er setzte sich und fuhr ruhiger fort: »Vielleicht ist das, was ich dir jetzt sage, noch zu schwierig für dich, weil du noch sehr jung bist. Doch es wird eine Zeit kommen, dann wirst du begreifen, wenn ich dir jetzt sage: Was so geschehen ist, wie es geschah, war der Wille Gottes! Wenn es stimmt, dass ohne seinen Willen kein Haar von unserm Kopf fällt, wie viel mehr gilt dies für die Schicksale der Völker. Und Gott hat es nun einmal so eingerichtet, dass ein bestimmtes Volk über den Erdkreis herrschen soll: die Römer. Betrachte ihre Geschichte! Ihr Aufstieg vollzog sich langsam, aber unaufhaltsam, von Jahrzehnt zu Jahrzehnt, von Jahrhundert zu Jahrhundert, bis zur stärksten Macht des Erdkreises. Soll das vielleicht ein Zufall sein?«

Er erwartete einen Einspruch Daniels. Doch dieser schwieg.

»Und es sind nicht nur die Römer selbst«, fuhr Iosephus fort, »die es so sehen. Sprich mit Galliern, mit Syrern, Ägyptern, Spaniern und sie werden dir bestätigen: Vor dem Eingreifen Roms zerfleischten sie sich in immer neuen, schrecklichen Fehden, Kämpfen und Kriegen. Das ist vorbei, denn in all diesen Ländern gilt das gleiche römische Recht, das die Armen vor den Reichen, die Rechtschaffenen vor den Betrügern, die Besitzenden vor den Räubern schützt. Es herrscht Friede zwischen den Völkern. Und der Kaiser ist Garant dieses Friedens.

Gewiss, die Römer beten zu erfundenen Göttern, aber sie lassen den anderen Völkern ihre eigenen religiösen Vorstellungen. Auch uns! Vergiss das nicht, auch uns! Sie respektieren, dass wir nur den einen Gott kennen, den allmächtigen Schöpfer, ohne dessen Willen in der Welt nichts geschieht. Ich kenne hoch stehende Römer, Männer wie Frauen, die von unserer Religion fasziniert sind. Selbst Poppaea, die unglückliche Gattin des Scheusals Nero, gehörte dazu. Hüte dich übereilte Vorurteile abzugeben. Du solltest in Ruhe darüber nachdenken.«

Dazu war Daniel im Augenblick nicht in der Lage. Iosephus hatte ihn nicht überzeugt. Etwas bäumte sich in ihm auf: Wie konnte es sein, dass eine fremde Macht, die brutal und unbedenklich den Tempel des Herrn zerstörte, die Jerusalem niederbrannte und ausraubte, die zigtausend Landsleute tötete, die Überlebenden von Haus und Hof vertrieb und in die Sklaverei nach Rom schickte – wie sollte sie mit all diesen Verbrechen den Willen des Herrn ausführen? Das war nicht nur verbrecherisch, das war gegen jede Logik.

Dennoch spürte Daniel überdeutlich, dass jetzt nicht die Stunde war, mit Iosephus darüber zu streiten. Außerdem war er plötzlich sehr müde und unterdrückte mit Mühe ein Gähnen.

Geschickt nutzte Esther die Gelegenheit und kam zu der Frage, die sie schon seit dem plötzlichen Auftauchen der Prätorianer beschäftigte: »Darf ich dich etwas fragen, Iosephus?«

»Aber bitte, Esther!«

»Hast *du* den Tribun mit seinen Soldaten losgeschickt?«

»Ich?« Er lachte auf. »Nein, wie käme ich dazu!«

»Wer sonst?«

Er wurde ernst, betrachtete die Innenseiten seiner Hände, legte sie aufeinander und sagte bedeutungsvoll: »Nun, ihr habt da einen Stein ins Rollen gebracht, dem wohl ein Bergrutsch folgen wird.«

»Wie meinst du das?«

»Ihr habt doch herausgefunden, dass sehr wertvolle Teile der Kriegsbeute im Lager eures Herrn gehortet wurden ...«

»Ja, und darunter war der siebenarmige Leuchter aus unserm Jerusalemer Haus! Dadurch sind wir erst misstrauisch geworden.«

»Ich weiß, ich weiß.«

»Woher weißt du's?«, fragte Daniel.

»Von Abra'm. Durch ihn erfuhr ich gestern von der neuerlichen Sache.«

»Von der neuerlichen?« Esther sah ihn erstaunt an. »Gibt es denn noch eine andere?«

»Allerdings.«

»Darfst du nicht darüber reden?«

»Nun...« Iosephus betrachtete wieder seine Hände. »Ich denke, unter den gegebenen Umständen – ihr wisst ohnehin schon eine Menge über die korrupten Hintergründe – darf ich euch wohl einige Andeutungen machen: Ich weiß schon seit langem, dass eine Gruppe römischer Offiziere Teile der Beute beiseite geschafft hat.«

»Woher weißt du das?«, fragte Daniel.

»Nun, das hängt damit zusammen, dass ich mich – wie soll ich sagen: dass ich mich in gewissem Sinne zwischen den Fronten bewege.«

»Aber der Krieg ist doch zu Ende!«, meinte Esther.

»Der Krieg, ja. Aber nicht das Geschäftemachen. Ich selbst blieb ja noch einige Monate in Iudaea, zunächst in Gefangenschaft, dann in unmittelbarer Nähe von Vespasian und Titus. Dabei ist mir nicht entgangen, wie gewisse Tribunen, Präfekten und auch Centurionen die Gunst der Stunde nutzten und im Trüben fischten. Mir wurde einiges von alten Freunden zugetragen. Sie nannten die Namen der Beteiligten sowie Zeit und Ort der Überfälle. Ich habe damals darüber eine genaue Liste angelegt. Immer wieder drängten mich die Geschädigten, Vespasian davon in Kenntnis zu setzen. Doch war es dafür noch zu früh. Erst als mich hier in Rom auch Abra'm bei einem Besuch auf die Sache ansprach, sah ich den Zeitpunkt für gekommen. Abra'm teilte mir sogar mit, dass einige durchaus angesehene Goldschmiede in der Stadt heimlich Beutestücke aufkauften und in Hinterzimmern an den interessierten Käufer brachten. Dabei kam jeder auf seine Kosten.«

»Steht der Name des Rutilius Varus auch auf deiner Liste?«, fragte Esther.

»Ja.«

Und Daniel fragte: »Auch Acilius Rufus?«

»Nein. Wohl aber der eines gewissen Licinius. Um es kurz zu machen: Vor einigen Monaten ergab sich die Gelegenheit, den Kaiser selbst davon zu unterrichten. Es war unmittelbar vor dem Triumphzug. Er hatte mich wegen damit zusammenhängender Fragen zu sich gerufen. Das Problem war nur, dass ich außer den Namen meiner Liste keine Kenntnis davon hatte, wo die Bande ihr Hauptversteck hatte.«

»Doch bei Acilius!«, rief Daniel.

»Natürlich nicht!«, rief Iosephus. »Der Umfang ihrer kriminellen Unternehmungen ist bei weitem größer, als ihr euch das wohl vorstellt. Des Acilius Lager war nur eins von mehreren, in denen sie aktiv waren. Doch in den letzten Tagen müssen sie geahnt haben, dass man ihnen auf der Spur war. Also haben sie alles an den zentralen Sammelplatz, die alte Hütte am Tiber, gebracht. Danach wollten sie wahrscheinlich untertauchen. Aber das wird wohl im Prozess ans Licht kommen.«

»Wann hast du von Abra'm davon erfahren?«, wollte Daniel wissen.

»Heute, ich meine: gestern.«

»Nicht vorher?« Daniel stand wieder das Misstrauen im Gesicht.

»Nein.« Iosephus erkannte sehr wohl den Verdacht hinter der Frage und erklärte lebhaft: »Dann wäre ich doch schon früher aktiv geworden. Ich hatte keine Ahnung, dass ihr hier seid! – Bis gestern, als Abra'm zusammen mit Aurelius Clemens...«

»Kennst du den auch?«, fragte Esther.

»Ja, aus Jerusalem. Er war dort vor einigen Jahren stationiert. Ihm habe ich viel zu verdanken. Aber das erzähle ich euch ein andermal. – Also, Abra'm erschien mit Aurelius und einem gewissen... ach, ich habe den Namen vergessen... Es war ein ›i‹ drin...«

»Pilesar!«, half Esther nach.

»Ja, Pilesar. Man teilte mir unter anderem mit, dass nicht nur Rutilius Varus, euer erster Herr, zum Kreis derer gehöre, die sich am Erlös aus den beiseite geschafften Beutestücken bereicherten – was ich bereits wusste –, sondern dass weitere Personen aus höchsten Kreisen daran beteiligt seien. Aurelius Clemens legte mir dringend nahe unverzüglich den Palast davon zu unterrichten. In dieser Nacht könnten wir die Bande auf frischer Tat ertappen.«

Esther staunte: »Du bist zum Kaiser gegangen?«

»Nein, nicht zum Kaiser.« Er lächelte. »Zu Titus, seinem ältesten Sohn. Wir kennen uns aus Iudaea. Jetzt ist er als Praefectus Praetorio der Befehlshaber der Garde. Er leitete sofort die geeigneten Maßnahmen in die Wege.«

Damit war das unerwartete Auftauchen von Asinius Gallus und seinen Soldaten geklärt. Aber dies war noch unklar: Was hatte den Tribunen veranlasst, sie beide noch in der Nacht zu Iosephus zu bringen?

Esther stellte die Frage.

Iosephus erklärte: »Bevor er aufbrach, bat ich den Tribunen Asinius Gallus, dass er gleich morgen zu Acilius Rufus gehen und sich nach gewissen jüdischen Zwillingen namens Daniel und Esther erkundigen sollte. Er solle sie auf der Stelle zu mir bringen. Dass er euch bei der Hütte antraf, konnten weder er noch ich voraussehen. Umso besser! Ihr seid in Sicherheit.«

Alle schwiegen und dachten über das turbulente Geschehen der letzten Stunden nach. Schließlich fragte Daniel: »Und wie geht es weiter?«

Iosephus' Antwort war kurz: »Nach Recht und Gesetz!«

»Was heißt das?«

»Zunächst werden alle beteiligten Übeltäter aufgespürt. Das dürfte nicht allzu schwierig sein, da die Burschen, die für sie die schmutzige Arbeit geleistet haben, sehr gesprächig sein werden. Anschließend wird es zum Prozess kommen. Ich nehme an, der Kaiser selbst wird den Vorsitz des Gerichts übernehmen.«

Iosephus sah, dass Daniel kaum ein Gähnen unterdrücken konnte. Er stand auf und sagte: »Genug für heute Nacht! Ihr müsst euch erst einmal gründlich ausschlafen. Die Zimmer sind vorbereitet. Zuvor aber die Hühnersuppe. Sie ist köstlich. Kommt!«

Er nahm beide an der Hand und ging mit ihnen nach unten.

XL

Als Daniel und Esther am späten Nachmittag des folgenden Tages das Haus ihres Herrn Acilius Rufus betraten, wurden sie schon an der Haustür von einer strahlenden Martha abgefangen.

»Ein Wunder ist geschehen!«, rief sie und klatschte in die Hände. »Groß ist die Güte des Herrn!«

»Nun übertreib nicht so!«, meinte Esther. »Was sollte denn schon passieren?«

»Aber Kind! Es hätte schlimm ausgehen können. Titus hat alles erzählt. Auch seine Mutter war in allergrößter Sorge. Wo wart ihr denn so lange?«

»Später, Martha. Wir sollten uns als Erstes bei der Herrschaft zurückmelden.«

»Ja, tut das. Die Herrin wartet schon ungeduldig.«

»Ist sie zornig?«

»Aber nicht doch!« Martha lachte fröhlich. »Ganz im Gegenteil! Sie hat euch etwas mitzuteilen.«

»Was denn?«

»Darf ich nicht verraten.« Sie schmunzelte, fuhr geschäftig fort: »Geht! Geht nur, Kinder! Die Güte des Herrn liegt über euch. Geht nur!«

Sie wollten in die Küche, doch Martha wies zum Tablinum, dem Raum, in dem sonst nur wichtige Besucher und Geschäftspartner des Herrn empfangen wurden.

Martha klopfte an, öffnete die Tür einen Spalt und flüsterte: »Sie sind da, Herrin!«

»Gut, sie möchten hereinkommen!« Domitia sagte es nicht nur ohne jede Verstimmung, sondern überaus freundlich. Erstaunt warfen sich die Geschwister einen Blick zu.

Sie traten ein. Die ganze Familie war versammelt: Acilius Rufus stand neben dem Korbsessel, in dem seine Frau saß, auf der anderen Seite Titus in kerzengerader Haltung. Domitia erhob sich, ging auf die beiden zu und lächelte ihnen so wohlwollend entgegen, wie sie es noch nie an ihr gesehen hatten.

»Schön, dass ihr wieder da seid!«

Sie kam noch näher und drückte sie abwechselnd kurz an sich. Der Duft von Rosenwasser stieg in ihre Nasen. Dann nahm sie wieder im Sessel Platz und schaute von einem zum andern.

»Es ist etwas geschehen, das euer Leben verändern wird.«

Sie sah das Erstaunen in ihren Gesichtern und fuhr fort: »Acilius Rufus hat euch etwas mitzuteilen. Nicht wahr, Acilius?«

»Wie? Ja, also ... ich ... äh ... Nun denn, es ist etwas eingetreten, das so nicht vorauszusehen ... also das ...«

Da er sich nicht klar wurde, wo und wie er beginnen sollte, schlug Domitia vor: »Acilius! Lies es ihnen doch einfach vor! Das ist das Beste!«

»So ist es.«

Erleichtert griff er nach einer Rolle, die auf dem Tisch lag. Er öffnete sie, hielt sie nahe an die Augen – er war kurzsichtig –, überflog den Inhalt, wobei er lautlos die Lippen bewegte. Endlich begann er mit dem Vortrag des Textes, wobei er nach jedem Wort eine bedeutungsvolle Pause einlegte:

»Titus Caesar Vespasianus, Imperator, Praefectus Praetorio ... grüßt den Kaufmann Marcus Acilius Rufus.«

Vor Ergriffenheit und Aufregung zitterten Acilius' Hände, sein Doppelkinn erbebte und er brauchte eine Weile, bis er in angemessener Weise fortfahren konnte:

»In deinem Besitz befinden sich zwei jüdische Sklaven, die Geschwister Daniel und Esther, beide dreizehn Jahre alt, Nachkommen des Nathan ben Mathijahu aus Jerusalem. Die Genannten haben sich große Verdienste bei der Aufklärung eines Staatsverbrechens erworben. Daher erscheint es uns angemessen, die Genannten aus dem Sklavenstand zu entlassen und sie in den Stand der Freiheit zu versetzen. Der Kaufpreis, für den du sie erworben hast, wird dir auf Staatskosten erstattet. Du wirst dich morgen unter Vorlage der entsprechenden Quittungen des Händlers sowie dieses Schreibens und in Begleitung der beiden Genannten bei der zuständigen Behörde melden. Leb wohl.«

Acilius drehte das Blatt um und wies auf das kaiserliche Siegel am unteren Ende.

Längst war den beiden »Genannten« das Blut in den Kopf geschossen. Sie bemerkten es nicht, waren auch nicht imstande, irgendetwas zu sagen.

Wieder war es Domitia, die auf das Nächstliegende kam.

»Das heißt, wir müssen euch neu einkleiden. Das sollten wir noch heute erledigen – für den Fall, dass was geändert werden muss. Martha wird uns begleiten. So, und nun erzählt alles noch einmal ganz genau!«

»Wahrscheinlich hab ich das doch schon...«, maulte Titus.

»Sicher. Aber ich möchte es noch einmal von Daniel und Esther hören. Danach wird noch einiges zu besprechen sein. Und wie oft muss ich dir noch sagen, du sollst nicht immer dieses schwachsinnige ›Wahrscheinlich‹ benutzen!«

Beim anschließenden Gespräch ging es um eine entscheidende Frage: Als *liberti** unterlagen sie nicht mehr der Kontrolle des Hausherrn Acilius Rufus; sie konnten tun und lassen, was sie wollten. Acilius stellte ihnen frei, nach Iudaea zurückzukehren, gab ihnen aber zu bedenken, dass dort an einigen Orten immer noch Krieg herrsche und Jerusalem in Trümmern liege.

Im Übrigen aber – und er habe darüber mit seiner Frau gesprochen, sie sei durchaus seiner Meinung –, im Übrigen habe er allergrößtes Interesse daran, Daniel hier im Betrieb zu halten und weiter zu beschäftigen. Der Osthandel werde zügig weiter ausgebaut. Dabei aber sei Daniels Kenntnis der hebräischen Sprache von größter Bedeutung für die Korrespondenz mit Handelspartnern im Orient. Und was Esther betreffe – er lächelte ihr zu –, werde seine Frau es ungern sehen, wenn sie sich eine Beschäftigung außer Hauses suche.

Selbstverständlich könnten sie weiter in diesem Hause wohnen, falls sie das wollten. Und natürlich werde er ihnen entsprechend den Leistungen, die sie – nun aber freiwillig! – erbrächten, ein regelmä-

---

* Freigelassene; Einzahl: *libertus*

ßiges Gehalt zahlen. Über dessen Höhe würden sie sich schon einig werden.

Was aber die Suche nach den verschwundenen Eltern und dem verschollenen Bruder angehe: Da sei es sicherlich besser, von hier, von Rom aus Erkundigungen darüber einzuziehen, statt in einem völlig zerstörten Land nach ihnen zu forschen. Wobei er davon ausgehe, dass die Gesuchten, sofern sie noch lebten, ebenfalls als Sklaven nach Rom oder in die Nähe der Hauptstadt gebracht worden seien. Hier werde man sie am ehesten finden.

Er schloss: »Ihr braucht euch, wie soll ich sagen, nicht auf der Stelle zu entscheiden. Aber darüber nachdenken solltet ihr.«

Die Geschwister nickten und schauten sich an. Jeder las im Auge des andern und erkannte das Gleiche: In diesem Augenblick wurde über ihren nächsten Lebensabschnitt entschieden. Daniel stieß Esther an: »Sag du's!«

Und Esther: »Wir bleiben.«

»Das freut uns, nicht wahr, Domitia?«

»So ist es. Und jetzt gehen wir in die Stadt! – Martha!«

»Hier, Herrin!« Wahrscheinlich hatte sie an der Tür gelauscht.

»Zieh dich um! Du gehst mit. Wir müssen die beiden neu einkleiden.«

»Fein, Herrin! Sofort, Herrin! Ich beeile mich.« Und weg war sie.

Epilog

Schon zehn Tage später trat das Gericht in der Basilika Iulia zusammen. Das war ungewöhnlich, denn normalerweise vergingen zwischen der Festnahme der Angeklagten und dem Prozess viele Wochen, ja Monate. Allen Beteiligten, aber auch den Bürgern der Stadt war klar, dass der Kaiser die Sache so schnell wie möglich zu Ende bringen wollte.

Vespasian übernahm zwar nicht selbst den Vorsitz, saß aber als aufmerksamer Zuhörer und Beobachter dabei. Schon dieser Umstand bewirkte, dass alle Beteiligten wussten, was die Stunde geschlagen hatte.

Die Mitglieder der Bande waren alle geständig. Wie erwartet, schoben sie die Verantwortung auf ihre Kumpane. Tiridates aber, der als Kopf des Unternehmens die Aktionen im Einzelnen geplant und durchgeführt hatte, gab vor, dies nur im Auftrag seines Herrn, des Tribunen Rutilius Varus, ausgeführt zu haben. So wollte er seinen Kopf retten.

Als Daniel und Esther als Zeugen der Anklage verhört wurden, waren sie anfangs sehr aufgeregt, doch das legte sich schnell, als sie sahen, wie Vespasian ihnen mehrmals freundlich zunickte. Alles was sie zum Fall aussagten, wurde von Haldavo, Aurelius Clemens, Pilesar, Titus, Atto und Niger bestätigt.

Als Letzter sagte Abra'm zur Sache aus. Auch er bestätigte, dass Daniel ihn schon sehr früh aufgesucht und ihm von seinen Beobachtungen und seinem schlimmen Verdacht berichtet habe.

Daraufhin wurde Rutilius Varus selbst vorgeladen. Man musste ihn hereintragen. Sein Anwalt, ein befreundeter Senator, versuchte aus dem gebrechlichen Zustand seines Mandanten Kapital zu schlagen, um das Mitleid der Richter zu wecken. Doch da griff der Kaiser ein und sagte nur zwei Sätze: »Das gehört nicht zu diesem Fall. Halte dich an die Fakten!«

Bei der Vernehmung stellte der Ankläger so geschickte Fragen, dass Rutilius sich in immer neue Widersprüche verwickelte. Als der Ankläger weiterbohrte, kam Rutilius nicht umhin zuzugeben, dass weitere höhere Offiziere am Beiseiteschaffen und Verschieben der Kriegsbeute beteiligt waren. Als er sich weigerte die Namen zu nennen, drohte man ihm mit Beugehaft. Er werde so lange im Gefängnis sitzen, bis er die Namen nenne. Daraufhin zog er es vor auszupacken. Bei jedem Namen, den er nannte, ging ein Raunen durch das Publikum. An die dreihundert Zuschauer hatten sich in der Basilika Iulia versammelt.

So zog sich der Prozess über Tage hin. Allen war klar, es würde weitere Untersuchungen gegen andere Täter geben.

Dann kam der Urteilsspruch. Er war gnadenlos hart. Der Kernsatz der Begründung lautete: »Diese Männer haben sich am Eigentum des römischen Volkes vergangen, das mit Blut und Tränen erworben wurde...«

Alle Mitglieder der Bande, darunter auch Tiridates und Licinius, wurden *ad bestias* verurteilt. Sie hatten mit leichten Waffen gegen Raubkatzen und Bären in der Arena zu kämpfen. Nur zwei von ihnen überlebten den ungleichen Kampf.

Rutilius Varus – offiziell trotz seiner körperlichen Mängel immer noch Militärtribun – wurde degradiert, aus der Armee ausgestoßen und auf Lebenszeit verbannt. Er durfte Italien nicht mehr betreten. Das gleiche Urteil erwartete wenig später jene, die sich wie Rutilius auf leichte Weise am Verkauf der beiseite geschafften Beutestücke hatten bereichern wollen.

Am Ende des letzten Prozesstages nahm Aurelius Clemens Daniel und Esther beiseite und sagte: »Ich könnte mir vorstellen, dass ihr einige Fragen an mich habt.«

»Allerdings!« Daniel kniff die Augen zusammen. »Was hast du damals im Kontor des Lagers mit Abra'm besprochen? Du gingst mit ihm in eine Ecke ...«

»Ach das?« Er lachte. »Nun, ich habe Abra'm gebeten, zusammen mit mir und Pilesar unverzüglich Flavius Iosephus aufzusuchen.«

»Wie lange kennt ihr euch schon?«

»Oh, sehr lange.«

Daniel studierte das kantige, sehr männliche Gesicht des Mannes, der verhindert hatte, dass er und Esther nach ihrer Flucht dem Rutilius ausgeliefert wurden. Warum war er zu Iosephus gegangen? Er fragte es: »Aber warum gingst du ausgerechnet zu Iosephus? Er ist Jude!«

»Eben deshalb.« Aurelius lächelte fein.

»Das verstehe ich nicht.«

»Dafür gab es zwei Gründe. Ich war sicher: Als Angehöriger der jüdischen Oberschicht und Spross einer sehr alten Familie würde Flavius Iosephus alles daransetzen, damit dieser schändlichen, korrupten Betrügerei ein Ende bereit werde. Außerdem hat er jederzeit Zutritt beim Caesar, ja man kann sagen, die beiden sind – soweit dies unter den gegebenen Umständen möglich ist – befreundet. Ich hätte zwar selbst zu Titus gehen können ...«

»Zum Caesar? Kennst du ihn denn? Ich meine persönlich?«

»So ist es.«

»Du ... du warst Offizier?«

»Ja. In Iudaea. Titus war damals Befehlshaber meiner Legion.«

»Und du?«

»Praefectus Castrorum, Lagerpräfekt.«

So viel wusste Daniel, dass dieser im Rang sogar über einem Tribunen stand.

»Das ist freilich schon einige Zeit her. Ich schied auch bald wegen einer Verletzung aus dem aktiven Dienst aus.« Er erwiderte den Gruß eines Bekannten und fuhr fort: »Also, ich versprach mir in jener Nacht mehr davon, wenn Iosephus zu Titus gehen und dort das Wort führen würde. Zu seiner Unterstützung ging ich natürlich mit. Auch Pilesar, als wichtiger Zeuge. Doch ich überließ Iosephus das Wort.«

»Und wie reagierte der Caesar?«

»Er konnte kaum fassen, was ihm berichtet wurde. Unverzüglich ergriff er seine Maßnahmen ...« Er hob den Zeigefinger: »... denen ihr wahrscheinlich euer Leben verdankt!«

»Ich weiß«, gestand Daniel kleinlaut. Doch er musste mehr wissen: »Du bist Christ?«

»Ja, ich bin Christ.«

»Warum?«

»Das erzähle ich dir ein andermal.«

»Noch eine Frage, Aurelius Clemens...«
»Sprich!«
»Woher kennst du Pilesar?«
»Er gehört, wie du ja weißt, zu unserer Gemeinde.«

Daniel nickte. Und dann stellte er die Frage, die ihn in den letzten Tagen am meisten beschäftigt hatte: »Du kanntest meinen Vater, nicht wahr?«
»Ja, ich kannte ihn.«
»Woher?«
»Er hat mir einmal das Leben gerettet, als ich in einen Hinterhalt geriet, den radikale Juden gelegt hatten. Daher auch meine Verletzung. Dein Vater hat mich in Sicherheit gebracht und für meine Genesung gesorgt.«
»Davon weiß ich nichts.«
»Natürlich nicht. Das geschah heimlich.«
»Und warum hat er das getan?«
»Er wollte sich mir gegenüber wohl dankbar erweisen. Meine Einheit war einmal auf einem seiner Güter einquartiert und ich habe damals verhindert, dass die Soldaten plünderten. Übrigens...« Er grinste. »Der Anführer dieser Leute war ein gewisser Licinius.«
»Du hast ihn damals bestraft?«
»Sicher.«
»Und Rutilius?«
»Konnte nichts dagegen unternehmen. Titus hat als Befehlshaber die Strafe bestätigt.« Er wechselte das Thema: »Was deinen Vater betrifft... Besucht mich, du und deine Schwester! Wir werden gemeinsam überlegen, wie wir Nachricht über ihn bekommen können.«

»Danke!«

Als Daniel an einem der nächsten Tage Iosephus aufsuchte, fragte er ihn, ob es möglich sei, den siebenarmigen Leuchter aus ihrem Jerusalemer Haus zurückzubekommen.

Iosephus schüttelte den Kopf, seufzte und erklärte: »Das ist leider unmöglich.«

»Warum?«

»Weil ... Er ist jetzt Eigentum des römischen Volkes.«

Vespasian ließ die wiedergefundenen Objekte wie alle anderen Beutestücke aus Gold, Silber und Bronze – sofern sie keinen besonderen künstlerischen oder religiösen Wert hatten – zu Münzen einschmelzen. Darunter befand sich auch der siebenarmige Leuchter aus Daniels und Esthers Elternhaus. Ein großer Teil der gewaltigen Baukosten des Neuen Amphitheaters wurde damit bezahlt.

Anhang

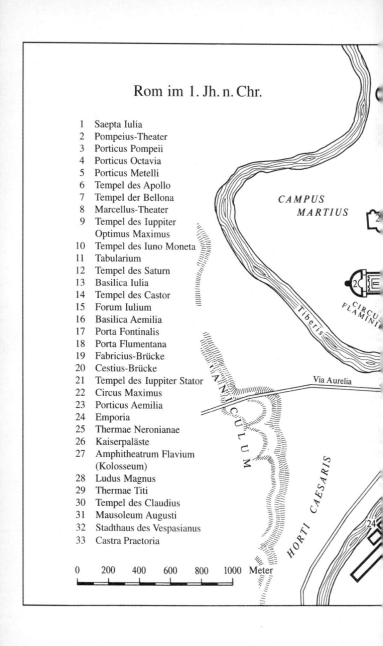

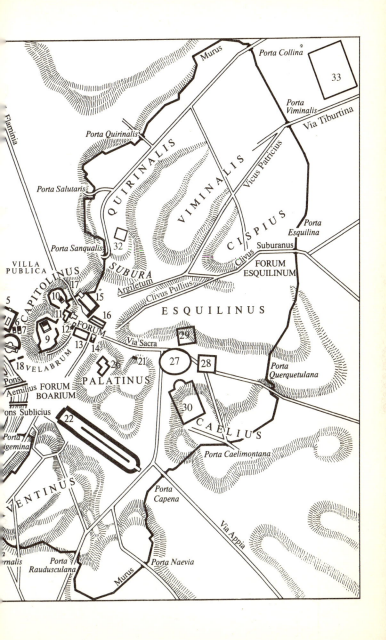

Jerusalem vor dem Jüdischen Krieg, 70 n.Chr.

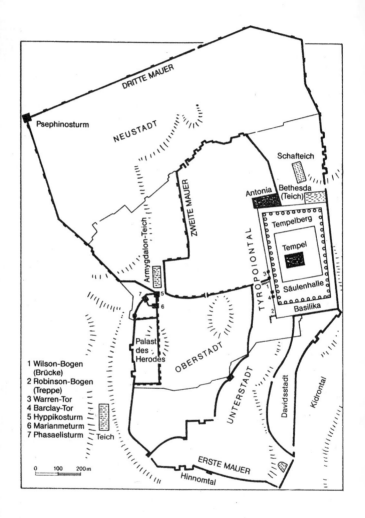

Römische Maße und Münzen

Längenmaße:
1 Fuß *(pes)* = 29,6 cm
1 Stadion = 178,6 m
1 Römische Meile (*milia passuum* = 1000 Doppelschritte) = 1,48 km

Münzen:
Die Münznamen sind eigentlich Gewichtsnamen. So hat das römische **As** ein Gewicht von ursprünglich 327 g, war ein Kupferstück, dessen Wert immer mehr sank – bis auf 27,3 g.
Denar *(denarius):* Die Silbermünze entsprach ursprünglich 10 Bronze-Assen, später mit einem Gewicht von 3,89 g 4 Sesterzen.
Sesterz *(sestertius):* 1/4 Denar, 2,5 Asse, kleinste römische Silbermünze.
Aureus: Goldmünze (von *aurum* = Gold) im Wert von 25 Denaren oder 100 Sesterzen.

Die Umrechnung der Münzwerte in moderne Währungen ist sehr kompliziert und ungenau, denn die errechneten Zahlen sagen nichts über die wirkliche Kaufkraft aus. Man muss von Fall zu Fall wissen, was etwa Brot, Eier, Schuhe, Haareschneiden, Zahnziehen usw. kosteten, was für den Bau eines Hauses oder die Erhaltung einer Armee ausgegeben wurde.

Römische Tageseinteilungen

Griechen und Römer teilten die Zeit von Sonnenaufgang (Winter: 7.33, Sommer: 4.27 Uhr) bis Sonnenuntergang (Winter: 16.27, Sommer: 19.33 Uhr) in zwölf gleiche Einheiten, die mit Sonnen- und Wasseruhren gemessen wurden.

Die Nacht hatte vier Abschnitte (vigiliae = Nachtwachen). Sie begann mit Sonnenuntergang. Der Anfang der ersten Nachtwache fiel also im Sommer auf ca. 19.30 Uhr, im Frühling und Herbst auf ca. 18.00 Uhr, im Winter auf ca. 16.30 Uhr. Die zwölf Stunden des hellen Tages waren ebenfalls in vier Abschnitten zusammengefasst:
– *mane* (Frühe): von Sonnenaufgang bis Ende der 3. Stunde
– *ad meridiem* (Vormittag): bis Ende der 6. Stunde
– *de meridie* (Nachmittag): bis Ende der 9. Stunde
– *suprema* (Abend): bis Ende der 12. Stunde (= Sonnenuntergang).

Diese Tagesabschnitte wurden von den Amtsdienern der Consuln öffentlich ausgerufen. Stundenrechnung und Gebrauch von Uhren blieben das Vorrecht der Begüterten und der Stadtbevölkerung.

DIES = Tag
HORA = Stunde
NOX = Nacht
VIGILIA = Nachtwache

Namensverzeichnis

Flavius Iosephus (geb. 37, gest. um 100 n.Chr.): Der aus dem priesterlichen Hochadel Jerusalems stammende *Joseph ben Mathijahu* stand während des *Jüdischen Krieges* (66–70) auf der Seite seiner aufständischen Landsleute gegen Rom. Als Oberbefehlshaber in Iotapata (in Untergaliläa) ergab er sich im Jahre 67 nach siebenundvierzigtägiger Belagerung dem römischen Feldherrn Vespasian und prophezeite ihm den Aufstieg zum Kaiser. Nach der Verwirklichung seiner Prophezeiung (Ausrufung Vespasians zum Kaiser) wurde er freigelassen und nahm den römischen Namen *Flavius Iosephus* an. Vergeblich forderte er die Verteidiger Jerusalems in römischem Namen zur Kapitulation auf. Nach dem Fall der Stadt im August/September 70 folgte er Vespasians Sohn Titus nach Alexandria in Ägypten und von dort nach Rom. Vespasian stellte ihm sein früheres Stadthaus zur Verfügung. Bis zu seinem Tode unter Trajan lebte er, angefeindet von seinen Landsleuten und unter ständiger Lebensgefahr, als kaiserlicher Pensionär und Grundbesitzer in der Hauptstadt des Reiches.

In sieben Büchern beschrieb er zwischen 75 und 79 den *Jüdischen Krieg*, wobei er viele Ereignisse aus eigener Erfahrung schildern konnte.

Zwischen 80 und 84 folgten die *Jüdischen Altertümer*. Darin berichtet Iosephus von den Schicksalen seines Volkes. Er beginnt bei der Weltschöpfung und endet mit dem Tode Neros.

Schließlich verfasste er noch eine *Autobiographie*, in

der er sich gegen die Kritik an seinen früheren jüdischen Aktivitäten in Galiläa verteidigt. In seinem letzten Werk *Gegen Apion* nimmt er Stellung gegen den aufkommenden Antisemitismus.

Iosephus gehört der jüdischen und der griechisch-römischen Welt zugleich an. Seine historischen Bücher fußen vielfach auf wertvollen Quellen, von denen wir ohne ihn keine Kenntnis hätten. Lange Zeit wurde er von neuzeitlichen Historikern als Verräter seines Volkes und Kollaborateur, der mit dem Feind zusammenarbeitet, verachtet. Erst in den letzten Jahrzehnten schickte man sich an, Erklärungen für das Schillernde seiner Persönlichkeit zu finden. Iosephus war überzeugt, dass Rom die Welt gemäß dem Willen Gottes beherrschte.

Titus: Titus Flavius Vespasianus, geboren 39 n. Chr., römischer Kaiser (79 bis 81), war der älteste Sohn des Vespasianus (siehe dort) und dessen Nachfolger. Im Jüdischen Krieg diente er seit 67 als Legionskommandeur unter seinem Vater und übernahm nach dessen Erhebung zum Kaiser 69 den Oberbefehl in Palästina. Im Jahre 70 eroberte er Jerusalem, zerstörte große Teile der Stadt und führte die Schätze des Tempels und der Burg nach Rom. Dafür wurde er nach seinem Tod mit einem Triumphbogen (Titusbogen) geehrt. Seit 71 war er alleiniger Präfekt der Prätorianer und Mitregent. In seine Regierungszeit fällt die Zerstörung von Pompeji und Herculaneum durch den Vesuvausbruch (24.8.79). Das Verhältnis zu seinem 10 Jahre jüngeren Bruder und Nachfolger Domitianus war gespannt. Er starb mit 42 Jahren unvermittelt an einer Fieberkrankheit.

Vespasian: Titus Flavius Vespasianus, geboren am 17.11.9 n.Chr., römischer Kaiser (22.12.69 bis 24.6.79). Als Sohn eines Steuereinnehmers war Vespasianus der erste römische Kaiser nicht senatorischer Herkunft. Die Familie stammte aus Reate im Sabinerland. Unter Kaiser Tiberius gelangte er in den Senat, wurde Legionskommandeur am Rhein, leitete die Eroberung Südbritanniens mit, wurde 51 Consul und 67 von Nero mit der Unterdrückung des jüdischen Aufstands beauftragt. Im Sommer 67 riefen ihn die Legionen der Ostprovinzen zum Kaiser aus, die Truppen der Donauprovinzen schlossen sich an. Am 22.12.69 wurde er vom Senat anerkannt.

Im Jahre 70 schlug er den Bataveraufstand (westlich des Rheindeltas) unter Iulius Civilis nieder. Drei Jahre später begann er die Eroberung des Dekumatenlandes *(Decumates agri)* westlich des Neckars und dehnte ab 77 die römische Herrschaft in Britannien nach Norden aus.

Dem nüchternen und schlichten, energischen und ironischen Vespasianus gelang es, die Ordnung in dem durch Bürgerkrieg zerrütteten Reich wiederherzustellen, vor allem in den Finanzen, in der Rechtspflege und im Heer. Seinen Sohn Titus, der 70 den Jüdischen Krieg beendete, ernannte er zum Mitregenten und Kommandeur der kaiserlichen Garde (Prätorianer). Vespasian entfaltete eine rege Bautätigkeit: Wiederaufbau des während des Bürgerkriegs zerstörten Capitols, Erneuerung des Iupiter- und des Vestatempels, Wiederherstellung des Claudiustempels, dazu zahlreiche Bauten und Fernstraßen in den Provinzen und – als Krönung – die Errichtung des Flavischen Amphitheaters (Kolosseum) in Rom.

Worterklärungen

Iotapata: Stadt in Untergaliläa. Im Jüdischen Krieg unter der Führung des Josephus (siehe dort) ein Zentrum des antirömischen Widerstands.

Jüdischer Krieg (66–70): In Iudaea, das zur römischen Provinz *Syria* (Syrien) gehörte, gärte es schon seit langem. Hauptgrund war die Arroganz, mit der die kaiserlichen Prokuratoren (wie auch Pilatus) das jüdische Feingefühl verletzten. So beschlagnahmte Florus, der auf den Gräueltaten seiner Vorgänger aufbaute, sogar einen Teil des heiligen Tempelschatzes, um sich bei Nero auszuzeichnen, dessen neuer Kaiserpalast mitten in Rom aberwitzige Summen verschlang. Während der Amtszeit des Florus (64–66 n.Chr.) revoltierten die Juden in ganz Palästina. In Jerusalem wurden der Tempelberg und die Antonia-Festung erobert und die römischen Besatzungen in drei Wehrtürmen eingesperrt. Ende des Sommers 67 befand sich ganz Jerusalem in jüdischer Hand. Eine jüdische Regierung entstand.
Nach dem vergeblichen Versuch des syrischen Statthalters, mit der XII. Legion Jerusalem zurückzugewinnen, schickte Nero seinen General Vespasianus an den Brandherd, um den Aufstand niederzuschlagen. Die jüdischen Einheiten leisteten seinen Legionen überall erbitterten Widerstand und hofften nach dem Selbstmord Neros (Juni 68), als Rom und Italien von Aufruhr und Unruhe geprägt waren, endgültig über die verhasste Besatzungsmacht zu siegen. Doch Vespasian hielt dem ungeheuren Druck stand und bekam

nach und nach das ganze Land unter seine Kontrolle. Im Sommer 69 n.Chr. erhoben ihn seine Soldaten zum Kaiser. Vespasian kehrte nach Rom zurück. Sein Sohn Titus übernahm den Oberbefehl in Iudaea.

Titus wandte sich sofort gegen die Hauptstadt Jerusalem, deren starke Mauern von todesmutigen Männern verteidigt wurden. Die Stadt wurde vollkommen eingeschlossen und von Anfang Mai bis Mitte August 70 belagert. Systematisch wurde ein Stadtteil nach dem andern erobert, bis auf den Tempelberg. Er wurde von den Juden fanatisch verteidigt, fiel aber im September 70 auch in römische Hände. Wie die übrige Stadt wurde er geplündert, die Schätze gingen nach Rom, die Gebäude setzte man in Brand. Die Mauern wurden dem Erdboden gleichgemacht. Zigtausende Juden, die ihren Besitz schon verloren hatten, wurden als Sklaven nach Italien gebracht.

Der Fall Jerusalems markiert das eigentliche Ende des großen Aufstandes. Titus begab sich nach Ägypten und von dort im folgenden Jahr nach Rom.

Nur in der Festung Masada am Toten Meer hielten sich zu allem entschlossene Verteidiger mit ihren Familien. Erst im Jahre 73 n.Chr. gelang es einer römischen Belagerungsarmee, die Bergfestung einzunehmen. Zuvor hatten 960 der insgesamt 967 Verteidiger, darunter Frauen und Kinder, gemeinsam Selbstmord begangen, um nicht in römische Hände zu fallen.

Römisches Militärwesen:
Centurio: Befehlshaber einer Hundertschaft (*centum* = hundert). Die Centurionen waren das Bindeglied zwischen Offizieren und Mannschaft und hervorragendste Träger des berufssoldatischen Ethos.

Cohorte: der 10. Teil einer Legion. Sollstärke: 600 Mann. Die Prätorianer-Kohorte hat 1000 Mann.
Legat: Hilfsbeamte der außerhalb Italiens tätigen hohen Magistrate. Seit Caesar: Kommandeure der Legionen.
Legion: die sowohl verwaltungstechnisch wie taktisch in sich geschlossene Truppeneinheit der römischen Republik und der Kaiserzeit. Normalstärke: 6000 Mann, in der Praxis oft weniger. Die Legion gliederte sich in 10 Cohorten (Bataillone) zu je 600 Mann, die Cohorte in 3 Manipel (Kompanien) zu je 200 Mann, die Manipel in 2 Centurien (Züge) zu je 100 Mann. Zu jeder Legion gehörten 300 Reiter.
Tribun (*tribunus militum* = Militärtribun, im Unterschied zum *tribunus plebis* = Volkstribun): Stabsoffiziere der Legion. In jeder Legion gab es sechs Militärtribunen. Ihre Aufgaben waren in erster Linie administrative. So regelten zwei den inneren Dienstbetrieb während eines Monats, die anderen standen zur Disposition des Feldherrn. Im Kampf erhielten sie verschiedene taktische Kommandos.

Senat (von *senex* = Greis, also »Rat der Alten«): Dieser Staatsrat wurde nach der Abschaffung der Königsherrschaft (um 500 v.Chr.) zum maßgebenden Bestandteil des öffentlichen Lebens in Rom. Er bestand aus den Häuptern der adligen Geschlechter (*patres* = Väter, daher »Patrizier« und »Patriziat«) und den ehemaligen Inhabern der hohen Staatsämter. Er beriet die hohen Amtsträger (*magistratus*) durch ein *senatus consultum* (Senatsbeschluss), bestätigte Gesetze und Wahlen, kontrollierte die Amtsführung der Magistrate, entschied über die Außenpolitik und führte Aufsicht über die Staatsfinanzen.
In der Kaiserzeit schwand die Bedeutung des Senats,

da viele seiner Zuständigkeiten auf den Kaiser übergegangen waren. Die Aufnahme in den Senat geschah in der Republik durch den *censor*, in der Kaiserzeit durch den Kaiser.

Erzählte Geschichte
Geschichte erleben

Band 70572

Spanien, Ende des 12. Jahrhunderts: Der glanzvolle Sieg der Moslems in der Schlacht von Alarcos ist für den 13-jährigen Schildknappen Liuthar eine Katastrophe, denn als Christ steht er auf der Seite der Verlierer. Er wird gefangen genommen und auf dem Sklavenmarkt von Cordoba verkauft. Doch er hat Glück im Unglück…

Band 70573

Gallien im Jahr 52 v. Chr.: Der 17-jährige Römer Sextus ist mit seinem Onkel unterwegs zu Caesars Truppen. Per Zufall trifft er den gleichaltrigen Acco, einen angehenden gallischen Kaufmann. Sie hätten Freunde werden können, doch der Krieg zwischen Caesar und seinem Gegner Vercingetorix macht sie zu Feinden. Als sie einander wieder begegnen, hat der eine das Leben des anderen in der Hand…

dtv junior